산야촌와 함께하는 참살이 건강 2

산야초와 함께 하는
참살이 건강 2

지은이 | 최양수
펴낸이 | 배기순
펴낸곳 | 하남출판사

초판1쇄 발행 | 2009년 11월 15일
등록번호 | 제10-0221호
서울시 종로구 관훈동 198-16 남도B/D 302호
전화 (02)720-3211(代) | 팩스 (02)720-0312
홈페이지 http://www.hnp.co.kr
e-mail : hanamp@chollian.net, hanam@hnp.co.kr

ⓒ 최양수, 2009

ISBN 978-89-7534-195-3(03690)

산야초와 함께 하는
참살이
건강 2

약차, 약술, 보양죽, 발효액과
향기요법 등의 각종 건강 치료책!!

최양수 지음

❀ 하남출판사

목차

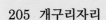

제11장 버섯 모듬

제1장

복엽식물의 참살이

참죽나무 / 가죽나무 / 멀구슬나무 / 소태나무 / 아담자 / 용안나무
여지나무 / 모감주나무 / 무환자나무 / 과라나 / 호두나무 / 가래나무

01 Cedrela sinensis Juss.

참죽나무

춘아수, 쭉나무, 참가중나무, 저근백피

생김새

높이는 20m이며 지름은 30~40cm에 이른다. 줄기는 곧게 자라며 가지가 적고 짧아서 좁은 수관을 만든다. 잎은 호생하며 기수우상복엽으로 길이는 60cm이다. 소엽은 10~20개로 장타원형이며 길이 8~15cm로 가장자리에 톱니가 있다.

6월에 종모양의 흰 꽃이 원추화서로 가지 끝에 피는데 길이는 40cm이며 향기롭다. 열매는 9~10월에 익는다. 다갈색 타원형의 삭과로 익으면 5갈래로 갈라져 양쪽에 날개가 있는 씨가 열매가 터짐과 동시에 날아간다.

생장이 빠른 편이며 수명이 길다. 우리나라에는 400여 년 정도 된 것이 여러 개 있다.

효능

연중 내내 수피(樹皮)나 근피(根皮)를 채취하여 약으로 쓴다. 한방에서는 수피를 '춘피(椿皮)'라고 하고 그 뿌리의 껍질을 '춘백피(椿白皮)'라 한다.

대개 수피와 근피를 같이 사용하는 경우가 많다. 수피를 약으로 사용할 때는 껍질의 코르크층을 제거하고 물에 담가 수분이 충분히 스며들게 한 후에 어느 정도 말린 다음 잘게 썰어 햇빛에 건조시킨다.

약성이 서늘하고 쓰고 떫기 때문에 초(炒)를 할 때는 냄비에 밀기울을 넣고 가열하여 연기가 조금 날 때 춘백피를 넣고 같이 볶는다. 황갈색으로 변하면 밀기울을 체로 쳐서 버리고 춘백피를 걸러 사용한다.

춘백피는 채취하여 겉껍질을 벗기고 방망이로 가볍게 두들겨 외부와 내부의 목질을 격리시켜 목질을 거심(去心)한다. 내면의 흰 부분을 햇볕에 잘 마르도록 하며 곰팡이가 번식하여 검게 되지 않도록 주의한다.

▲ 참죽나무의 꽃(위)과 열매(아래)

춘백피는 내열을 청열시키는 효능과 하부의 변출혈이나 여자의 자궁출혈 또는 설사나 이질을 치료하는 효능이 있다. 외용에는 종기나 백선 치료에 즙액을 사용한다.

이용법

참죽나무는 외관이 좋아 집의 울타리로 심어 관상수로 이용했으며, 동시에 어린 순을 밑반찬이나 상비약으로 이용하였다. 목재는 재질이 단단하고 광택이 있으며 내휴·보존성이 높아서 고급가구재, 악기재로 손꼽히는 재료가 되며, 뿌리는 염료로 쓰인다.

참죽나무의 순을 '참죽' 이라 하는데, 대나무처럼 순을 식용으로 먹는다고 해서 붙여진 이름이다. 참죽을 먹는 풍속은 중국과 우리나라 뿐이다. 참죽을 채취하고 데쳐서 무친 것을 '참죽나물' 이라 하는데, 보통 '연엽채' 나 '춘엽채' 라고 하여 봄철 음식으로 손꼽는다. 참죽은 연한 순을 따서 생무침도 하고 튀김을 만들어 먹기도 한다. 참죽을 데쳐 물기를 짜고 갖은 양념으로 버무려 꼬챙이에 꿰고 밀가루와 달걀을 씌워 지진 참죽전도 별미이다.

참죽요리 중에서 가장 뛰어난 것은 참죽튀각이다. 참죽을 살짝 데쳐서 손바닥 크기로 늘어놓고 솔로 찹쌀풀을 앞뒤로 발라 햇빛에 바싹 말려 기름에 튀긴 것으로, 절에서 애용하는 고급 음식이다.

> ### 참죽나무의 재배
>
> 해가 잘 드는 양지 바른 곳, 즉 집 주위에 울타리나 경계용으로 심었으나 집단재배 시에는 북풍이 가려지는 곳을 택한다. 중부 지역에서는 내륙지방이 부적합하며, 해안 지방이면 중부지역에서도 재배가 가능하다. 토질은 토심이 깊고 비옥하며 적당한 보수력을 지닌 사질 양토가 이상적이다.

참죽장아찌

참죽장아찌

약간 말린 재료이기 때문에 물기가 충분하게 양념을 해야 한다. 그렇지 않으면 물기가 너무 없어 오래 보관하고 먹기에 좋지 않다. 조금 짭짤하게 해야 오래 보관하여 먹을 수 있다.

> ### 재료
>
> 참죽 600g, 고추장 3컵, 고춧가루 2컵, 설탕 2컵, 진간장 1컵, 물엿 2컵, 소금과 통깨 약간

만드는 법

1. 참죽은 깨끗이 씻어서 적당한 크기로 잘라 소금에 살짝 절인다.
2. 살짝 절여진 참죽을 채반에 펴 널어서 꾸덕하게 말린다.
3. 진간장에 물과 물엿을 넣고 끓여서 차게 식힌다.
4. 차게 식힌 간장에 고춧가루와 고추장, 설탕, 통깨를 넣어서 양념장을 만든다.
5. 2를 양념장과 함께 버무린다.
6. 항아리에 눌러 담아 시원한 곳에 보관한다.

02 Ailanthus altissima Swingle

가죽나무

저근백피(樗根白皮), 춘목피(椿木皮)

생김새

높이 27m 정도로 줄기는 밋밋하게 자란다. 나무껍질이 회갈색이다. 잎표면은 녹색이고 뒷면은 연한 녹색으로 털이 없다. 꽃은 단성화로 원추꽃차례를 이루며 6월에 백록색의 작은 꽃이 핀다. 열매는 적갈색으로 프로펠러처럼 생긴 날개에 가운데 1개의 종자가 들어있다.

효능과 치료법

성질은 차고 맛은 떫으며 쓰다. 근피에는 메르소진(Mersosin), 아일란톤(Ailantone) 등의 성분이 들어 있다. 뿌리와 잎, 뿌리껍질과 줄기껍질을 약으로 쓴다. 약효가 비슷한 춘나무와 함께 약용하는 경우가 있다.

가죽나무와 춘나무의 줄기껍질을 '저근백피'와 '춘목피'라고 하는데, 뿌리껍질보다 조금 두껍고 불규칙한 덩어리 모양으로 수렴작용이 있어 오래된 이질과 설사, 치질, 장풍으로 피를 계속 쏟는 것을 치료한다. 외용약으로 이용하면 입과 코의 감충 · 옴 · 악창의 벌레를 죽인다.

자궁암

저근백피 100g, 밀기울 500g에 물 3000ml를 붓고 1000ml로 줄 때까지 달여, 한번에 50ml씩 하루 3번 따뜻하게 마신다.

만성 설사

저근백피를 약한 불에 쬐어 말리고 가루 내어 한번에 8g씩을 하루에 2번 끓인 물에 넣어 복용한다.

대하증

저근백피와 계관화 각 20g을 물 500cc로 달여서 반으로 줄인 후 하루에 여러 차례로 나누어 복용한다.

장암

저근백피 가루에 10%의 부형제(賦形劑)를 섞어 10g씩 하루 3번 먹는다. 약물을 상처에 바르기도 한다.

03 Melia azedarach L. toosendan S, et Z.

멀구슬나무

고련자, 고련피, 금영자

생김새

높이 10m에 이른다. 수피가 잘게 갈라지며 가지 끝에 잎이 달린다. 잎은 어긋나며 날개깃처럼 2번 갈라져 있는 겹잎으로, 잔잎 가장자리에는 톱니들이 있다. 연한 자주색의 꽃이 5월쯤 가지끝에 달리는 원추꽃차례로 핀다. 꽃잎과 꽃받침잎은 각각 5장이고, 수술은 10개로 하나의 통처럼 되어 있으며 암술은 1개이다. 열매는 핵과(核果)로 9월에 노란색으로 익는다.

효능과 치료법

성질은 차고 맛은 시며 쓰다. 기분적취로 인한 위통, 복부 창통에 쓰인다. 민간요법으로는 익은 열매를 물에 씻어 볕에 말렸다가 약용한다.

열매를 갈아서 손발이 튼 데 바르며, 솜에 싸서 귓속에 넣으면 귀가 아플 때나 부었을 때 효과를 본다. 열매를 술에 삶아서 동상으로 손발이 튼 데 발라도 잘 낫는다.

고련피는 약간의 독성이 있어 위에 자극을 주므로 과용하면 위 점막에 부종이 발생할 수 있다. 위장 자극을 감소시키기 위해 진피와 산사를 같이 쓰면 위를 보호하고 식욕을 증진시킨다.

강한 살충 효과

고련자는 돼지의 회충, 거머리, 지렁이에 대한 살충 작용이 뛰어나다. 고련피의 효능은 고련자와 비슷하지만 고련자는 통증을 치료하는 것이 우수하며, 고련피는 살충의 효능이 강하다.

구충작용

고련피의 구충작용은 사군자에 비해 강하므로 단독으로 써도 효과가 좋다. 고련피에 함유된 중성수지는 회충에 대한 마비작용이 있다.

각종 염증 치료

외용하면 살충·해독·청열작용을 하는데, 특히 트리코모나스 질염 좋은 효과를 보인다. 피부습진에는 지부자, 사상자를 진하게 달여 약물이 따뜻할 때 환부를 씻는다. 가루를 만들어 식초나 기름에 섞어 환부에 발라도 좋다.

▲ 멀구슬나무의 새순

항균효과
분말을 기름에 개어 환부에 바른다. 부인의 복창이나 어혈의 적취에 쓰면 좋다.

간장의 통증
금영자 8g에 진피, 시호, 후박 등을 더해 사용한다. 여기에 따뜻한 약성을 가진 약물을 더해 간 기능을 손상시키지 않도록 한다.

만성 담낭염, 담석증
금전초, 계골초 등을 가미한다. 이기·해울·소창·지통의 효과를 내기 위해서는 고련자 12g에 현호색, 시호, 진피, 오약 등을 가미한다.

피부 버즘
8월경에 뿌리를 잘라 햇볕에 말린 후 껍질을 벗겨 술로 삶는다. 그 술을 옴이 오른 데 바르거나, 수피나 가지를 태워 재를 만들어 돼지기름에 개어 흰 버즘에 바르면 잘 낫는다.

만성 위통
금영자에는 제산효과가 있으므로 위액을 토할 때는 금영자에 '좌금환'을 배합해 쓴다.

'고련자'와 '고련피'

고련자
《신농본초경(神農本草經)》에 '연실(連實)'의 원명(原名)으로 수재되어 있으며, 《도경본초(圖經本草)》에서 '고련자'라는 이름으로 부르게 되었다.
소송(蘇頌)은 '연실은 즉 금영자(金鈴子)'이라고 하였다. 나무의 높이는 1장(丈) 정도이며, 잎은 조밀하며 길다. 3~4월에 꽃이 피며 홍자색이다. 열매는 탄환 같은데 생(生)으로는 푸르며 익으면 황색이 된다. 12월에 채집한다. 이시진은 '사천성(四川省)의 것이 좋다.'라고 하였는데, 실제 사천성에서 생산되는 것이 품질이 가장 좋다. 때문에 사천성에서 생산되는 것을 중국에서는 '천련자(川練子)'라고 한다.

고련피
수피를 건조한 것이다. 중국의 사천성에서 많이 생산되므로 '천련피(川練皮)'라고도 한다. 호북성의 일부 지역에서는 근피도 사용하며, 상해에서는 과피를 '고련피(苦練皮)'라고 하는 경우가 있다.

04 Picrasma quassioides

소태나무

고목(苦木)

소태나무는 어린묘를 옮겨 심고 5~6년이 지난 7월경에 높이 4~5m된 것을 밑동에서 잘라내어 나무껍질을 제거하고 둥글게 자르거나 세로로 잘라서 햇볕에 말린다. 이것을 적당한 크기로 작게 조각낸 것을 '고목(苦木)'이라 하며 약으로 쓴다. 쓴맛을 내는 콰시인(quassin) 성분이 함유되어 있어 매우 쓰다.

과식이나 가슴이 답답할 때

1잔의 물에 고목을 5~10g에 넣어 절반 정도의 양이 될 때까지 달여서 식후 3회로 나누어서 마시면 효과가 있다.

소태같이 쓰다는 말이 있듯이, 소태나무는 쓴맛의 대명사이다. 학명은 피크라스마(Picrasma quassioides)인데, 이것은 그리스어의 쓴맛이라는 뜻의 피크라스몬(picrasmon)에서 유래한 것이다. 소태는 우리나라에서 뿐만 아니라 서양에서도 일찍부터 알려진 식물이다. 쓴맛으로 알려진 성분은 콰신(quassin)인데, 소태나무의 영명인 콰시아(quassia)는 쓴나무란 뜻을 가지고 있다.

생김새

높이는 약 10m이다. 어린 가지는 고동색으로 나무껍질에 작은 점 같은 노란 껍질눈이 있고, 싹은 붉은빛이 나는 갈색 털에 덮여 있다. 잎은 깃꼴겹잎으로 어긋나고, 작은 잎은 달걀모양으로 끝이 뾰족하며, 가장자리에 잔 톱니가 있다.

5~6월에 잎겨드랑이에서 긴 꽃자루가 나오고, 꽃잎이 4~5장인 황록색의 작은 꽃이 드문드문 피는데 눈에 잘 띄지 않는다. 가을에는 암나무에 타원형의 열매가 열리고, 푸른빛이 나며 붉게 익는다. 나무의 어느 부분을 맛보아도 매우 쓰며, 쓴맛이 오랫동안 입속에 남기 때문에 '소태'란 이름이 붙었다.

▲ 소태나무의 꽃과 잎

05 | Brucea javanica Merr.
아담자

생김새

높이는 2~3m이고, 식물체에 부드러운 황색털이 덮여 있다. 단수우상복엽으로 소엽은 5~11개의 난상피침형이며, 선단부가 뾰족하고 기부는 비스듬하게 기울어진 쐐기형이며 가장자리에 거친 이빨과 양면에 부드러운 털이 있다.

암수딴그루로 원추상의 취산화서가 엽액에 착생한다. 꽃받침과 수술은 각각 4개이고, 씨방은 네 갈래로 깊숙이 갈라져 있다. 핵과는 타원형으로 흑색이고 망상무늬가 돌기되어 있다.

개화기는 3~8월이고, 결실기는 4~9월이다. 종자는 길이 5~6㎜, 지름 3~5㎜의 난형으로 표면은 유백색 또는 황백색이며 망문이 있다.

효능과 치료법

관장약

200ml의 물에 아담자 30알을 넣고 100ml가 될 때까지 끓여 차게 보관해 두고, 하루에서 이틀에 한 번 내복약으로 이용한다. 아담자를 내복하면 경우에 따라 위장에 부작용이 있을 수 있는데, 주로 오심, 구토, 현기증, 설사 등의 증세가 나타난다. 아담자로 인한 설사는 많아도 1일 2회 정도이며, 2일 후에는 멈추므로 다른 조치는 필요 없다.

외이도골종 치료

아담자는 말라리아 원충을 죽이며, 아담자에 함유된 지방유는 '혹'에 민감한 독성작용이 있다. 때문에 외이도(外耳道)에 생긴 혹을 치료할 때 아담자유를 이도(耳道)에 떨어 뜨린다. 매일 2~3회 행하면 보통 5~7일 사이에 혹이 없어진다.

질염 치료

여성의 트리코모나스 질염에, 물 100ml에 종자 30알을 넣고 약한 불로 1/4이 될 때까지 끓이고 식혀 매일 밤 취침 전에 질 내에 1회 주입한다. 이를 7일간 계속하면 대부분 치유된다. 약물 주입 전에 아담자의 전제(煎劑)를 세정에 쓰면 좋은데, 물 400ml에 종자 40알을 넣고 40ml가 될 때까지 끓여 외측을 세정한다.

직장암

아담자 추출액 10%를 넣어 주사액을 제조한다. 하루 또는 이틀에 한 번씩 하루 2ml를 근육에 주사한다.

식도암

아담자 60g, 행인 120g, 수질 60g, 자석 150g의 비율을 쓴다. 수질 · 행인 · 생자석을 세연한 다음 아담자를 넣고 찧어 9~12g씩 하루에 2~3차 복용한다. 여기에 우분(연꽃지하경의 가루)을 섞어 복용하면 더욱 좋다.

아담자의 항암약리

● **외이도피부인상상피암** : 첫째 주일은 9알, 둘째 주일은 10알, 셋째 주일은 11알, 넷째 주일은 12알, 다섯째 주일은 15알씩 하루에 3차례 식후에 아담자인을 용안육으로 싸서 먹는다.

외용 시에는 아담자인을 가루로 빻아서 바셀린으로 갠 후 하루 한 번씩 상처에 붙인다.

● **대장암** : 아담자를 분쇄하여 달인 탕액으로 관장한다.

● **자궁경부암** : 아담자 · 생마전자 · 생부자 · 경분(輕粉) 각 4.5g, 웅황 9g, 비석 6g, 청대 9g, 노사 6g, 오매탄 15g, 빙편 1.5g, 사향 3g을 가루로 만들어 환부에 바른다.

▲ 아담자의 잎(위)과 열매(아래)

몸에 좋은 ▨▨ ▨살이 활용법

아담자 씨앗

오매탄

《중국약학대사전》에서는 '양혈지혈하며 어혈을 삭이고 새 피를 생기게 한다. 열을 빠르게 내린다. 선혈이 내리는 이질과 혈수(血水)를 사하는 이질에 효과가 더욱 좋다.' 라고 하였으며, 《이질신방》에는 '석류소회(燒灰) 3g, 진아편(眞鴉片)절편 6g, 아담자 90g, 인삼 0.9g, 고백반 0.6g, 침향 0.9g. 가루로 하여 죽으로 개어 0.03~0.06g 무게의 환(丸)을 지어 1~2알씩 먹는다.' 고 하였다.

만드는 법 **1**

1. 마른 오매를 그릇에 담고 따뜻한 물을 조금 부어 오매에 누기를 준다. 물이 너무 많으면 약성이 풀려 나오게 되니 주의한다.
2. 젖은 수건으로 하룻밤 정도 덮어 놓았다가 칼로 오매육을 벗겨 말린다.
3. 오매육을 그릇에 담아 밀폐하고 틈을 흙으로 때운 다음 불 속에 넣었다가 1시간 뒤에 꺼내 그릇을 열고 오매탄을 끄집어낸다.

만드는 법 **2**

1. 아담자의 껍질을 벗겨 아담자인(仁)을 취한다.
2. 겉 털을 제거하지 않은 생마전자를 말리고 가루 내어 체로 친다.
3. 생부자는 검은 껍질을 벗겨 절편하고 배건(焙乾)하여 가루 내어 체로 친다.
4. 사향과 빙편도 가루 내어 체로 친다.
5. 1~4에서 가루 낸 약을 섞을 때 사향과 빙편 가루를 넣는다.

06 Euphoria longana

용안나무
용안육(龍眼肉)

생김새

용안(龍眼)은 동인도 및 중국의 남부 지방이 원산지이다. 용안의 열매를 용안육(龍眼肉)이라고 하는데, 열매가 동물의 눈처럼 생겼고 열매의 껍질에 해당하는 가종피가 두터워서 붙여진 이름이다. 중국, 일본, 대만, 인도 등 아열대 지역에서 자생하거나 재배한다.

종피에 세로로 파열된 불규칙한 박편이 있으며 보통 여러 개가 끈끈하게 붙어 있다. 바깥 면은 짙은 적갈색이나 흑갈색이며 반투명하다. 한 면은 주름이 있어 고르지 않으며 다른 면은 윤기가 있으며 세로로 주름이 있다.

효능

예부터 중국에서는 용안육을 '장수의 약'이라 불러 왔고, 민간에서는 자양강장제로서 널리 쓰였다. 한방에서도 용안육을 자양강장, 하혈, 건망증 등의 약재로 쓰인다.

용안육은 꾸준히 먹으면 전신에 기력이 나고 두뇌가 명석해지며 심신의 피로가 가시는 것으로 알려져 있다. 때문에 용안육은 수험생이나 피로를 많이 느끼는 직장인 등에게 좋다.

용안육은 지나친 두뇌활동으로 심장이 불규칙하게 뛰거나 건망증, 불면증, 소화불량 증세에 사용하며 묽은 변을 멎게하는 데도 효과적이다.

또한 질병 후에 기운이 없고 빈혈, 권태, 다한증을 동반할 때나 산후 기혈이 허약하고 부종이 생길 때에 사용한다.

용안육을 생지황, 천문동, 맥문동, 단삼, 백자인, 원지, 연자, 오미자, 복신, 인삼 등과 함께 쓰면 심(心)을 보하고 기운을 돋구며 기억력을 좋게 한다. 또한 용안육 40g과 설탕 4g을 넣고 시루에 쪄서 한두 번에 걸쳐 먹으면 기혈을 크게 보한다.

▲ 용안나무의 잎

어지럼증 개선

자주 어지럽고, 머리를 숙이거나 몸을 세울 때 어지럼증이 심해지는 경우는 빈혈이나 저혈압 때문인데이때에 용안육을 자주 복용하면 좋다.

불안증 치료

대뇌피질의 흥분과 억제의 균형이 무너지면 불안증이 일어나는데, 이때 용안육 5전을 매일 복용하면 서서히 좋아진다. 중증인 경우에는 산조인(酸棗仁)을 가루내어 용안육으로 싸서 구슬처럼 만들어 3개 정도를 잠자리에 복용하면 좋은 효과가 있다.

부인과 질병 치료

산후의 보약으로도 좋으며, 여러 가지 빈혈증이나 월경 이상에는 하수오, 당귀, 대조(大棗)와 같이 쓰면 좋다. 다산(多産)을 한 부인은 계속 복용할 필요가 있다.

혈허증 치료

혈허가 있는 사람은 참깨를 볶아 가루 내어 용안육에 넣어 둥글게 만든 후 복용하거나, 물과 설탕을 약간 넣고 깨죽처럼 만들어 복용하면 보혈을 돕고 두발을 검게 하는 효과가 있다.

미용 효과

용안육은 얼굴을 윤택하게 하고 탈모와 백발을 방지하는 효과가 있다. 용안육 8양을 중탕한 다음 햇볕에 2시간씩 5번 말려 꿀을 약간 넣고 물로 끓여 매일 복용한다. 피부에 윤기가 생기고 탈모가 줄어들며 정신도 맑아진다.

당의정 효과

쓴맛이 강한 약(黃連, 雅膽子)을 용안육에 싸서 복용하면 오심과 구토를 예방할 수 있다.

강신조산 효과

인삼과 같이 끓여서 복용하면 체력을 증강시키며, 출산 시에는 분만시간을 단축하는 데도 도움이 된다.

보익(補益)하는 데는 용안이 좋다. 용안은 위(胃)를 열어 주고 비(脾)와 허를 보해 준다. 《본초강목》

용안은 오장의 사기(邪氣)와 음식이 싫어지는 것을 다스린다. 또한 충독과 기생충을 없애 주며 오래 먹으면 정신이 총명해진다. 《명의별록》

이용법

용안육은 자양식품으로 영양가가 높다. 자양 효과가 좋으므로 가정에서 노인이나 어린이의 간식으로 적합하다.

용안육은 독특한 향기가 있으며 단맛이 강하다. 질감은 연하고 점착성이 있어 술안주로도 이용한다.

특히 체질이 허약하거나 산후의 기혈이 훼손된 경우, 병후의 쇠약증상에 단독으로 달여서 매일 복용한다.

용안육 중에는 설탕으로 방부처리를 한 것이 있으므로 당뇨병 환자는 주의해서 선택한다.

용안육 이용의 주의점

● 몸 안에 담화가 울체되어 있거나 담습이 정체되어 있을 때에는 쓰지 않는다. 특히 위에 열이 있으며 담화가 있을 때, 몸이 풍열의 사기(邪氣)를 받아 기침하며 피가래가 나올 때에는 쓰지 않는다.

● 심폐에 화가 왕성할 때나 중초가 가득 차서 토하는 때, 기가 울체되어 잘 통하지 않을 때에는 쓰지 않는다.

용안나무의 과육

용안주(龍眼酒)

자양강장제로서 효과가 크며 빈혈·불면증·심장병 등에도 유효하다. 미용에도 좋은 술로 알려져 있다.

> 재료
>
> 용안육 150g, 소주 1000ml, 설탕 100g, 과당 50g, 꿀 50ml

만드는 법

1. 용기에 넣고 용안육과 25도의 소주를 붓고 밀봉하여 시원한 곳에 보관한다.
2. 처음 4~5일간은 매일 액을 가볍게 흔들어 준다.
3. 10일 후에 천으로 걸러서 액은 다시 용기에 담고 설탕과 과당을 넣어 녹인다.
4. 3에 생약 찌꺼기 1/5을 다시 용기 속에 넣고 꿀을 추가해 섞은 다음 밀봉하여 시원한 곳에 보관한다.
5. 1개월 정도 지나면 뚜껑을 열어 천이나 여과지로 액을 거른다.
6. 약술이 완성되면, 하루 2~3회씩 1회 20ml의 양을 식사 전이나 식사 사이에 마신다. 브랜디를 약간 넣으면 향기가 더욱 좋아진다.

용안육죽(龍眼肉粥)

자주 놀라고 불안한 마음을 편안하게 하며 잠이 잘 오게 한다. 자양강장 효과는 물론 혈액의 생성을 촉진시키므로 정신적인 피로에 특히 좋은 죽이다.

심장의 혈액을 자양하여 심장을 안정시켜 주며, 비장을 건실하게 한다. 심혈 부족으로 인해 쉽게 놀라고, 불안 증상, 불면증, 건망증, 빈혈증, 비기(脾氣) 부족으로 인한 설사, 부종 및 몸이 수척해지는 증상, 신경쇠약, 다한증, 식은 땀 등에 효과적인 약죽이다.

> 재료
>
> 용안육 15g, 대추(씨를 뺀 것) 3~5개, 쌀 50g, 설탕

만드는 법

1. 껍질과 씨를 제거한 용안육 15~130g에 대추와 쌀을 함께 넣고 죽을 쑨다.
2. 약간의 설탕을 넣고 한 번 더 끓인다.

주의할 점

1. 양이 지나치면 소화가 잘 되지 않으므로 과식하지 않도록 한다.
2. 매일 아침, 저녁으로 뜨거울 때 먹도록 한다.
3. 풍한사(風寒邪)로 인해 감기에 걸려 오한이 나거나 열이 있는 경우, 설태가 두껍게 끼고 혀가 껄끄러운 사람은 복용을 삼가하도록 한다.

건조시킨 용안육

용안육차

여성의 산후부종에 좋은 치료 효과가 있으며, 비장이 허하여 생기는 설사 증상을 개선한다. 그러나 소화가 잘 되지 않는 사람은 복용에 주의한다.

만드는 법 1

용안육 6~15g을 물로 달여서 차 대신 마신다.

만드는 법 2

건용안육 40개, 생강 3쪽을 물로 달여서 차 대신 마신다.

만드는 법 3

건용안육 20g, 생강 3쪽, 대추 10개를 물로 달여서 차 대신 마신다.

보혈팔보밥(補血八寶飯)

재료

대추 15g, 용안육 15g, 백편두 30g, 멥쌀 100g, 당귀 10g, 황기 10g, 인삼 10g, 닭고기 80g, 식물성 식용유 30ml, 청주 10ml, 생강 5g, 파 10g, 소금 3g

만드는 법

1. 대추, 용안육, 백편두, 멥쌀 등을 씻는다.
2. 당귀, 황기, 인삼을 씻어 약주머니에 넣고 물을 1000ml 부어 40분간 끓인다.
3. 닭고기를 깨끗이 씻어 적당한 크기로 자르고, 식용유에 살짝 볶는다.
4. 3에 생강, 파, 소금, 청주를 넣고 볶으면서 2의 약즙을 붓고 닭고기가 익으면서 약냄새가 날 때까지 끓인다.
5. 4에 1을 넣어 밥을 짓는다.

용안육찹쌀죽

용안구기죽(龍眼枸杞粥)

1첩을 매일 아침, 저녁으로 2회에 걸쳐 복용하면 기혈을 보하는 효능이 있어 기혈부족형의 빈혈에 좋다.

재료
용안육 15g, 구기자 15g, 찹쌀 15g, 멥쌀 15g

만드는 법

1. 용안육과 구기자를 깨끗이 씻는다.
2. 1에 찹쌀, 멥쌀, 물 500ml를 넣고 약한 불에서 죽을 끓인다.

용안육찹쌀죽

수시로 섭취하면 신장과 비장을 보하면서 몸속의 건조한 기운을 윤택하게 하고 뇌의 활동을 활성화시킨다. 따라서 심혈의 부족으로 자주 가슴이 두근거리는 사람들에게 적당하다.

재료
용안육 25g, 대추 25g, 산약(마) 25g, 율무 25g, 찹쌀 100g, 꿀 5g, 물 1500ml

만드는 법

1. 깨끗하게 씻은 용안육, 대추, 산약, 율무, 찹쌀에 물 1500ml를 넣고 끓인다.
2. 죽이 완성되면 꿀을 넣어 복용한다.

07 Litchi chinensis Sonnerat

여지나무

리치(litchi, lichee, lychee)

▲ 여지나무의 열매

여지의 속씨를 '여지핵' 이라고 하는데, 향기가 있고 성질은 따뜻하고 달면서 떫은 맛이 있다. 온중이기 (溫中理氣)하고 지통(止痛)시키는 효능이 있다. 《방약합편(方藥合編)》에 회향안신탕(茴香安腎湯)이라는 처방속에 여지핵이 들어 있다. 남자의 고환 양쪽 중 한쪽이 계란 정도의 크기로 커지면서 통증이 심하게 나타날 때 며칠간 이 처방을 복용하면 고환의 통증과 염증이 치료되어 부종이 가라앉게 된다고 한다. 한의학에서는 이 약이 맛이 달고 무독한 과일이지만 음양속성(陰陽屬性) 중에 양(陽)에 속하는 약이라고 하였다. 때문에 여지나무 열매를 많이 먹으면 발열이 나타나고, 여드름과 같은 종기가 발생한다고 하여 중국의 처녀들은 잘 먹지 않는 경우가 있다.

생김새

높이 10~15m로 2~3월에 담황색의 작은 꽃이 피고 6~7월에 과실이 익는데, 밤알 정도 크기의 적갈색을 띤 과일로 맛이 달고 향기로우며 과즙이 많다. 비슷한 과실로 용안육이 있다. 용안육은 여지에 비해 육(肉)이 적고 향기와 과즙이 적다.

여지는 시간이 지남에 따라 품질과 맛이 달라지는 특징을 갖고 있다. 그런 의미에서 '떨어지다', '차이가 난다' 는 뜻의 리(離)자를 붙여 이지(離枝)라고도 불렀다. 여지는 달려있던 가지를 떠나 하루가 지나면 과일의 빛깔이 변하고 이틀이 지나면 향기가 떨어지고, 삼일이 지나면 맛이 변한다는 뜻에서 지어진 이름이다.

효능

한의학에서는 여지육을 말려 약으로 이용한다. 성질이 따뜻하고 맛이 달면서 신맛이 있다.

이용법

용안육과 여지는 과실나무이기 때문에 한 해는 과실이 잘 열리고, 다음 해에는 잘 열리지 않는 경우가 있다. 때문에 기후와 우량에 따라 생산량이 달라지고 가격에 변동이 생긴다. 여지의 가격이 싸고 용안육의 가격이 비쌀 때에는 여지를 용안육과 같이 넣고 쪄서 용안육 대용으로 사용한다.

08 Koelreuteria paniculata

모감주나무
염주나무

생김새

갈잎작은키나무로 높이 17m까지 자란다. 잎은 어긋나고 길이 25~30cm인 깃꼴겹잎이다. 작은 잎은 길이 3~10cm의 긴 타원 모양으로 가장자리에 불규칙하고 둔한 톱니가 있으며 7~15개씩 달린다. 늦봄이나 초여름에 가지 끝에서 나무 가득 원추꽃차례의 자잘한 노란색 꽃이 핀다. 10월에 여무는 열매는 삭과로 갈라지면서 3개의 둥글고 검은 씨가 나온다. 열매는 길이 4~5cm로서 꽈리같이 생겼는데 10월에 성숙한다. 종자는 둥글고 검으며 윤채가 있어 염주를 만드는데 사용되므로 '염주나무' 라고도 한다. 원산지는 중국과 한국이다.

> **모감주나무의 재배**
>
> 추위와 공해에 강하고 비옥요구도가 낮아 척박지에서도 잘 생육하며 토양에 관계없이 잘 자라나 양지바른 곳을 좋아한다. 내조성과 내염성, 내건성이 대단히 강하다.

효능

꽃을 '난화(欒花)' 라 하며 약용한다. 스테놀, 사포닌, 플라보노이드 배당체, 탄닌 등의 성분이 함유되어 있다. 6~7월 개화 시에 꽃을 채취하여 그늘에서 말린다. 꽃에는 청간 · 이수 · 소종 등의 효능이 있어 한방에서는 간염 · 요도염 · 소화불량 · 장염 · 이질 · 안적종통(眼赤腫痛) 등에 치료제로 쓴다.
목통유루(目痛流淚), 안적(眼赤), 종통(腫痛), 간염, 요도염, 소화불량, 장염, 이질을 치료한다. 황련(黃連)과 같이 달여서 눈의 적란(赤爛)을 치료한다.

이용법

가로수, 공원수, 정원수, 녹음수, 생태공원의 조경수로 적합하다.
단단한 종자는 염주를 만들어 사용하고, 종자를 비누 대용으로 쓰기도 한다. 꽃과 잎은 염료로 이용한다.

▲ 모감주나무의 열매

09 Sapindus mukorossi Gaertner

무환자나무

무환수(無患樹), 연명피(延命皮)

씨앗은 빼고 열매껍질만 모아서 햇볕에 말린 것을 '연명피'라고 한다. 예부터 연명피를 헝겊주머니에 넣고 물에 적셔서 비비면 거품이 일기 때문에, 머리를 감거나 세탁할 때 세제로 사용해 왔다. 연명피에는 사피노사이드 등의 성분이 들어 있어, 잘못 사용하면 적혈구의 세포막이 파괴되어 그 안의 헤모글로빈이 혈구 밖으로 흘러나오는 용혈현상을 일으킨다. 잘못 먹으면 위가 헐거나 복통 등을 일으킬 수 있으니 주의한다.

중국에서 도교를 믿는 사람들이 즐겨 심던 나무로 그 열매에 귀신을 쫓는 힘이 있다고 하여 '환자가 생기지 않는 나무', '근심과 걱정이 없는 나무'란 뜻의 이름을 가지게 되었다.
서양에서는 '인디언의 비누나무', '비누열매나무'라고 불릴 정도로 열매의 껍질에 비누성분이 많은 나무이다. 이 때문에 빨래를 할 때나 머리를 감을 때 유용하게 사용되었다.

▲ 무환자나무의 열매

생김새

갈잎큰키나무로 높이는 약 15cm이다. 여름에 어린 가지 끝에 연한 풀색의 작은 꽃이 원뿔 모양으로 모여 피고, 10월경에 공 모양의 열매가 열린다.
열매는 지름이 약 2cm로 처음에는 연초록색이지만, 익으면 검은빛을 띠는 누른빛이 되며, 속에 있는 1개의 둥글고 단단한 검정 씨앗이 보일 정도로 열매 껍질이 투명하다. 한국, 중국, 인도 등에 분포한다.

효능

성질은 평하고 맛은 달다. 한방에서 열매의 과육을 열을 다스리고 통증을 없애는 치료제로 쓰인다. 이 밖에 거담, 천식, 식체, 독을 해독하는 치료제로 쓰인다.

10   Paulinnia cupana H. B. K.

과라나

생김새

브라질 아마존 원시림의 특수한 기후와 토양에서만 자라는 식물로 높이가 10m까지 자란다. 껍질은 부드럽고 털에 덮여 있으며, 잎은 크고 긴 타원형으로 잔잎 5장으로 이루어져 있다. 꽃은 무척 크고 향기가 진하며, 꽃송이는 짧은 꽃자루에 달린다. 열매는 포도 크기만하게 익는다. 과라나의 열매에는 1~2개의 씨가 있는데 이 씨를 갈아서 분말로 만들어 식품으로 이용한다.

효능

'브라질산 콜라'라고 불릴 만큼 음료로 그 효능과 유용성이 널리 알려져 있다. 과라나에는 카페인 성분이 함유되어 있으며, 씨앗과 열매의 껍질에는 염기성물질

이 있다. 과라나는 쓴맛이 있으며, 떫기도 하고, 또는 약간 신맛이 난다. 이것은 인체의 신진대사에 좋은 자극을 주는데, 때문에 브라질 인디언들은 과라나를 만병통치약으로 이용하였다.

과라나는 오랫동안 복용을 해도 몸에 부작용이 거의 나타나지 않으며 두뇌작용을 원활하게 해준다고 보고되고 있다. 또한 과라나의 카페인은 일반 커피나 홍차에 들어 있는 카페인과는 달리 신경을 자극하지 않는다.

혈액순환 촉진

심장과 혈액순환에 도움을 주어 몸의 피곤을 풀어주며 정력에 좋다.

두뇌활동 촉진

뇌세포의 기능을 활발히 해주고 장과 위를 편안하게 해준다. 정신적인 스트레스를 해소하고 머리를 맑게 해준다.

이뇨작용

소화불량과 위에 가스가 차는 증상을 완화시키며, 몸 속의 노폐물을 제거한다.

과라나 이용의 주의점

● 무해한 카페인이라 해도 카페인을 함유하고 있으므로 과다 복용은 하지 않아야 한다.

● 심폐에 화가 왕성할 때나 중초가 가득 차서 토하는 때, 기가 울체되어 잘 통하지 않을 때에는 쓰지 않는다.

● 임신 중에는 복용을 삼가하고, 배뇨곤란이 있을 경우에는 양을 줄인다.

11 | Juglans Sinensis L.
호두나무
호도인(胡桃仁)

생김새
높이는 20cm까지 자라고 껍질은 회백색인데 햇가지는 광택이 나고 녹갈색을 띤다. 잎은 깃꼴처럼 생긴 겹잎으로 나오며 작은 잎은 3~7장 달린다. 꽃은 4~5월에 피며 암수한그루이다. 수꽃의 꽃차례는 밑으로 쳐지며 암꽃의 꽃차례는 1~3송이로 달린다. 종자는 둥근 모양으로 10월에 익기 때문에 '추자(楸子)' 라고 한다. 열매의 껍질을 벗긴 핵과를 깨뜨리면 안에 씨가 있는데 이것을 '호도인' 이라 하며 식용과 약용에 두루 쓴다. 우리나라 중부 이남에서 주로 재배한다.

효능
호두나무의 씨앗은 자양성 안신효과가 뛰어난 약물로 식이요법에 사용된다. 생식하면 끓인 것보다도 효과가 크며 환제로 만들어 사용해도 좋다.

생식기능 강화
양위 · 조루 · 유정 등 성기능 쇠퇴에는 다른 강장약과 함께 쓴다.

노화 방지
50세가 넘으면 조로(早老)를 방지하기 위해 호도인을 사용하는 것이 좋다. 영양가가 좋아 유익한 간식도 되며 노화도 방지된다. 그러나 콜레스테롤이 높은 사람에게는 적합하지 않다.

현기증 치료
열성병을 앓고 난 후에 빙빙 도는 듯한 현기증이 있거나 걸을 때 둥둥 떠다니는 듯 하고, 입이 마르고 진액이 없을 때, 또는 식욕이 없을 때에 호도인을 매일 2개씩 생식한다.

소아 성장발육 증진
호도인은 건뇌에 뛰어난 식품으로 학령기의 아동이 생식하면 특히 좋다. 또 태아의 발육에 유익하며, 배변을 순조롭게 하고 식욕과 수면을 증진시키는 효과도 있어 자양보양식이 된다.

호두발효액

호두백급콩죽(核桃粥)

매일 아침, 저녁으로 따뜻하게 복용하면 비장과 신장을 보하고 폐의 활동을 원활하게 도와서 피부가 윤택해진다. 경락의 소통으로 머리도 맑아지게 된다.

재료
핵도인(核桃仁) 10개, 백급(白及) 10g, 대두 300g, 멥쌀 100g, 꿀 10g, 물 700ml

만드는 법

1. 대두는 깨끗이 씻어 말려서 분말을 만든다.
2. 백급, 호두는 볶아서 분말을 만든다.
3. 분말에 멥쌀, 물 700ml를 넣어 걸쭉하게 끓인다.
4. 꿀을 넣어 완성한다.

호두탕

재료
호두 30개, 설탕 90g, 물 적당량

만드는 법

1. 호두의 껍질과 속껍질을 벗긴다.
   (살짝 데치면 속껍질이 잘 벗겨진다)
2. 믹서에 넣고 곱게 갈아 차관에 넣고 설탕과 물을 부어 끓인다.
3. 2를 주걱으로 잘 저어 주고 식으면 복용한다.

호두죽

둥글레호두죽

음액을 보충하고 신장과 비장을 튼튼하게 하면서 장에 윤기를 더해준다. 변비와 폐결핵을 치료하고 신장의 기능향상 및 미용 등에 좋다.

재료

옥죽(玉竹) 400g, 거피핵도인(껍질 벗긴 호두)와 거피율자(껍질 벗긴 밤) 각 100g, 소금 3g, 조미료 2g, 파 10g, 식물성 식용유 50ml

만드는 법

1. 옥죽 뿌리의 껍질을 제거한 뒤 깨끗이 씻어 얇은 조각으로 썬다.
2. 1을 끓는 물에 넣고 데친 다음 수분을 제거한다.
3. 호두와 밤은 팬에서 살짝 볶아 준다.
4. 옥죽, 호두, 밤, 소금, 물을 그릇에 넣고 한 번 더 끓여 준다.

백합호두죽(百合核桃粥)

폐(肺)와 신(腎)을 보(補)함으로써 숨이 차면서 기침이 나는 증상을 완화시킨다. 폐(肺)와 신(腎)의 음허(陰虛)로 인한 만성기관지염에 특히 좋다.

재료

백합(百合) 30g, 호두 12g, 대추 10개, 멥쌀 50g, 물 500ml

만드는 법

1. 백합을 깨끗이 씻는다.
2. 겉껍질을 깐 호두를 뜨거운 물에 넣었다가 속껍질을 벗겨 내고 다진다.
3. 백합, 호두, 멥쌀에 물 500ml를 넣어 약한 불로 죽을 끓인다.

12 Juglans mandshurica Max.

가래나무

추자(楸子), 추목(楸木)

둥글고 숫자도 훨씬 적다. 잔잎이 7장 이상이며 가장자리가 톱니모양이라는 점도 호두나무와 다르다.

효능과 치료법

성질은 차고 맛은 달다. 뿌리껍질 말린 것을 '추목피(楸木皮)'라 하는데, 민간약으로 광견병, 고기 먹고 체한 데, 복통, 해수, 종기 등에 쓴다.

이질 치료

가래나무 껍질 200g, 가래나무 뿌리 껍질 50g, 두릅나무 껍질 100g에 물 2L를 붓고 12시간 동안 우려서 1.3L의 추출액을 얻는다.

다음에 찌꺼기 전량과 가래나무 껍질 50g, 두릅나무 껍질 100g, 이질풀 400g을 3일 동안 약한 불에 달여서 700ml의 농축액을 얻는다.

추출액과 농축액을 합하고 황백 가루 100g, 고삼 가루 50g, 두릅나무 뿌리 껍질 가루 50g, 창출 가루 600g을 넣고 한 알의 무게가 1g이 되게 알약을 만들어 한 번에 4~5알씩 하루 세 번 식사 전에 먹는다.

간염 · 간경화증 치료

가래나무 뿌리껍질, 다래나무껍질, 두릅나무 껍질, 이스라지 나뭇가지 각 1kg, 창출 2kg을 잘게 잘라서 섞은 다음 물을 20~30L 붓고 10L가 될 때까지 달인다. 이것을 걸러서 다시 끓여 600g 정도의 물엿처럼 만든 후 여기에 전분이나 인진쑥 가루를 섞어 한 알이 2g이 되게 알약을 만든다.

만성 간염

한 번에 두 알씩 하루 세 번 식사 한 시간 전에 먹고, 간경화증에는 한 번에 세 알씩 하루 세 번 식사 30분

생김새

잎이 지는 넓은 잎의 큰키나무이다. 높이는 20m에 이른다. 암수한그루이며, 잎은 잎자루 1개에 작은 잎이 홀수로 달린다. 여러 장의 잎이 깃털 모양으로 달리는 우상복엽으로 봄에 피는 암꽃은 가지 끝에 4~10송이로 하늘을 향해 빨갛게 피고 수꽃은 잎겨드랑이에 주렁주렁 달린다. 열매는 핵과로 난상원형이며, 가을에 익은 열매의 껍질을 벗겨내면 표면에 우글쭈글한 난형의 종자가 들어 있다. 호두나무의 잎과 비슷하나 호두나무 잎이 비교적 더

가래나무는 우리 땅에서 군락을 이루며 스스로 자라는 우리 나무이다. 가래나무는 한자로 '추목(楸木)'이라고 부르며 열매는 '추자(楸子)'라고 한다. 예부터 조상의 무덤가에 소나무과 가래나무를 심어 왔는데, 선조의 무덤이 있는 곳을 '추하'라고 하며 성묘하는 일을 '추행'이라 하는 말이 여기에서 비롯되었다.

전에 먹는다.

요통 치료

적당한 길이로 자른 가래나무 10kg을 물 30L에 넣고 솥에서 천천히 달이고 졸여서 1.2~1.5kg의 가래나무 엿을 만든다. 이것을 여러 겹의 천에 얇게 바른 다음 아픈 곳에 붙이고 붕대를 감는다. 하루 걸러 한 번씩 5~10번 붙인다. 갑자기 생긴 요통에 탁월한 치료 효과가 있다.

황선(黃癬) 치료

가을철에 채취한 가래나무 열매의 생껍질 2kg, 가래나무잎 500g, 가래나무껍질 300g을 깨끗한 물로 씻고 일주일 동안 햇볕에 말린 다음 잘게 썰어서 60℃의 물에 한 시간 동안 담가 두었다가 찬물로 다시 씻는다. 솥에 물을 20L 붓고 위의 약재를 넣어서 열두 시간 동안 약한 불로 천천히 달이면 절반 정도가 되는데 이것을 천으로 걸러 솥에 넣고 18시간가량 달여 물엿처럼 되면 도자기 용기에 넣고 사용한다.

머리에 바를 때는 머리를 짧게 깎고 비누로 씻은 다음 5% 석탄산 솜으로 소독하고 2~3분 뒤에 요오드액으로 다시 소독하고 나서, 5분쯤 지난 뒤 가래나무엿을 바른다. 이틀에 한 번씩 발라 치료한다.

무좀 치료

말린 가래나무 껍질을 잘게 썰어 통 안에 넣고 가열한다. 이때 나오는 증기를 모아 냉각 응축하여 건류액을 얻는다. 일주일 동안은 아픈 부위에 서너 번 바르고 그 다음 주부터는 하루에 두 번 바른다.

주근깨 개선

가래나무를 날것으로 건류하여 얻은 액에 메밀대나 피마자 줄기, 또는 익모초 등을 태운 재를 1 : 2의 비율로 물로 추출하여 건조시킨 후 라놀린을 섞어 40~60% 연고를 만든다. 색소반마다 40% 연고를 0.2~0.3ml 두께로 바르고 물집이 생기면 물집을 눌러 짜 버리고

한 시간 뒤에 가볍게 세수를 하여 남은 약을 씻어 낸다. 색소반이 굳어서 생긴 딱지는 저절로 떨어지게 둔다.

이용법

예부터 흉년에 구황식량 역할을 하였다.

가래의 종자로 기름을 짜서 신선로를 만들 때 사용하며, 이조목기에 윤을 내고 길들이는데도 사용한다. 종자는 끝이 뾰족하고 단단하나, 뾰족한 것을 갈아 염주를 만들기도 한다.

열매는 날것으로 먹거나 약으로 쓰며, 어린 잎과 꽃대는 봄에 나물로 먹는다.

가래나무의 목재는 재질이 치밀하고 단단해서 뒤틀리지 않아 건축내장재, 기계재, 조각재로 쓰인다.

▲ 가래나무의 열매(위)와 수피(아래)

01 후박나무
02 센달나무
03 생강나무
04 비목나무
05 감태나무
06 월계수
07 녹나무
08 생달나무
09 기름나무
10 육박나무
11 까마귀쪽나무
12 계피나무
13 참식나무
14 환색덕이
15 아보카도

01 | Machilus thunbergii S.et Z.

후박나무

토후박, 홍남피(紅楠皮)

효능
기관지와 소화기관 강화

소화기관의 기능이 저하 될 때 일어나는 소화불량에 후박나무의 껍질을 쓴다. 한방에서는 나무껍질을 '후박피(厚朴皮)'라고 하며 천식과 위장병에 쓴다.

이용법

잎에 독성이 있어 곤충이 모이지 않고, 바닷바람에 강해 풍치수와 방풍림 역할을 한다. 목재는 가구재와 선박재로 쓰인다.

나무껍질과 잎을 분말로 만들어 물에 적시면 점성이 강해지므로 선향(線香)의 결합제로 쓴다. 나무껍질을 염료로 사용하기도 한다.

생김새

높이 20m, 지름 1m에 이른다. 나무껍질은 회황색이며 비늘처럼 떨어진다. 잎은 타원형 또는 달걀형이며 잎 가장자리가 밋밋하고 우상맥이 있다. 잎 뒷면은 회록색이다. 잎, 줄기, 껍질에 털이 없다.

꽃은 5~6월에 피고 황록색이며 원추꽃차례로 달린다. 양성화로 화피는 6개이며, 암술은 1개 수술은 12개이지만 3개는 꽃밥이 없다. 열매는 지름 1cm 정도로 둥글며 성숙하면 흑자색이 된다. 열매자루는 붉은 빛이다.

잎의 윗부분이 조금 더 넓고 도란형이면, '왕후박나무'라고 부른다. 비슷한 식물로는 센달나무가 있다.

▲ 후박나무의 잎과 열매

| 02 | Machilus japonica Siebold et Zuccarini |

센달나무

취뇨남(臭尿楠), 누룩낭

이용법

나무껍질은 후박나무처럼 천식과 위장병 등에 약용으로 쓸 수 있다. 관상용 조경수로 심거나 바닷가의 방풍림으로도 쓴다. 목재는 건축재, 가구재 등으로 이용하며, 열매로 기름을 짜서 비누 원료로 쓴다.

센달나무의 재배

센달나무는 햇빛과 반그늘에서 모두 잘 자라며 뿌리를 깊게 내리지만, 내한성이 약해 중부내륙에서는 겨울을 날 수 없다. 내조성은 강하여 바닷가 주변에서 생장이 양호하며 비옥한 땅에서 잘 자란다.
씨(種子)를 채취해 곧바로 파종하거나 저장했다가 다음해 봄에 뿌린다. 씨를 저장할 때는 과육을 제거한 후 말려서 냉장 보관한다.

▲ 후박나무의 잎(위)과 센달나무의 잎(아래). 센달나무는 후박나무에 비해 겨울눈이 좁고 길며, 잎몸(葉身)이 피침형 또는 거꿀피침형로서 길고 좁다. 또한 잎끝이 꼬리처럼 길게 뾰족하고 측맥이 많은 것이 특징이다.

생김새

높이 10~15m, 지름 70cm에 이른다. 어린 가지는 녹회색이나 회갈색이며 털은 없고 드물게 껍질눈(皮目)이 있다. 나무껍질은 회갈색이다. 잎은 가지의 끝부분에 많이 모이고 지질(紙質) 또는 부드러운 혁질(革質)이다. 잎은 피침형이거나 거꿀피침형(倒披針形)이며 잎가장자리에는 톱니가 없어 밋밋하다. 잎의 앞면은 짙은 녹색으로 연한 광택을 띠며 털이 없다. 뒷면은 연한 녹색으로 털은 있다가 점점 없어진다. 잎자루는 길이 1~3cm로 홈이 있다.
꽃은 양성화로 5월에 연한 황록색으로 피고 어린가지 밑부분에서 생기는 길이 7~8cm의 원추화서에 여러 개가 달린다.

03 | Lindera obtusiloba Blume

생강나무

황매목(黃梅木)

생김새

높이 2~3m에 이른다. 이른 봄에 산 속에서 가장 먼저 노란 꽃을 피운다. 꽃은 잎이 나기 전에 피고 꽃자루가 짧아 가지에 촘촘히 붙어 있다. 꽃이 필 때 짙은 향내가 난다. 잎은 어긋나며 넓은 달걀 모양이고, 길이 5~15cm, 너비 4~13cm로 꽤 큰데, 끝이 크게 3개로 갈라지기도 하며 잎맥은 3주맥이다.

생강나무와 비슷한 시기에 산수유나무도 거의 같은 모습으로 꽃을 피우는데, 생강나무 꽃보다 산수유나무 꽃의 꽃자루가 약간 더 길며 생강나무는 꽃을 피운 줄기 끝이 녹색이고 산수유나무는 갈색이다. 콩알만한 둥근 열매가 9월에 붉은색으로 열었다가 검은색으로 익는다.

효능

건위제

생강나무의 가지를 '황매피'라 하는데, 볕에 말린 뒤 그대로 잘게 썰어 건위제로 쓴다. 황매피는 복통과 해열에도 효과가 있고 간을 정화시킨다. 또 생강나무의 어린 잎은 말려서 차처럼 마시면 위장에 좋다.

타박상과 어혈 해소

생강나무의 잔가지를 썰어 진하게 달여 마시고 땀을 내면 통증이 가신다. 짓이겨서 상처 부위에 붙여 외용약으로 이용하기도 한다.

이용법

봄에 새순이나 어린 잎을 채취하여 나물로 무쳐 먹거나, 찹쌀가루를 묻히고 튀겨서 식용한다.

▲ 생강나무의 꽃(위)과 열매(아래)

생강나무발효액

생강나무잎튀각

재료

생강나무의 잎 적당량, 찹쌀가루 3큰술

만드는 법

1. 생강나무의 잎을 채취하여 깨끗하게 씻는다.
2. 잎을 그늘에 건조시켜 물기를 제거한다.
3. 물 1컵에 찹쌀가루 3큰술을 풀어 눕지 않게 저어주면서 중불에서 찹쌀풀을 쑨다.
4. 손질한 생강나무의 잎을 찹쌀풀에 버무려 채반에 밭쳐 건조시킨다.
5. 건조된 잎을 기름에 살짝 튀겨 낸다.

생강나무꽃차

성질은 따뜻하고 맛은 맵다. 타박상으로 인한 어혈을 풀어주며 산후동통에도 좋다

재료

생강나무의 꽃 100g

만드는 법

1. 생강나무의 꽃을 따서 그늘에서 말린다.
2. 말린 후에 찜통에서 나오는 김을 30초~1분 정도 쏘인다.
3. 햇볕에 약 1~2시간 정도 말린다.
4. 찻잔에 꽃봉오리 3~5개를 넣고 뜨거운 물을 부어 바로 우려내어 마신다.
5. 오래두면 향이 강해지기 때문에 양은 적게 하고, 우려내는 시간도 짧게 한다.

04 Lindera erythrocarpa Makino

비목나무

보얀목, 백목

생김새

높이는 10~15m, 줄기 지름은 40㎝ 정도까지 자라며, 한국에서는 주로 황해도 이남 지역에서 자란다. 나무 껍질은 황백색을 띠고, 새로 나온 가지는 회백색을 띤다. 잎은 어긋나며, 잎 가장자리는 밋밋하다. 꽃은 노란색을 띠며, 4~5월에 암꽃과 수꽃이 각각 다른 그루에서 산형꽃차례로 핀다. 9월에 직경 8mm 정도의 광택이 있는 적색 열매가 익는다.

비목나무의 종자 번식

종자 번식 실험에서 비목나무의 종자를 저온에서(0~5℃) 3개월 저장한 결과 발아율은 84.6~89%이었다. 이때 1개월 고온처리한 것은 발아되지 않았으며, 1개월 고온과 3개월 저온저장한 것의 발아율은 84.6~93.6%로 높았다. 이 실험을 응용하여 종자를 저장하면 발아율도 높이고, 2년에 발아되는 수종들을 1년에 발아시킬 수 있다.

이용법

비목나무의 노란 단풍은 은행나무 단풍 이상의 관상가치가 있어 조경수로써의 이용가치가 크다.

비목나무 암나무와 수나무

꽃의 크기는 수나무가 5.96mm이고, 암나무는 3.6cm로 암나무가 수나무보다 비교적 작다. 화경은 수나무가 10.31mm이었고, 암나무는 5.88mm로 화경 역시 암나무가 수나무보다 작다. 화아 1개당 개화하는 꽃의 수는 수나무가 13.4개였고, 암나무는 11.2개로 수나무의 꽃수가 암나무보다 다소 많다.

05 Lindera glauca Blume.

감태나무
백동백나무, 산호초(山胡椒)

생김새

높이 3~7m 정도 자라는 작은키나무이다. 나무껍질은 회백색으로 매끄럽고, 어린 가지에는 처음에 갈색의 털이 덮여 있지만 점차 사라진다. 홑잎은 마주나기에 가까운데, 넓은 타원형 또는 거꿀달걀꼴이며 길이는 4~9cm, 높이 2~4cm이다. 잎의 윗면은 짙은 녹색으로 잎맥 사이에 가는 털이 약간 있으며, 밑면은 분백색으로 회색의 가는 털이 밀생하고 있다. 잎자루는 길이가 약 2mm이고 가는 털이 있다. 개화기는 3~4월이다. 암수딴그루로 꽃은 단성화이며 길이는 1.5cm의 총꽃자루가 있다. 결실기는 9~10월이다. 구릉이나 산 비탈의 관목림이나 나무가 듬성듬성한 숲속에서 주로 자란다.

효능

통증 치료

관절염과 근육통, 타박상, 산후통, 골다공증 등 뼈에 관련된 질병과 통증을 치료한다.

중풍 치료

독성이 없는 안전한 약나무로 몸을 따뜻하게 하고 혈액순환을 시켜 중풍을 낫게 한다.

항암 작용

감태나무는 위암이나 폐암, 식도암, 자궁암 및 각종 암에도 효과가 있다.

기타 작용

감기나 여름철 더위 먹은 데에 잎을 달여 쓸 수 있으며, 등산 중에 상처가 났을 때는 생잎을 짓찧어 환부에 붙이면 곪지 않고 상처가 잘 낫는다.

이용법

감태나무는 사시사철 언제나 채취가 가능하며, 연한 잎은 봄철에 채취하여 나물로 먹을 수 있다.
물 2L에 감태나무 잔가지를 썰어 잎과 열매를 함께 넣고, 감초 두 편과 대추 서너 개를 더하여 약한 불로 은은하게 달여서 차처럼 음용하면 좋다.

▲ 감태나무의 꽃

산호초 (山胡椒)

감태나무의 열매이다.
성질은 따뜻하고 맛은 맵다. 중풍으로 말을 못할 때나 심복냉통에 사용한다.

채집
가을에 열매가 익을 때에 채집한다.

성분
종자는 지방유를 41.8% 함유한다.

처방

● 중풍으로 인한 언어장애
산호초의 마른 열매와 만형자를 각각 40g씩 짓찧어 끓는 물에 담갔다가 복용한다.

● 호흡 곤란
산호초의 열매 2냥과 돼지 허파 1구에 막걸리를 가하여 이용하거나, 설탕을 가하여 고아서 복용한다. 1~2회에 정도 복용한다.

산호초근 (山胡椒根)

감태나무의 뿌리이다.

채집
9~10월에 뿌리를 캐어 깨끗이 씻어서 햇볕에 말린다.

약효와 주치
풍습을 제거하고, 어혈을 풀며, 경락을 소통시키는 효능이 있다. 풍습으로 인한 저림증, 관절통과 근육통, 배가 차며 아픈 증세, 타박상을 치료한다.

용법과 용량
20~40g을 달이거나 술을 담가 복용한다.

처방

● 풍습으로 인한 저림증
산호초근 40~80g, 길이 23cm 정도의 족발 1개, 막걸리 200ml에 적당량의 물을 붓고 달여서 1일 2회 식전에 복용한다.

● 심복냉통
산호초근 40~80g에 막걸리 100ml와 물을 적당히 넣어 반 사발 정도의 양이 될 때까지 달여서 식전에 복용한다.

06 Laurus nobilis L.

월계수

월계엽(月桂葉), 감람수, 충과, 베이(Bay)

생김새

높이 15m 이상 생장하며, 수피는 회갈색으로 매끄럽다. 잎은 윤기 나는 짙은 녹색으로 혁질이며, 잎의 뒷면은 연녹색이다. 장타원형~피침형으로 약간의 주름이 지는데, 잎을 조금 찢으면 달콤한 향기가 난다. 암수딴그루 나무로 5~6월에 가지 끝의 엽액에서 연노랑의 잔꽃이 원추화서로 핀다. 열매는 윤기 있는 흑자색으로 10월에 익으며, 씨가 1개씩 들어 있고 독특

한 향기가 있다. 암그루에 작은 올리브와 같은 검은 열매가 열린다.

효능과 치료법

월계수 잎에는 시네올이 50% 정도 함유되어 있고 그 밖에도 여러 가지 정유를 함유하고 있어 방향성 건위약이나 도포제로 많이 쓰인다.

통증 치료

300cc의 물에 건조시킨 잎 2~3g을 넣고, 물이 1/3이 되게 달여서 마시면 신경통과 류머티즘 등에 진통 효과가 있다. 염좌된 수족의 타박상에도 효과가 있다.

건위제

월계수 잎은 예부터 위장병에 사용되었다. 신선한 잎을 물에 약하게 우려내어 음용하거나, 건조시킨 잎을 식사 때 먹으면 소화 개선에 효과가 있다.

항균제

생잎을 피부에 자극제로 마사지하는데, 잎에 포함된 정유에는 살충 성분이 있어 항균 효과가 있다. 또한 정유는 적절히 희석하여 아로마테라피에 이용한다.

월계수의 학명 laurus는 '칭송한다'는 뜻의 라틴어 laudis가 변한 말이며, 종명의 nobilis도 '고귀한'이란 뜻이다. 고대 그리스나 로마시대에 경기의 승자나 전투의 승리자 및 대시인에게 월계수의 잔가지로 엮은 관을 만들어 머리에 씌워 승리와 영광을 나타냈다는 고사에서 비롯된 이름이다.
영어명은 Victor's laurel이라고도 하지만 일반적으로는 Bay, Sweet Bay라 하여 향료식품으로서의 가치가 높이 평가된다.

이용법

잎은 시네올(cineol), 게라니올(geraniol) 등의 정유를 함유하고 있기 때문에 헝겊주머니에 넣어 욕조 목욕에 이용한다. 월계수 잎으로 목욕을 하면 몸이 따뜻해져 신경통, 오십견, 저혈압증, 냉증 등에 효과가 있다. 단, 심장병이나 알레르기가 있는 사람은 이용에 주의한다.
천연방충제로서의 효능도 탁월하여 쌀독에 건조시킨

월계수 잎 2~3장을 넣어 두면 벌레가 생기지 않는다. 생잎은 약간 쓰지만 건조시킨 잎은 달고 독특한 향기가 있어서 서양요리에 향신료로 널리 쓰인다. 월계수 잎의 향미는 식욕을 촉진시킬 뿐 아니라 맛의 풍미를 더하며 방부력도 뛰어나므로 소스, 소시지, 피클, 스프 등에 부향제로 쓰이고 생선, 육류, 조개류 등의 요리에 다양하게 이용된다.

고기나 생선의 냄새를 없애고 싶을 때는 냄비에 월계수 잎을 함께 넣어 끓이면 효과적인데, 그냥 넣으면 정유 성분이 배어나오기 어려우므로, 손으로 찢어 넣어 조리한다. 오래 끓이면 쓴맛이 나므로 한 번 끓으면 건져 놓는다.

열매에도 지방유와 정유가 함유되어 있어서 건위약, 류머티즘의 도포제, 향수의 원료, 소스의 향료, 양고기 요리의 향신료 등으로 다양하게 쓰인다.

▲ 월계수의 꽃

월계수의 재배

월계수를 재배할 때에는 찬바람이 닿는 곳은 피하며, 배수가 잘 되는 비옥한 땅이 적합하다. 어린 나무는 서리에 약하므로 주의하고 내한성이 약하므로 양지바른 곳이 좋다. 때문에 중부지방에서는 실내나 온실에서 재배해야 한다. 씨와 꺾꽂이로 번식하는데 과육에 발아억제 물질이 함유되어 있으므로, 과육을 물로 씻어 제거한 후에 파종한다.

꺾꽂이를 할 때에는 15~20cm 길이로 잘라 1/3 정도 밑쪽 잎을 따버리고 3시간쯤 물에 담가 물올림한 후 잎 딴 부위가 묻히게 꽂으면 2~3개월 후에 이식할 수 있다. 정식은 봄 3~4월에 구덩이를 깊게 파고 퇴비, 부엽토 등 유기질 비료를 넣고 심는다.

▲ 월계수의 잎

▲ 월계수의 열매

07 Cinnamomum camphera Sieb.

녹나무

장목, 예장나무

생김새

높이 40m, 밑동의 둘레가 4m에 이르는 나무로 육중한 줄기와 펼쳐진 잎이 왕관 모양을 이룬다. 가지는 세밀하게 갈라지는데, 어린 가지는 황록색이고 윤기가 나며 털은 없다. 잎은 끝이 길게 늘어난 타원형으로 새잎은 적갈색에 부드러운 녹색으로 변하고 두꺼우면서도 질기다. 잎은 어긋나 자라고 가장자리에 물결 모양의 굴곡이 진다. 꽃은 늦은 봄에 아주 작은 꽃들이 원추상꽃차례에 달리며 백색에서 황백색으로 변한다. 열매는 장과로 둥근 모양이며 흑자색으로 익는다.

효능과 치료법

중이염 치료

용뇌 9g, 사향 1g, 장뇌 12g, 고백반 용골 각 1.5g을 부드럽게 가루 내어 섞어서 쓴다. 먼저 과산화수소로 귀 안의 고름을 깨끗하게 닦아내어 고름이 마르면, 제조한 약을 조금씩 귀 안에 불어 넣는다. 급성은 7일, 만성은 12일 정도 치료하면 회복된다.

녹나무 추출물 '장뇌(樟腦)'

장뇌(Camphora)라는 말은 6세기 경 메소포타미아의 Aetios에 Caphura로 처음 기록되었으며 산스크리트의 Kapura가 어원이다.

녹나무에 들어 있는 향기 성분은 캄파, 사프롤, 찌네올 등의 정유인데, 이 성분은 녹나무 목질과 잎, 열매에 1% 정도 들어 있다. 정유는 녹나무 줄기를 토막내고 수증기로 증류하여 얻는데, 이렇게 해서 얻은 정유를 '장뇌'라고 부른다.

장뇌는 살충제, 방부제, 인조 향료의 원료, 비누 향료, 구충제 등으로 널리 쓰이고 약용으로도 매우 많이 쓰인다. 각종 신경쇠약과 간질, 방광염, 신우신염 등에 치료약으로 쓰이고 흥분제나 강심제로도 널리 쓴다.

장뇌는 소화 흡수가 나쁘고 위를 자극하기 때문에 거의 내복하지 않고 주사액이나 외용약으로 이용한다. 호흡중추, 혈관중추 및 심장흥분에 사용하며, 캄파제, 캄파연고로 신경통, 타박상, 동상, 피부병에 바른다.

한방에서는 장뇌를 내복하면 규(竅)를 잘 통하게 하고, 외용하면 충(蟲)과 종(腫)을 제거하며 통증을 멈추게 하는 효능이 있다고 하였다. 때문에 심복장통(心腹腸痛), 각기(脚氣), 창양개선(瘡瘍疥癬), 치통, 타박상 등의 치료에 사용한다.

위장통 치료

잘게 썬 잔가지 20~30g에 물 1되를 붓고 물이 절반이 될 때까지 약한 불로 달여서 하루 3~5번에 나누어 마신다. 염증과 통증을 없애고 위장을 따뜻하게 한다.

소화불량 해소

음식이 내려가지 않고 가슴이 답답하며 가래를 토할 때는 생강즙을 발라서 노랗게 구운 껍질 40g을 곱게 가루 내어 3~5씩 쌀죽에 타서 하루 3~4번 먹는다.

식중독 치료

식중독으로 인해 구토와 설사를 할 때는 녹나무 껍질 30~40g에 물 반 되를 넣고 달여서 한 번에 마신다.

숙취 해소

술에 취해서 잘 깨지 않을 때는 녹나무 껍질 15~30g을 물로 달여서 마시면 술이 깨고 숙취가 남지 않는다. 녹나무는 알코올 중독을 풀어주는 작용을 한다.

▲ 녹나무의 꽃(위)과 열매(아래)

가슴통증 해소

가슴이 두근거릴 때에는 녹나무의 속껍질 15~20g을 짓찧어 물 1되에 넣고 물이 절반이 될 때까지 약한 불로 달여서 하루 3~5번에 나누어 마신다.

수족냉증 치료

냉증으로 인하여 손발이 시리고 아랫배가 차가울 때는 잎이나 속껍질 15~30g을 물로 달여서 차 대신 수시로 마신다. 녹나무는 인체의 혈액순환을 도와 몸이 따뜻하게 한다.

류머티즘관절염 치료

녹나무의 속껍질 30g, 골담초 뿌리 30g에 물 1되를 붓고 물이 절반이 될 때까지 약한 불로 달여서 하루 3~5번에 나누어 물이나 차 대신 마신다.

녹나무의 재배

녹나무는 햇빛이 있는 곳에서 잘 자라며 토양이 깊고 비옥한 곳을 좋아한다. 내음성과 내공해성이 약하고 내한성도 약하기 때문에 중부내륙에서는 겨울을 날 수 없고 경제적 생장이 어렵다.

씨(種子)를 채취해 곧바로 뿌리거나 노천 매장했다가 다음해 봄에 파종한다. 꺾꽂이로도 증식이 가능하지만 발근(發根)이 어렵다.

이용법

잎을 따서 그늘에 말려 저장해 두고 목욕 시에 헝겊 주머니에 넣어 이용하면 피로가 회복되고, 류머티즘·신경통·어깨 결림·요통 등에 좋다. 녹나무의 정유 성분이 따뜻한 물에 녹아서 피부를 자극하여 혈액순환이 잘 되고, 통증을 완화시키며, 피로회복을 돕는다. 마른 잎은 태워서 벌레를 쫓는 데 이용한다.

생달나무와 녹나무

생달나무는 녹나무에 비해 잎이 마주나기하는 경우가 있으며, 잎 뒷면의 잎맥 분기점에 선점이 없고 꽃차례가 산형화서이다. 겨울눈이 십자모양으로 마주나기하고 열매가 달걀꼴이다.

생달나무의 잎맥은 비슷한 종과의 식별에 있어서 중요한 거점이 된다. 생달나무의 잎맥은 지맥의 길이가 주맥의 6/10~8/10 정도이고, 측맥의 끝이 주맥 끝에서 많이 떨어져 있으므로 다른 종과의 식별이 가능하다.

▼ 녹나무(위)와 생달나무(아래)의 잎

녹나무의 가지와 열매

녹나무술

성질은 따뜻하고 맛은 맵다.

> **재료**
> 녹나무 가지 300g, 설탕 60g, 소주 1.8L

만드는 법

1. 작은 가지를 꺾어서 물에 씻는다.
2. 물기를 없앤 다음 2~3cm로 자른다.
3. 병에 자른 가지와 설탕을 넣고 소주를 붓는다.
4. 밀봉해서 냉암소에 보관하고 숙성시킨다.
5. 6개월이 지난 후에 음용이 가능하나, 내용물인 가지는 1년쯤 더 두는 것이 좋다.
6. 1년 후 여과해서 다른 병에 옮겨 담는다.

08 Cinnamonum japonicum Siebold

생달나무

신신무

생김새

나무껍질은 검고 잔가지는 밝은 녹색이며 털이 없다. 잎은 좁은 달걀형 또는 긴 타원형이고 가장자리가 밋밋하다. 잎의 표면은 푸르고 윤기가 나며, 뒷면은 하얗고 털이 없다. 꽃은 6월경에 담황색으로 산형화서를 이루며 피는데 꽃잎은 없다. 열매는 10~12월에 걸쳐 길이 12mm 정도로 검게 익는다. 종자는 1개인데 자엽이 크고 배젖이 없다.

효능

나무껍질과 열매를 '천축계(天竺桂)'라는 약재로 쓰는데, 위의 소화력을 높이고 구토 · 이질 · 복부냉감 · 사지가 저리고 아픈 증세에 효과가 있다.

이용법

잎과 껍질에 강한 향기가 있어 목욕 시에 향료로 이용한다. 잎을 마주 비비면 장뇌 향기가 진동하여 차의 대용으로도 쓰인다.

열매에는 유분이 50~60% 정도 들어 있어서 기름을 짜 내어 제과나 비누의 원료 또는 약재로 이용한다.

목재가 단단하고 결이 치밀해 조각재 · 건축재 · 가구재 · 선박재로 쓰기에 좋은 나무이다.

조경수로도 많이 쓰이며, 서낭신이 붙어 있다고 하여 섬사람들의 소망을 비는 서낭나무로 받들어지기도 하였다.

우리나라는 대규모 상록수림 지역을 천연 기념물로 지정해 놓고 있다.

제28호 전라남도 완도군 주도의 상록수림
제29호 경상남도 남해군 미조리의 상록수림
제40호 전라남도 완도군 예송리의 상록수림
제399호 전라남도 완도군 미라리의 상록수림
제340호 전라남도 완도군 맹선리의 상록수림

등이 그것들인데, 그 주요 구성 요소의 하나가 바로 생달나무이다.

▲ 생달나무의 꽃

09 Parabenzoin praecox

기름나무

▲ 기름나무의 꽃(위)과 수피(아래)

생김새

나무 껍질에 기름 성분이 많아 불에 잘 타므로 '기름나무'라는 이름이 붙었다. 깊은 산의 계곡이나 호수, 시냇가에서 자라는 키작은나무이다. 암수딴그루로 4월에 잎보다 먼저 노란색의 꽃이 피는데, 이 꽃과 잎에서 상쾌한 향기가 난다.

일본 원산의 녹나무과 나무로 생강나무, 털조장나무와 같은 종류이다.

이용법

기름나무는 자연풍의 정원을 조성할 때 장식용으로 좋은 나무이다. 묘목을 군집으로 심으면 생울타리로 이용할 수 있다.

목재는 땔감의 좋은 재료가 되며, 지팡이나 눈 위에서 신는 신발을 만들 수 있다. 종자에는 기름 성분이 많아 등화용 기름을 추출할 수 있다.

기름나무의 재배

기름나무는 암수딴그루이므로 종자를 함께 재배해서 수확해야 한다. 종자의 생명력이 짧고 건조함과 추위에 약하기 때문에 번식에 다소 신경을 써야 한다. 축축한 점토질 토양에서 잘 자라며 햇볕보다는 반그늘에서의 성장 속도가 빠르다.

10 | Actinodaphne lancifolia (S.et Z.) Mesisn.

육박나무

▲ 육박나무의 잎은 후박나무나 센달나무와 비슷하지만, 자세히 보면 잎밑이 잎자루로 흐르는 것처럼 보인다.

생김새

높이 15m, 직경 1m에 이른다. 수피는 연한 자흑색이지만 큰비늘처럼 떨어져서 버즘나무의 수피와 유사하다. 작은 가지는 자갈색이며 털이 없다.

잎은 호생하며 긴 타원형 또는 도란상 피침형이고 길이 7~10cm로 가장자리가 밋밋하다. 잎 표면은 짙은 녹색으로 털은 없고 윤택이 있다. 잎의 뒷면은 회녹색으로 잔털이 밀생한다.

7월경에 황색의 꽃이 피는데, 화피가 뚜렷하지 않게 6개로 갈라진다. 열매는 7~8월에 지름 1cm의 둥근 적색으로 익는다.

우리나라에서는 제주나 경남 등지의 섬에 분포한다.

효능

혈리와 관절통 치료에 효과가 있고, 과로로 인한 히스테리 치료에도 효과적이다. 우리나라에서는 육박나무의 뿌리를 한약의 재료로 이용하는데, 달이거나 술을 담가 복용한다.

이용법

목재는 연한 붉은빛을 띠며 치밀하고 잘 쪼개지지 않기 때문에 기구재, 건축재 등으로 사용한다. 재질이 좋아 일본에서는 장식 기둥을 만들거나 악기재, 북의 몸통, 세공용 목재로 사용하기도 한다.

육박나무의 재배

육박나무는 환경에 대한 적응력이 강해 햇빛과 그늘에서 모두 잘 자란다. 내음력이 강하여 비옥하고 습도가 높은 바닷가와 산기슭의 경사지에서 좋은 생장을 한다.

씨(種子)를 채취하여 곧바로 뿌리거나, 노천 매장했다가 다음해 봄에 파종한다.

11 Litsea japonica Jussieu

까마귀쪽나무

경수목(慶壽木), 빈비파(濱枇杷), 구름비낭

이용법

열매는 완전히 익으면 열매껍질(果皮)과 씨(種子)가 잘 분리되고 단맛이 있어 먹을 수 있다. 바닷바람에 강해 바닷가의 방풍수나 방조수로 적합하며 바닷가 주변의 가로수로 심어도 좋다.

까마귀쪽나무와 육박나무

까마귀쪽나무는 육박나무와 동일한 속(屬)으로 분류하기도 하나, 분류자에 따라 육박나무속(Actinodaphne)과 까마귀쪽나무속(Litsea)으로 다르게 분류하는 경우도 있다.
까마귀쪽나무는 육박나무에 비해 작게 자라지만, 잎이 크며 잎의 뒷면에 털이 없어지지 않고 잎맥의 돌출이 강하다.

▼ 까마귀쪽나무(위)와 육박나무(아래)

생김새

높이 7m, 지름 30cm에 이른다. 작은 가지는 갈색이고 굵으며 털이 많다. 나무 껍질은 짙은 갈색 또는 자갈색이며 대체로 밋밋하다. 잎은 두꺼운 가죽질로 좁은길타원형 또는 장타원형이며 길이 10~18cm, 폭 2~7cm이다. 잎가장자리는 톱니가 없어 밋밋하며 보통 양옆이 뒤로 약간 말린다. 잎끝은 좁아지면서 둔하게 끝나고, 잎밑은 둔한 쐐기꼴이다. 잎 앞면은 진한 녹색이며 약한 광택을 띠고 편평하고, 잎 뒷면은 누런 갈색의 비단털이 나 있어 연한 황갈색을 띤다.
암수딴그루이며, 꽃은 단성화로 10월에 누런빛 또는 황백색으로 피고 잎겨드랑이의 우산꽃차례에 3~4개씩 모여 달린다.

12 | Cinnamomum cassia Presl

계피나무

육계(肉桂)

생김새

높이 10m에 이르는 상록나무이다. 잎은 어긋나며 잎 면에 3개의 엽맥이 있다. 꽃은 잎겨드랑이에서 나와 6 월 상순에 담황 녹색으로 피며, 잎보다 짧은 긴 화피 끝에 취산화서가 달린다. 노르스름한 흰색의 꽃은 눈 에 잘 띄지 않는데, 꽃이 진 후에는 8mm의 둥근 열매 가 생긴다.

효능과 치료법

꽃은 정혈제로 이용되며, 껍질과 오일은 식욕자극제, 소화장애 해소제로 주로 쓰인다. 이외에 경련, 헛배 부 른 데, 고창, 설사 치료에 사용된다. 감기증세나 극도 의 피로감을 느낄 때 복용해도 효과적이다.

계피나무 껍질 0.5~1g을 우려서 1일 3회(1일 총용량 2~4g) 복용한다. 임신 중에는 체중 1kg당 0.7mg을 초과하지 않도록 한다. 또한 오일이 드물게 알레르기 를 일으키므로 국소 사용 시에 주의한다.

이용법

주로 나무껍질인 콜크층의 밖을 떼어내어 사용한다. 예부터 미얀마, 중국, 인도네시아와 베트남 등지에서 상업 작물로 재배되었다.

> **실론 계피나무와 키나모뭄 카시아**
>
> 실론 계피나무(cinnamon) 수피와 유사한 종 류로 '키나모뭄 카시아(Cinnamomum cassia)' 가 있다. 키나모뭄 카시아의 수피는 실론 계 피나무보다 두꺼우며, 섬세한 풍미가 덜하 다. 수피에는 1~2%의 휘발성 카시아 기름을 함유하는데, 성분은 '신남 알데히드(cinnamic aldehyde)'이다. 이것은 리큐르나 초콜릿의 맛을 내는 데 사용된다.
>
> 남부 유럽인들은 실론 계피보다 키나모뭄 카 시아를 더 좋아하지만, 북아메리카에서는 구 분 없이 모두 계피가루로 판매된다.
>
>

건조시킨 계피나무의 수피

계피차

자양강장, 흥분, 발한, 해열, 진통, 건위와 정장작용을
하며, 특히 몸이 허약하여 추위를 타는 경우 땀을 내
주는 효능이 있다.

> **재료**
>
> 통계피 10g, 생강 20g, 꿀 약간, 물 800㎖,
> 잣 · 대추채 약간

만드는 법

1. 통계피와 생강을 깨끗이 씻어 물기를 뺀다.
2. 다관에 통계피와 생강을 넣고 물을 부어 끓인다.
3. 물이 끓으면 약한 불로 은근하게 졸인다.
4. 건더기는 체로 걸러 내고 꿀과 잣, 대추채를 띄워
   마신다.

보양주(조양주)

매일 2회씩 15~20㎖ 정도를 보름간 복용하면, 신장
과 비장을 튼튼하게 보하고 양기를 북돋아 준다. 양기
허약이 원인이 되는 성기능장애에 적합하다.

> **재료**
>
> 홍삼 50g, 녹용 6g, 육계(계피) 5g, 소주 1kg,
> 꿀 20g

만드는 법

1. 홍삼과 녹용을 쪄서 부드럽게 만든다.
2. 병 속에 1의 재료를 넣고 육계와 꿀을 넣은 뒤에
   소주를 부어 입구를 봉한다.
3. 서늘한 곳에서 15일 보관한 뒤 여과하여 복용한다.

13 | Neolitsea sericea

참식나무

오조남(五爪楠), 주산신목강, 식나무

생김새

높이 10m에 이르며, 보통 해변의 모래밭에서 자란다. 작은 가지와 잎의 표면은 녹색이고 뒷면은 흰빛이다. 잎은 어긋나고 두꺼운 긴 타원형으로 가장자리가 밋밋하고 3개의 맥이 뚜렷하게 있다. 4월에 황갈색 털이 밀생하지만 곧 없어진다. 꽃은 황백색으로 10~11월에 잎 겨드랑이에 피며 단성화로 산형꽃차례를 이루어 밀생한다. 꽃이삭에는 갈색 털이 있다. 열매는 장과로 둥글고 다음 해 가을에 붉게 익는다. 열매가 노랗게 익는 품종은 '노랑참식나무(Neolitsea sericea for. xanthocarpa Okuyama)' 라 한다.

일본 · 타이완 · 중국에 분포하며, 제주도의 서귀포 등에 드물게 자생한다.

이용법

나무의 모양이 좋고 바람에 강하기 때문에 조경수나 공원수, 방풍림수로 이용한다. 목재는 단단하고 질기며 향기가 있어서 건축재나 기구재로 쓴다.

열매는 기름을 뽑아내어 향수의 원료로 이용한다.

참식나무의 재배

참식나무는 토양이 깊고 비옥한 곳에서 잘 자란다. 햇빛을 좋아하며 내음성이 약해 그늘에서는 생장이 어렵고, 추위에 약해 중부 내륙에서는 겨울을 나기가 어렵다. 성장은 비교적 빠른 편이다.

씨(種子)를 채취해 곧바로 파종하거나 저장했다가 뿌린다.

▲ 참식나무의 꽃(위)과 열매(아래)

14 Aciculata neolitsea tree
Neolitsea aciculata (Blume) Koidz.

흰새덕이
화육주(花肉柱)

생김새

높이 10m에 이른다. 나무껍질은 회흑색이며 둥글고 작은 피목이 많다. 잎은 어긋나게 나지만 가지 끝에서 모여 달리며 엷은 혁질이다. 달걀을 거꾸로 세운 모양의 긴 타원형으로 가장자리가 밋밋하고 끝이 뾰족하다. 잎 뒷면은 흰빛이 돌고 3개의 커다란 맥이 있다. 꽃은 3~4월에 피며 적색이다. 꽃자루는 없으며 산형 꽃차례로 달린다. 열매는 장과의 넓은 타원형으로 길이 1cm 정도로 10월경에 자흑색으로 익는다.

이용법

목재는 목탄재나 기구재 등으로 쓴다. 잎이 늘 푸르고 나무 모양이 좋아 정원수나 풍치수로 이용한다.

흰새덕이나무와 참식나무

흰새덕이나무는 Aciculata neolitsea, 참식나무는 Neolitsea로 영어명이 비슷하다. 나무의 잎과 줄기도 매우 비슷해 구별하기가 어렵다. 그러나 흰새덕이나무는 잎의 길이와 잎자루가 짧으며, 참식나무는 잎줄이 뚜렷하고 잎 뒷면이 흰새덕이나무보다 하얗다.

두 나무를 구분하는 확실한 방법은 꽃피는 시기와 꽃의 빛깔이다. 흰새덕이나무가 3~4월의 봄에 붉은빛의 꽃을 피우는 반면에 참식나무는 10~11월인 가을에 노란빛의 꽃을 피운다.

흰새덕이나무는 꽃이 피는 그 해 10~11월에 짙은 자줏빛이 도는 검은빛의 열매가 성숙하지만, 참식나무는 꽃이 피고 난 다음 해 10월에 붉은빛의 열매가 익는다. 열매의 모양도 흰새덕이나무는 긴둥근꼴이며, 참식나무는 둥근꼴이다.

▼ 흰색덕이나무(위)와 참식나무(아래)의 꽃

15 | Persea americana
아보카도

생김새

키가 크거나 또는 옆으로 퍼져 자라는데, 잎은 타원형~난형이며 길이는 10~30cm 정도이다. 꽃은 작고 녹색을 띠며 빽빽하게 총상꽃차례를 이루어 피는데, 꽃잎이 없는 대신 6장의 꽃덮이 조각이 있다.

열매의 크기는 달걀 정도부터 무게가 1~2kg에 이르는 것까지 다양하며, 형태도 둥근 것에서부터 길고 가느다란 목이 달린 배 모양까지 있다. 색깔도 녹색에서 짙은 자주색까지 여러 가지이다.

열매의 겉껍질은 대개 사과의 겉껍질보다 얇으며, 결이 거칠고 목질 같아 마치 견과류 같은데, 풍부한 맛을 내며 과육을 보호한다.

이용법

과육을 샐러드에 많이 사용하기 때문에 '샐러드 프루츠'라고도 한다. 다진 아보카도는 멕시코 요리에서 쓰이는 과카몰리(guacamole)라는 소스의 주재료로 미국 남부에서 남아메리카에 이르는 지역에서는 버터 같은 아보카도 과육을 칠리나 향료와 함께 요리의 전채로 식용한다. 인도양의 크레올인들은 전통적으로 아보카도를 설탕과 레몬을 넣어서 후식으로 먹는다. 또 자이르 사람들은 아보카도 잎으로 '바비네'라는 맥주를 만들어 먹는다.

아보카도 오일은 과육에서 추출하는데, 현색제나 방향제 또는 화장품 구성 요소로 쓰인다. 또 천연 연고와 같은 작용을 하여 피부관리에 이용되며, 피부크림과 비누, 샴푸의 원료로도 인기가 있다.

아보카도의 생장

아보카도는 아메리카 열대지방에서 씨로 널리 심어졌으나, 접붙이기 방법을 발견하고 우수한 품종을 보존할 수 있게 된 후부터 과수원에서 재배하게 되었다.

아보카도는 내한성이 뛰어나 추운 지방에서도 재배되며 보통 멕시코종 · 과테말라종 · 서인도제도종으로 나뉜다. 중앙 아메리카의 고산지대가 원산지인 과테말라종은 멕시코종보다 서리에 약하고 열매의 껍질이 두껍고 단단하며 다른 종과 익는 시기가 다른데, 열매는 크기가 240~1,000g 정도로 중간 것에서부터 큰 것까지 다양하다.

서인도제도종은 가장 열대적인 종으로 미국의 플로리다 남부에서만 재배되고 있다.

산야초차 만들기 ❶
Wild Plant Tea

❖❖❖ 채취

산야초차의 재료를 채취하는 시간은 밤새 내린 이슬이 아침 햇살을 받아 증발하고 난 직후인 오전 10시 전이 가장 좋다. 이때의 산야초에는 각종 영양성분이 가장 많이 농축되어 있다.

산국차

❖❖❖ 덖기

재료를 살짝 데쳐지는 상태로 가볍게 익히는 것이며, '볶는다' 는 뜻과는 전혀 다르다.
살짝 데쳐서 숨이 죽은 상태이면, 생잎에 함유된 본래의 유익한 영양성분을 그대로 유지하게 되며, 이것이 발효가 되어 변질되지 않도록 속히 건조시켜야 한다.

❖❖❖ 보관

채취하여 건조시킨 재료를 깨끗한 깡통이나 빈 병에 넣어서 밀폐시켜야 한다.

이때 산야초차통에 건조제(건습제)를 넣는 것이 좋다. 열기가 있는 곳에 가까이 보관해 두면 누렇게 변질되는 수가 있으므로 햇볕을 받지 않게 하고 겨울철에는 난방기구 근처에 두지 말아야 한다.

❖❖❖ 끓이기

물은 자연수나 지하수가 좋으며, 수돗물을 사용하면 소독한 냄새 등으로 인하여 차 맛이 떨어지므로 쓰지 않는다. 더불어 다관(차 끓이는 그릇)이 정결해야 하며, 물의 온도가 적당하여야 한다. 물을 지나치게 오래 끓이면 물의 기운이 쇠잔해지는데, 이를 '노수' 라 한다. 때문에 물이 알맞게 끓는 정도를 가늠해야 하며, 통상 약 80℃ 정도의 물을 찻물로 사용한다.

❖❖❖ 음용하기

산야초차는 각 식물의 특성에 따라 갖가지로 맛이 달라진다. 때문에 몇 종류를 섞으면 색다른 맛을 느낄 수 있다. 또한 대여섯 종류 이상을 적절히 섞어 우려내면 각 식물이 지닌 고유한 유효성분들이 상승작용을 일으켜 몸에 좋은 영양음료가 만들어진다.

골담초꽃차

박주가리과
참살이

| 01 하수오 | 02 산해박 | 03 백미꽃 | 04 백전 |
| 05 박주 가리 | 06 우재라 | 07 나비 박주가리 | 08 콘두 랑고 |

01 Polygonum multiflorum Thunb.

하수오
새박덩굴, 은조롱, 붉은조롱

▲ 백하수오의 꽃

생김새

하수오에는 백하수오와 적하수오가 있다. 백하수오는 박주가리과에 속하고 적하수오는 마디풀과에 속하는 다른 종류의 식물이다. 적하수오는 밑동의 줄기가 나무처럼 겨울에도 죽지 않는 다년생이고, 백하수오는 1년생 덩굴풀이다. 잎도 백하수오는 마주나지만 적하수오는 어긋나며, 꽃피는 시기도 백하수오는 여름에 피지만 적하수오는 가을에 자잘한 꽃이 군락을 이루며 핀다.

효능

성질이 따뜻하며 맛은 쓰고 달고 떫다. 자양·보혈·건뇌작용을 한다.

예부터 회춘(回春)의 약으로 한방과 민간에서 많이 쓰였다. 옛 의서들에 하수오는 신비로운 약으로서 기록되어 있으며, 백하수오와 적하수오가 같은 식물로 인정된다. 그러나 현재는 백하수오와 적하수오를 분리하고 있다. 약리실험 결과 적하수오는 강심, 장운동 강화, 장에서의 콜레스테롤 흡수억제, 억균작용 등이 있고 백하수오는 간장, 조혈기능강화, 피로회복촉진, 진정작용이 있는 것으로 밝혀졌다.

맛이 쓰므로 신(腎)을 굳게 하고, 성질이 따뜻하여 간(肝)을 보하며, 맛이 달아 음(陰)을 보태 주고, 맛이 떫기에 정기(精氣)를 수렴한다. 정기를 더하고 골수를 길러 주며 양혈(養血)하고 거풍(祛風)한다. 근골을 강하게 하고 수염과 머리털을 검게 하며 자식을 있게 하고 자보(滋補)하는 약이다. 붉은 것과 흰 것 2가지가 있는데 붉은 것은 수컷으로 혈(血)분으로 들어가고, 흰 것은 암컷으로 기(氣)분으로 들어간다. 붉은 것과 흰 것을 반 반씩하여 쌀뜨물에 담그고 나서 고르게 잘라 검은콩과 고루 섞어 아홉 번 찌고 말려서 사용한다. 《본초비요》

은조롱(백하수오)과 붉은조롱(적하수오)의 효능은 거의 비슷하다. 《동의학사전》

하수오라 하면 우리나라에선 보통 '백하수오'를 지칭하지만, 중국에서는 '적하수오'를 지칭한다.

▲ 적하수오의 꽃

적하수오의 뿌리

오디하수오죽

아침, 저녁으로 따뜻하게 복용하면 간신(肝腎)의 정혈을 보해 윤택한 모발을 유지할 수 있다.

> **재료**
>
> 상심자(桑甚子) 25g, 하수오 20g, 여정자(女貞子) 15g, 한련초 15g, 멥쌀 100g, 꿀 10g, 물 2000ml

만드는 법

1. 준비한 약재에 물 2000ml를 넣어 1시간을 끓여 약즙을 만든다.
2. 1의 약즙에 깨끗이 씻은 멥쌀을 넣고 끓여서 죽을 만든다.
3. 꿀을 넣어 완성한다.

하수오복령고(首烏茯笭膏)

간신(肝腎)의 기능이 허약하고 음혈이 부족한 것이 원인인 탈모, 조기백발, 윤기 없는 모발 등의 증상에 적합하다.

> **재료**
>
> 하수오 200g, 복령 200g, 검은깨 50g, 당귀 50g, 구기자 50g, 토사자 50g, 보골지 50g, 우슬 50g, 꿀 약간, 물 2000ml

만드는 법

1. 약재를 물에 30분 정도 담갔다가 물 2000ml를 넣어 1시간 정도 끓인다.
2. 약즙이 센 불에서 끓기 시작하면 불을 줄여 천천히 농축시킨다.
3. 일정한 점성을 유지할 시점에 꿀을 골고루 섞은 뒤 고아서 반죽 상태로 만든다.
4. 매일 10g씩 2회를 따뜻한 물에 타서 마신다.

백하수오의 뿌리

하수오숙지율무죽

매일 아침 식사 대용으로 섭취하면 신장의 정기를 보하면서 피부를 윤택하게 한다. 특히 미백과 면역력 증강에 효과적이다.

> 재료
>
> 하수오 20g, 숙지황 20g, 율무 30g, 대추 15개,
> 멥쌀 100g, 꿀 50g, 물 2000ml

만드는 법

1. 하수오, 숙지황, 물 2000ml를 넣고 약한 불에서 1시간 정도 끓여 약즙을 만든다.
2. 약즙에 깨끗이 씻은 대추, 멥쌀, 율무와 물 200ml 를 넣어 약한 불로 율무와 멥쌀이 부드러워질 때까지 끓인다.
3. 꿀을 넣어 완성한다.

하수오미나리죽(首烏芹菜粥)

매일 아침, 저녁으로 복용하면 간과 신을 보하고 정혈(精血)이 증진되며 혈압이 내려가는 효과가 있다.

> 재료
>
> 하수오 15g, 미나리 100g, 돼지살코기 50g,
> 멥쌀 50g, 소금 약간, 물 1000ml

만드는 법

1. 하수오에 물 1000ml를 넣고 20분간 약한 불에서 끓여 약즙을 만든다.
2. 멥쌀과 약즙으로 죽을 만드는데 죽이 거의 완성되면 돼지살코기와 미나리를 넣고 계속 끓인다.
3. 걸쭉하고 부드럽게 되면 소금을 넣어 준다.

02

Cynanchum paniculatum Kitagawa
Pycnostelma paniculatum K. Schumann

산해박

귀독우(鬼督郵), 서장경(徐長卿)

생김새

높이 60cm에 이르며, 굵은 수염뿌리가 있다. 잎은 서로 마주보고 자라며 피침형이다. 표면과 가장자리에 짧은 털이 약간 있으며 가장자리가 약간 뒤로 말린다. 꽃은 6~7월에 피며 연한 황갈색이다. 줄기 윗부분의 잎겨드랑이에서 모여서 달린다. 꽃은 5수성이고 꽃받침은 삼각상 피침형이다. 꽃잎은 삼각형 모양의 좁은 달걀꼴이고 열매는 8~9월에 열리는데, 골돌로서 뿔모양이다. 종자는 좁은 난형이며 좁은 날개가 있고 가장자리가 밋밋하다.

효능

성질은 따뜻하고 맛은 맵다. 산해박은 뿌리줄기와 잎

에 정유, 쿠마린, 알칼로이드 등이 들어 있고, 전초에 약 1%의 페놀이 있다. 또 사르코스틴, 데이칠치아코제닌, 계피산, 초산 등이 들어 있다.

심병(心痛)이 심한 경우에 안식향추출액 30g에 귀독우(鬼督郵, 산해박)의 가루 30g를 넣어 환(丸)으로 지어 식초탕과 함께 10알씩 먹는다. 《성혜방》

지통작용

풍습통(근육 류머티즘), 관절 류머티즘의 통증에 모두 특효가 있다. 또 위기통, 위산 과다증, 위궤양, 십이지장궤양에 의한 통증에 효과가 있다.

지사작용

만성장염, 신경성 설사, 세균성 이질 등이 오래도록 낫지 않는 경우에 다른 약물과 함께 쓴다. 추워서 근육이 수축되는 경우에 경련완화작용이 있다.

03 Cynanchum atratum Bunge

백미꽃
아마존

▲ 푸른백미꽃의 꽃

효능

성질은 차고 맛은 쓰다. 해열 · 이뇨 · 양혈 · 소종작
용을 한다. 민간에서는 잎을 강장제로 사용한다. 가
을에서 이듬해 봄 사이에 뿌리를 채취하여 불순물을
없애고 햇볕에 말린 후 그대로 썰어서 사용한다.
백미는 발열이 계속되어 의식이 분명치 않고 반진이
나오는 증상을 없앤다. 미열의 원인은 다양하지만 백
미는 광범위하게 응용할 수 있다. 그러나 실열성 고
열에는 거의 사용하지 않는다.
혈압강하, 혈관연화(軟化)의 효능도 있으며, 때문에
뇌일혈과 중풍 등에 효과적이다.
소종작용을 하여 종창과 인후종통에도 효과적이다.

생김새

높이는 60cm 정도이다. 줄기는 곧게 서며 전체에 짧은
털이 밀생한다. 식물체를 꺾으면 흰색의 유액이 나온
다. 잎은 서로 마주보며 나고 잎자루는 짧고 타원형이
다. 잎 가장자리에는 톱니가 없으며 밋밋하다.
꽃은 5~7월에 피는데 검은 자주색으로 잎 겨드랑이
에 모여난다. 꽃잎은 다섯 갈래이다. 열매는 9~10월
에 맺으며 골돌형이다.
뿌리가 가늘고 표면이 희기 때문에 '백미' 라 하는데,
백전과 자주 혼돈되는 식물이다. 비슷한 식물로 '푸른
백미꽃' 이 있는데 꽃에 녹색이 돈다. '민백미꽃' 은 전
체에 가는 털이 있고 줄기는 곧게 서며 가지가 갈라지
지 않는다.

백전과 백미

예부터 백전과 백미는 자주 혼동되었다.
《본초숭원(本草崇原)》에는 '소주(蘇州)의 약점
(藥店)에서 백전을 백미로, 백미를 백전으로
잘못 판매하고 있으며, 이 습관은 오래되었
다.' 고 기록되어 있으며, 도홍경은 '이 약은
길가에서 자란다. 뿌리는 세신(細辛)과 비슷
하며, 색이 희며 부러지기 쉽다.' 고 하였다.
그러나 백전은 모래가 많은 지역에 자라며,
백미는 산에서 자라므로 구분하도록 한다.

04
Cynanchi Stauntoni Rhizoma et Radix
Cynanchum ascyrifolium Matsumura

백전
민백미

효능과 치료법

성질은 약간 서늘하며 맛은 맵고 쓰다. 백전은 수(手)의 태음(太陰)에 작용하며, 폐(肺)의 요약이다. 《명의별록(名醫別錄)》에는 그 약성을 미온(微溫)으로 기록하였지만, 소경(蘇敬)은 미한(微寒)이라고 하였다. 폐기(肺氣)를 깨끗하게 하는 작용이 있어 거담과 강기의 효능이 있다. 해수, 기관지천식, 만성기관지염, 폐결핵의 해수 등에 사용한다.

한방에서는 뿌리를 '백전(白前)'이라 하여 백미꽃의 대용품인 해열제나 기침약으로 사용한다.

덩굴민백미꽃
Cynanchum japonicum Morr. et Decne.

생김새

높이 30~60cm이며 굵은 수염뿌리가 있고 원줄기를 자르면 백색 유액이 나온다. 잎은 대생하며 타원형 또는 도란상 타원형이고 길이 8~15cm, 폭 4~8cm로서 양면에 잔털이 있다. 잎의 뒷면 맥(脈) 위에 굽은 털이 있고 가장자리가 밋밋하며 엽병의 길이는 1~2cm 정도이다.

꽃은 5~7월에 피고 백색이며 화서는 원줄기 끝과 윗부분의 엽액에서 나오고 꽃이 산형으로 달리며 소화경은 길이 1~3cm이다. 꽃받침은 녹색으로 5개로 갈라지고 열편에 잔털이 있으며 화관은 백색이다. 종자는 넓은 난형이며 길이 7mm 정도로 가장자리에 테가 있으나 날개는 없으며 백색종모가 있다.

생김새

높이는 30~80cm이다. 윗부분이 덩굴성이며 줄기와 잎의 맥(脈), 화서(花序)에 백색의 곱슬털이 있다. 잎은 대생하며 도란형 또는 타원형이고 길이 3~10cm, 폭 2~7cm로 끝이 짧게 뾰족해진다. 꽃은 5~6월에 피며 황백색으로 산형화서에 달리고 꽃받침은 깊게 5개로 갈라진다. 종자는 넓은 난형으로 길이는 8~10mm이며 가장자리에 좁은 날개가 있다.

05 Metaplexis japonica
박주가리
나마

생김새

높이는 3m 정도이며 줄기를 자르면 흰 유액이 나온다. 땅속줄기는 길고 곧게 뻗어난다.

7~8월에 연한 자주색의 꽃이 핀다. 꽃부리는 넓은 종 모양으로 5개로 깊게 갈라지며, 꽃잎 안쪽에는 털이 빽빽이 나고 끝이 뒤로 말아진다. 열매는 길이 10cm 정도로 넓고 뾰족한 표주박 모양이며, 겉에 사마귀 같은 돌기가 있다. 씨는 납작하며 흰색의 명주실 같은 것이 달려 있어 열매가 벌어지고 나면 바람에 멀리까지 날아간다.

효능과 치료법

기혈과 골수, 정액을 보한다.

익정작용

음위증을 비롯해서 몽정, 조루증 같은 유정 증세를 개선하며, 머리카락을 검게 하고, 허리와 무릎을 튼튼하게 한다.

통유작용

산후에 모유의 분비가 순조롭지 못하거나 모유 분비량이 적을 때, 또는 산후에 생겨난 유선염을 치료하는데 쓰인다.

박주가리 전초 또는 뿌리 12~20g을 500cc의 물에 넣고 반으로 줄도록 달여 하룻동안 여러 차례로 나누어 차처럼 마신다.

소아 감적 치료

어린아이의 감적은 잘 먹지 않고 몸이 야위면서 머리카락이 윤기를 잃고 쉽게 바스라지며, 흙이나 생쌀 먹기를 좋아하고 헛배가 불러 만삭의 배처럼 되고, 비장 종대를 일으키는 병이다.

박주가리의 줄기와 잎을 말려 가루로 만든 후 1회 2~4g씩 나이에 알맞게 양을 조절하여 설탕을 같은 양씩 섞어, 1일 2~3회 공복에 따뜻한 물로 마신다.

생기작용과 해독작용

화농성 외과 질환인 옹종을 비롯하여, 얼굴이나 종아리가 빨갛게 되면서 열이 나는 단독 증세, 대하증이나 백전풍, 백선 등에 응용된다.

▲ 박주가리의 열매

06 Xysmalobium undulatum

우재라

효능

2~3년 묵은 식물을 수확하여 지사·진경제로 쓴다. 예부터 설사와 결장 치료제 사용되었으며, 위통과 두통, 부종, 월경불순을 포함한 수많은 치료제로 사용되었다. 건조된 약재를 응용하여 농축액을 만들어 음용하거나, 가루를 내어 냄새를 맡거나 직접 상처와 종기에 적용한다.

우재라의 재배

우재라를 재배할 때에는 충분한 햇빛을 받게 하는 것이 좋다.

물빠짐이 좋은 흙에서 잘 자라면서, 또 다소 습기가 있는 곳에서도 잘 자라는 적응력이 좋은 식물이다. 화분에 심을 때에는 물을 과용하지 말고 흙이 마를 듯 할 때 준다.

일반적으로 분갈이는 가을이나 봄에 하면 좋지만, 성장이 좋아 화분이 작아지면 시기에 관계없이 아무 때라도 분갈이를 하는 것이 좋다. 날씨가 흐린 날이나 비가 오는 날이 좋으며, 한여름 햇빛은 피한다.

생김새

높이 1m 정도의 다년생 식물이다. 노르스름한 갈색 꽃의 둥근 다발 속에 솜털 같은 수많은 종자가 있다. 원산지는 남아프리카이다.

줄기에는 털이 나고 자르면 흰 유액(乳液)이 나온다. 대체로 잎은 마주나고 버들잎처럼 생긴 긴 타원형이다. 꽃은 작고 가지 끝에 산형꽃차례로 달린다. 화관은 5개로 깊게 갈라져 뒤로 젖혀진다. 수술은 5개이고 열매는 양 끝이 뾰족한 원기둥 모양이며 종자에 털이 난다. 아메리카와 아프리카에서 80여 종이 자란다.

▲ 우재라의 꽃

07 | Asclepias tuberosa
나비박주가리
투베로사

심장과 순환을 자극하기 때문에 지나친 사용을 피한다. 우재라에 함유된 심장배당체는 과용량하면 욕지기와 구토의 원인이 된다고 알려져 있다. 또한 심장약물 치료, 우울증 치료, 호르몬 치료를 방해한다.

건조된 뿌리 1~4g을 우려서 1일 3회 먹는다.
팅크제를 만들 때에는 알코올과 1 : 10으로 하고 1일 3회 1~1.5ml분량 내로 먹는다.

3개 아메리카종 milkweed(Asclepias syriaca), swamp milk weed(A. incarnata), Curassavican swallow-wort(A. curassavica, 금관화)는 천식치료, 거담제로 사용한다. 아프리카에서 A. crispa, A. fruticosa와 A. physocarpa은 전통의약으로 위장장애에서 폐결핵, 두통 등 여러 질병을 치료하는 데 인기가 있다.

생김새

높이 60cm 정도의 다년생 식물로 좁은 장방형 잎을 가지고 있다. 단단하고 거친 털과 옆으로 길게 뻗는 뿌리가 있다. 줄기는 잎이 많이 달리며 가지를 치기도 한다. 오렌지색 꽃은 가지 꼭대기에 다발로 배열되며, 종자는 삭과이고 비단 같은 털이 있다.
대부분의 박주가리과 식물과는 달리 우유와 같은 즙이 거의 없다. 원래는 건조한 지역에서 자생하지만 들이나 울타리에 심기도 한다. 원산지는 북아메리카이다.

효능과 치료법

거담제, 발한제, 진경제로 사용한다. 건조된 뿌리는 예부터 늑막염과 기관지염, 폐렴, 감기에 사용하였다.

▲ 금관화의 꽃(위 · 아래)

08 | Marsdenia Condurango

콘두랑고
왜박주가리

▲ 왜박주가리의 잎

효능과 치료법

줄기와 가지를 소화제로 쓴다. 식욕을 자극하는 고미 강장제로 일찍이 위암 치료제로 알려졌으나 과학적 증명이 명백하지 않다. 다만 전통적으로 생리통이나 간에 사용하였다.

위의 미주신경을 자극하여 위액과 침 분비를 자극하는 물질로 알려져 있으며, 추출물은 쥐의 악성종에 대해 항종양 효능을 나타내었다.

잘 자르거나 분쇄된 껍질 1.5g을 물에 끓이고 식혀서 거른 후에 1일 1회 복용한다.

일일 용량으로 팅크제 2~5g이나 농축액 0.2~0.5g 이 권장된다.

생김새

털이 많은 싹과 심장모양의 잎, 푸른빛과 흰빛의 작은 꽃을 가진 나무 덩굴이다. 뿌리줄기는 짧고 뿌리가 수평으로 퍼진다. 줄기는 가늘고 길며 다른 물체에 감긴다. 잎 겉면의 맥 위에만 굽은 털이 조금 난다. 잎은 마주나고 세모진 바소꼴이며 길이 2.5~8cm, 폭 1~3cm이다. 끝은 뾰족하고 밑은 심장 모양이며 가장자리는 밋밋하다.

꽃은 6~7월에 검은빛을 띤 자주색으로 피는데, 지름 4~5mm로서 잎겨드랑이에 달린다. 꽃차례는 잎보다 길며 꽃자루는 길이 4~7mm이다. 열매는 골돌과로 좁은 바소꼴이고 수평으로 퍼지며 길이 4~5cm이다. 원산지는 남아메리카이며 동아프리카에서 재배된다.

▲ 왜박주가리의 꽃(위·아래)

통관산(通關散)
Marsdenia tenacissima.

생김새
높이 2~6m에 이르는 식물로 중국 남부에서 자라며 '오골승', '하내승'이라고도 부른다.

효능과 치료법
성질은 차고 맛은 쓰다. 만경(蔓莖)을 쓴다. 줄기에는 스테롤, 다당류, 알칼로이드, 수지 등이 들어 있다.

활혈생기하고 최유하며 지해한다. 해수, 타박상, 골절, 유즙불하증을 다스린다. 《귀주약용식물목록》

청열해독하고 소염지통한다. 《운남상모중초약선》

현재 통관산은 위암의 치료에 응용되고 있다. 왜박주가리에 포함되어 있는 알칼로이드는 여러 암세포에 현저한 억제작용이 있으나 중추신경계통에 불가역적 독성반응이 있어 임상실제에서는 사용을 중지하고 있다. 그러나 통관산은 이러한 독성이 없이 면역력을 높여 병을 치료한다.

소화도암
만경에서 취한 액즙의 10% 수용액을 만들어 3ml씩 3시간 간격으로 1번씩 먹는다. 3~6개월 복용한다.

자궁경암, 식도암, 분문암
통관산 9~120g을 3시간 이상 달여 3번으로 나누어 먹는다. 하루 1첩씩 쓴다.

각종 암증
통관산 30~45g, 백호초 10립(粒)을 달여 먹는다.

임파육류
《변증시치》에 '통관산 30g을 하루 1첩씩 달여 먹는다.'는 기록이 있다.

박주가리의 열매

박주가리주

강정 · 이뇨 · 피로회복 · 양신 · 보신 · 정력보강에 효과가 있다.

재료
나마잎 180g(건조된 것 150g), 설탕 300g, 소주 1.8L

만드는 법

1. 나마잎은 3cm 크기로 썰어 물에 살짝 씻은 후 물기를 없애고 용기에 넣는다.
2. 소주를 붓고 밀봉하여 서늘한 곳에 2개월 정도 보관한다.
3. 찌꺼기를 걸러내고 설탕을 넣어 섞은 후 술은 병에 옮겨 담는다.
4. 소주잔으로 1잔씩 하루 2~3회 공복에 마신다. 구기자, 산약을 첨가하면 효과가 더 뛰어나다.

산야초차 만들기
Wild Plant Tea

❖❖❖ 차나무잎차 만들기

첫 번째 잎에 내린 아침 이슬이 증발한 직후(오전 10시 전)에 녹차 재료가 될 생잎을 따다가 곧 덖는 것이 이상적이다. 차나무 잎의 채취 시기는 대체로 4월 말이나 5월 초순경이 가장 좋다. 봄에 새순이 터서 식물이 성장하여 한창 싱그러워지기 시작하는 시기에 생장점의 잎을 따야 향기와 맛이 가장 알맞게 살아난다.

두 번째 산야에서 잎을 채취하였으면 곧 잎에 붙은 여러 가지 이물질들을 깨끗이 씻어야 한다. 후에 물기를 털어낸 다음 밝은 그늘에 널어 놓아 한지로 물기를 찍어내고 나머지의 물기를 증발시킨다. 물에 담가 씻을 때에는 세제를 사용하지 않도록 한다.

세 번째 팬을 불에 올려 뜨거운 기운이 달아오르면 생잎을 넣어 덖는다. 생잎을 계속 들추어 대면서 살짝 데쳐 숨을 죽이는데, 이때 물은 절대로 넣지 않으며 생잎 그대로 가볍게 데친다.

네 번째 어느 정도 데쳐졌으면 쟁반 위에 꺼내어 놓고 식혀가면서 손바닥으로 비빈다. 계속 비벼대는 동안에 데워진 잎이 식으면 다시 팬에 넣어 들추어 가면서 생잎에 열기가 오르도록 한다. 이때부터 불길을 약하게 조정한다.

다섯 번째 위와 같은 방법으로 살짝 데쳤다가 비벼대고 하는 작업을 여러 차례 되풀이하는 사이에 잎의 표피로 스며 나온 수분이 메마른다. 어느 정도 잎의 수분이 마르면 온기 있는 찻잔에 넣어 우려내어 마신다.

차나무잎의 채취

차나무잎의 건조

차나무잎 우리기

차나무잎차

제4장

지치과 참살이

지치 / 개지치 / 당개지치 / 반디지치 / 보리지 / 꽃바지 / 꽃마리 /
헬리오트로프 / 컴프리 / 바이퍼스뷰그로스

지치과
참살이

01 지치	02 개지치	03 당개 지치	04 반디 지치	05 보리지
06 꽃바지	07 꽃마리	08 헬리오 트로프	09 컴프리	10 바이퍼스 뷰그로스

01 Lithospermum erythrorhizon Sieb. et Zucc.

지치

지초, 지추, 자초(紫草)

생김새

높이 30~70㎝로 자란다. 뿌리는 땅속 깊이 들어가 있는데 굵으며 자주색이다. 원줄기에서 가지가 갈라지며 잎과 털이 많다. 잎은 서로 어긋나 달리고 피침형으로 양끝이 좁아져 잎자루처럼 된다. 꽃은 5~6월에 흰색으로 펴서 이삭처럼 달리는데, 꽃받침 잎은 녹색으로 5개이다. 열매는 8~9월에 열린다.

효능과 치료법

지치에는 알란토인(allantoin), 다당류, 유기산 등의 성분과 자주색 색소인 시코닌(shikonin)이 함유되어 있다. 이외에 시코닌, 알간난, 이소부티릴 시코닌 등의 성분이 들어 있다.

지치의 뿌리에는 플라보노이드 시코닌, 알칸닌, 알칼난 등이 들어 있다. 이밖에 니트릴배당체, 알란토인, 이노시트유도체, 루틴, 다당류, 유기산 등이 있다.

마진 예방

지치는 마진을 예방하는 효과가 있다. 소아 마진의 초기 단계에 열혈독성으로 인해 마진이 나가지 않고 고열이 남아 있는 경우와 발진이 되어도 계속하여 피부가 암자색이며 윤기가 없는 경우에 쓰는데, 이때에는 생지황, 목단피, 금은화, 적작약을 가미하여 함께 사용한다.

항균 · 항염 · 배농 · 해독작용

화농성이나 비화농성 염증에 모두 적용하여 쓸 수 있으며, 다른 약재와 복방으로 배합하여 내복해도 좋고 기름이나 고(膏)로 만들어 발라도 효과가 뛰어나다.

양혈 · 지혈작용

피를 토하거나, 코에서 피를 흘릴 때, 혈뇨가 있는 경우에 지혈을 돕는다.

▲ 지치의 어린 잎

▲ 왜지치(위)와 모래지치(아래)

지치의 재배

추위에는 잘 견디나 고온다습한 토양에서는 재배가 어렵다. 토양을 깊이 갈아 충분한 유기물을 넣고 파종한다. 육묘를 하여 정식하거나 4월 초에 직접 파종하여도 좋다.

깨끗한 모래에다 삽목으로 쉽게 번식할 수도 있다. 이때 삽수의 길이는 8~10㎝ 정도로 하되 가지가 2개로 갈라진 것을 이용한다. 삽목 전 30분 이상 수분을 흡수시켜서 5~6㎝ 간격으로 꽂는다.

가을까지는 1~2회 적심(摘心, 순지르기)을 해서 자기가 잘 펴지도록 한다. 2년 째인 4~5월이 되면 직경 15~18㎝에 정식하고 이후 수영을 만들어 계속 적심하고 웃거름을 2~3회 준다.

자궁융모막상피암 치료

지치뿌리탕약은 자궁융모막상피암에 좋은 치료 효과를 나타낸다. 동의임상에서는 지치뿌리를 '자근'이라 하여 해열해독약으로 탕약을 만들어 쓴다.

지치뿌리 3~6g을 물에 달여 하루 3번에 나누어 공복에 먹는다.

이용법

지치를 이용하여 만든 '자운고'는 상처나 화상, 습진, 짓무른 피부, 무좀 등에 효능이 뛰어나다. 환부에 자운고를 바른 후 가제로 덮고 종이테이프를 붙여 이용한다. 이 자운고에 율무를 넣어 만든 연고는 사마귀나 굳은살, 티눈 등에 바르면 효과적이다.

이 외에 지치와 천규를 함께 쓰면 두부종양에 좋은 치료 효과를 보인다.

지치의 효능 실험

● 지치의 피임작용 실험

흰생쥐에게 지치를 먹이면 뇌하수체성 성선자극호르몬과 융모막성 성선자극호르몬에 대한 억제작용이 뚜렷하게 나타난다.

● 지치의 항생작용 실험

지치를 넣은 10% 소금물 추출액은 양모상소 아포균에 대한 뚜렷한 억균작용을 한다.

● 지치의 소염작용 실험

지치의 성분인 시코닌과 아세틸시코닌은 소염작용을 한다. 화상이 있거나 피부염증이 있는 흰생쥐에 시코닌을 바르면 치료 효과가 뚜렷하게 나타난다.

지치의 뿌리

자궁모려탕

암환자의 상태를 호전시키며, 연명효과를 나타낸다. 특히 암환자들에게서 흔한 각종 중독을 해독하며 소염작용과 해열작용이 있으므로 말기 암환자들의 치료에 좋은 효과를 나타낸다.

> **재료**
>
> 자초 · 작약 · 천궁 각 3g, 인동등 · 승마 각 1.5g, 황기 · 감초 각 2g, 당귀 5g, 대황 1g, 굴껍질 3g

만드는 법

1. 준비한 재료에 물 600㎖에 넣어 달인다.
2. 물을 절반 가까이 졸인 다음 체에 밭쳐 찌꺼기를 거른다.

자운고(紫雲膏)

> **재료**
>
> 참기름 100g, 납(蠟) 38g, 돼지기름 2.5g, 자근 10g, 당귀 10g

만드는 법

1. 냄비에 참기름 100g을 넣고 끓인다.
2. 벌집에서 얻은 황랍과 밀랍 38g을 돼지기름 2.5g과 함께 넣어서 녹인다.
3. 2에 자근과 당귀를 각 10g씩 썰어 넣고 검은 자주색이 될 때까지 약한 불로 달인다.
4. 뜨거울 때 걸러서 차게 식힌다.

02 Lithospermum arvense L.
개지치
들지치

《신농본초경(神農本草經)》의 中品에 '자초(紫草)'라는 이름으로 수재되어 있다.
이시진은 '이 풀은 꽃도 자색(紫色)이며, 뿌리도 자색으로서 자색의 염료로 사용되므로 이름을 붙였다.'고 하였다.

약용한다. 7~9월의 성숙기에 채취하여 햇볕에 말려 사용한다.
전초에 rutin 0.25~0.44% 혹은 0.59%를 함유한다. 또 n-triacontane, ceryl alcohol, palmitic acid, lauric acid, oleic acid, linolenic acid 등의 지방산(脂肪酸) 및 sitosterol, fumaric acid, caffeic acid, 포도당, rhamnose 등을 함유한다. 뿌리 속에서는 fumaric aicd, 포도당 등이 추출된다.
온중(溫中), 건위(健胃), 소종(消腫), 지통(止痛)의 효능이 있다. 위창반산(胃脹反酸), 위한동통(胃寒疼痛), 토혈, 타박상, 골절을 치료한다.
전초를 3~6g가량 달여서 복용하거나, 외용 시에는 짓찧어서 바른다.

생김새
높이 20~50cm의 월년생초본이다. 줄기는 기부에서 많은 가지를 치고 전체에 털이 있다. 잎은 어긋나 달리는데 좁은 피침형 또는 넓은 선형으로 길이 1~3cm, 나비 2~9mm이고 잎가장자리가 뒤쪽으로 말린다.
꽃은 5~6월에 피며, 지름 3~4mm의 백색으로 줄기 위쪽 잎겨드랑이에 1개씩 달린다. 열매는 난형이며 회백색으로 표면에 주름이 있다. 전국의 들판에 자라며, 지리적으로 일본, 유라시아, 아프리카 북부에 분포한다. 지치와 비슷하지만 뿌리에 지치같은 색소가 없다.

효능
어린 잎은 식용하며, 과실을 '지선도(地仙桃)'라 하며

▲ 개지치의 꽃과 잎

03 | *Brachybotrys paridiformis*
당개지치
산가자

생김새

높이는 40cm이다. 줄기는 곧게 서고 가지가 없으며, 잎은 어긋나고, 줄기 밑 부분의 잎은 막질(膜質)이다. 줄기 끝에서 마디 사이가 짧아져 5~7개의 잎이 돌려난 것처럼 보이는데, 이들 잎은 넓은 타원 모양 또는 넓은 바소 모양이고 끝이 뾰족하며 짧은 잎자루와 누운 털이 있다.

꽃은 5~6월에 자줏빛으로 피고, 위쪽 잎겨드랑이에서 나온 긴 꽃대 끝에 총상꽃차례를 이루며 달린다. 꽃받침은 깊게 5개로 갈라지고, 갈라진 조각은 바소 모양으로 끝이 뾰족하며 흰색 털이 나 있다. 화관이 5개로 갈라지는데, 갈라진 조각은 타원 모양이며 끝이 둔하고 꽃받침조각과 길이가 비슷하다.

열매는 분과(分果)로 검은색이고 광택이 있으며 8~9월에 익는다. 한국 · 중국(동북부) · 동시베리아 등지에 분포한다.

효능

전초를 효소 발효액으로 담그어 음용하면 만성변비, 기침, 천식, 식욕부진 등에 좋다.

> ### 당개지치와 미치광이풀
>
> 당개지치와 비슷한 식물로는 미치광이풀이 있다. 당개지치는 잎이 길쭉하며 흰색의 잔털이 있고 꽃모양도 미치광이풀보다는 깊이 갈라져 있으며, 정상에서 꽃대가 올라온다. 그리고 윗쪽에서는 잎마디가 짧아져 5~7개의 잎이 돌려나기처럼 보이는 게 다르다. 또한 미치광이풀에는 독성이 있으나 당개지치에는 독성이 없다.

▲ 당개지치의 꽃(위)와 잎(아래)

04 Lithospermum zollingeri A. DC.

반디지치

자목초, 반디개지치

생김새

높이는 약 15~25cm이다. 숲속이나 숲 가장자리에서 볼 수 있는데, 줄기는 비스듬히 자라고 전초에 거친 털이 있다. 잎은 긴타원형 또는 좁은 타원형으로 어긋나고 잎면에 돌기가 있는데, 겨울에도 혁질의 잎을 볼 수 있다. 꽃은 청자색으로 4~6월에 줄기 끝 잎겨드랑이에서 피며, 과실은 분과로 흰색이고 8월 경에 익는다.

효능과 치료법

전초에 지방산 및 포도당 등과 뿌리 속에 fumaric aicd, 포도당 등의 성분이 함유되어 있다. 7~9월의 성숙기에 열매를 채취하여 햇볕에 말린 후 토혈치료나 이뇨제로 쓴다.

위창반산(胃脹反酸), 위한동통(胃寒疼痛), 피부병, 화상, 동상, 타박상, 골절 등의 질병에 달여서 복용하거나 외용제로 짓찧어서 환부에 바른다.

자궁융수막상피암과 자궁암

자초근 분말 60g에 증류수 500ml을 붓고 30분 동안 정치한 후 끓여 여과한 액을 하루에 25ml씩 4차례 먹는다.

방사성 궤양

자초 · 당귀 · 백납 각 60g, 백지 15g, 경분 · 혈갈 각 12g, 감초 36g, 지마유 500g를 짓찧어 외용한다.

이용법

반디지치는 꽃이 피어 있는 모습이 반딧불이에 비유되어 붙여진 이름으로 '자목초', '반디개지치' 등으로도 불린다. 사철 푸른잎과 꽃이 아름다워 가정에서 관상용으로 이용한다.

> "두독(痘毒)을 소해하는 데는 자초 3g, 진피 1.5g, 총백 3개를 수전복한다." 《직지방》
>
> "신열이 높고 몸이 누래지면서 오후에는 서늘해지고 몸에 붉은 점 또는 검은 점이 나타나는 증상은 불치지증이다. 수족심, 배심, 백회, 하렴 내에 뜸을 뜨고 자초, 오람, 목향, 황련 각 30g을 수전복한다." 《삼십육황력》

▲ 반디지치의 꽃무리

05 Borago officinalis L.

보리지
스타플라워

생김새

높이가 50~90cm로 자라며 포기 전체에 흰털이 덮여 있어서, 이태리어로 보라(Borra), 프랑스어로 보우라(bourra)라 하는데, 모두 '털(毛)'이라는 뜻이다. 잎은 길이가 24cm, 폭이 10cm의 큰 타원형으로 위로 가면서 작아진다. 보리지의 털은 만지면 따끔할 정도로 까칠하며 억세다. 5~8월에 파란 빛깔의 별과 같은 2cm 크기의 꽃이 밑을 보고 집산화서로 핀다. 꿀이 많아서 꿀벌이 즐겨 모이는 밀원식물이기도 한다. 꽃잎에는 은색털이 나 있어 청색의 꽃과 잘 조화된다. 꽃이 지면 쌀알 크기의 검은 씨를 맺는다. 꽃은 한 줄기에도 많이 피고 곁가지 끝에도 피므로 2개월 이상 개화가 계속되지만 한 송이의 수명은 2~3일 밖에 되지 않는다.

효능과 치료법

지치의 잎에는 미네랄 특히 칼슘과 칼륨 등이 많이 함유되어 있어 이뇨, 진통 완화, 발한, 정화, 피부연화작용 등이 뛰어나다.

예부터 서양에서는 우울증과 선병질 치료의 약초로 민간요법으로 많이 사용하였으며, 프랑스에서는 잎과 꽃을 허브차로 만들어 감기와 유행성 독감의 치료제로 이용하였다. 지치에는 마그네슘이 함유되어 있기 때문에 간장기능을 강화하여 열을 수반한 감기를 물리친다.

외과치료제로 눈의 염증에도 쓰이며, 잎으로 만든 습포제는 울혈을 풀어주므로 장시간 서서 일하는 사람의 발에 붓기를 제거하는 데 효과가 있다.

피부를 청결하고 매끄럽게 하는 효과도 있는데, 이같은 효능을 이용하여 습진이나 피부병 치료에도 두루 쓰인다.

보리지의 씨는 감마리놀렌산(GLA)을 다량으로 함유하고 있어서 월경 전에 신경이 날카로워지는 조급증을 완화시켜 주기도 한다.

음용 시에는 끓는 물 한 컵에 건조시킨 잎과 꽃 2g을 넣어 1일 3회 이용한다.

▲ 보리지의 잎

▲ 보리지의 꽃의 뒷면

이용법

보리지의 어린 잎은 오이와 같은 풍미가 있는데, 이 독특한 풍미는 기분을 상쾌하게 하는 효과가 있다. 시금치처럼 국에 넣거나 샐러드나 샌드위치에 오이처럼 넣으면 좋다. 이 잎에는 30%의 초산칼륨이 함유되어 있어서 말린 잎을 불에 태워보면 빛을 발한다. 보리지 잎은 즙을 내어 레몬과 설탕을 넣고 청량음료를 만들기도 한다.

꽃은 술에 띄우기도 하고, 케이크나 샐러드에 장식용으로 쓰인다. 설탕절임 한 꽃은 병후에 체질이 약해진 사람이 강장제로 복용하면 좋다.

보리지 이용의 주의점

보리지는 장기간 사용하지 않도록 한다. 특히 보리지의 종자유인 starflower는 달맞이꽃의 evening primrose 오일과 유사한데, 간질환자와 정신분열 환자에게 사용할 때는 매우 주의하여야 한다.

보리지의 재배

적지

내한성이 있지만 우리나라 남부지역에서는 월동이 가능하다. 해가 잘 들고 배수가 잘 되는 곳이 좋으며, 토질은 석회암질의 흙이 가장 좋다.

고온다습한 여름에는 직사광선 밑에서 말라 죽기 쉬우므로 바람이 잘 통하게 하여 예방한다.

번식

씨로만 번식되며 한 번 재배하면 씨가 떨어져 저절로 날 정도로 발아력이 좋다.

봄에 파종하면 크게 자라지 못하고 여름에 꽃이 피며, 9월에 뿌리면 다음해 5~6월에 많은 꽃을 피운다.

직파도 가능하며 묘상에 뿌렸다가 본 잎이 4~6장 때 45~60cm 간격으로 정식해도 된다. 대개 1주일에서 10일이면 싹이 난다. 떡잎이 나온 뒤 10일 후에 본 잎이 나와서 잘 자란다.

관리

봄에 꽃대가 나오면 질소질이 적은 비료를 웃거름으로 준다. 원대궁에서 꽃이 지면 자르고 곁가지를 치게 하여 다시 꽃을 피운다.

신선한 꽃이나 어린잎은 요리나 차(茶)로 수시로 이용하고, 잎은 건조시켜 분말로 만들어 보존한다.

06 Bothriospermum tenellum

꽃바지

나도꽃마리, 귀점등(鬼點燈)

의 초지에 분포한다.

효능

해독, 지해작용을 한다. 외용 시에는 9~12g을 환부에 쓰며 반드시 적량을 사용한다.

▌참꽃바지
Bothriospermum secundum Max.

생김새

높이는 5~30cm로 전체에 누운 털이 있다. 줄기는 뭉쳐나며 밑부분이 비스듬히 땅을 기고 가지를 많이 친다. 뿌리에서 난 잎은 뭉쳐나고 주걱 모양이며, 줄기에서 난 잎은 어긋나고 길이 2~3cm, 폭 1~2cm의 긴 타원 모양이다.

꽃은 4~9월에 연한 하늘색으로 피는데, 줄기 윗부분의 포 겨드랑이마다 1개씩 달리며 총상꽃차례를 이룬다. 포는 잎 모양이고 작은꽃자루는 포보다 훨씬 짧으며 꽃이 진 다음 밑으로 처진다. 꽃받침은 5개이며 깊게 갈라진다. 열매는 4개의 분과로 갈라지는 분열과이고 타원 모양이며 혹 같은 돌기가 촘촘히 난다.

한국·동아시아의 온대와 열대의 황무지 혹은 산비탈

생김새

높이 25cm로, 전체에 긴 털이 밀생하고 밑부분이 비스듬히 자란다. 잎은 호생하며 길이 15~35mm, 폭 5mm로 양끝이 좁고 가장자리가 밋밋하며 밑부분에 굵은 백색 강모(剛毛)가 밀생한다. 꽃은 7~8월에 피는데, 연한 남색이며 총상화서는 정생(頂生)한다. 밑부분에 잎 같은 큰 포(苞)가 있으나 위로 올라가면서 점차 작아지며, 소화경(小花梗)은 밑부분의 것이 길이 5.5mm 정도이고 윗부분의 것은 길이 2mm 정도이다. 이곳에도 원줄기와 더불어 백색 강모가 밀생한다. 꽃바지와 비슷하지만 보다 굵고 억세며 백색 강모와 잔털이 밀생하는 것이 다르다. 종자의 겉에는 혹같은 돌기가 있다.

07 Trigonotis peduncularis (Trevir.) Benth. ex Hemsl.

꽃마리

한국물망초

▲ 덩굴꽃마리의 꽃

생김새

높이가 10~30cm이고 전체에 짧은 털이 있다. 뿌리에서 나온 잎에는 긴 잎자루가 있는데 서로 뭉쳐난다. 줄기에서 나온 잎은 긴 타원 모양 또는 긴 달걀 모양으로 가장자리가 밋밋하며 잎자루가 없다. 꽃은 4~7월에 연한 하늘색으로 피고 줄기 끝에 총상꽃차례를 이루며 달린다. 꽃차례는 윗부분이 말려 있는데, 이것이 태엽처럼 풀리면서 아래쪽에서부터 차례로 꽃이 핀다. 꽃받침은 5개로 갈라져 있다. 갈라진 조각은 삼각형으로 털이 있다. 열매는 4개의 분과로 갈라지는 분열과이고 짧은 자루가 있으며 꽃받침으로 싸여 있다. 분과는 매끄럽고 위가 뾰족하다.
한국 전역 및 아시아의 온대와 난대에 분포한다.

효능과 치료법

성질은 따뜻하며 맛은 시고 쓰다. 소종(消腫), 청열(淸熱), 하리(下痢)의 효능이 있다. 한방에서는 수족의 근육마비와 야뇨증, 요실금, 늑막염, 설사, 대장염, 이질, 종기 등에 두루 약으로 쓴다.
초여름 개화시에 잎을 채취하여 햇볕에 말린 후, 15~30g을 달여서 복용한다.
외용 시에는 생잎을 짓찧거나 가루를 만들어 환부에 문질러 바른다.

늑막염 치료

전초 20g에 물 800ml를 넣고 달인 액을 반으로 나누어서 아침과 저녁에 복용한다.
말린 약재를 1회에 7~10g씩 200cc의 물로 달여서 복용하거나 또는 생풀로 즙을 내어 복용한다.

▲ 무리지어 피는 꽃마리

08 | Heliotropium arborescens L.

헬리오트로프

페루향수초, 체리파이(Cherry Pie)

생김새

높이 38~50cm로 자라며 가지에 까실한 털이 있다. 잎의 크기는 3~10cm이며 난상피침형으로 끝은 좁고 뾰족하며 엽병은 짧다. 줄기와 엽병은 갈색을 띤다. 잎은 초생하는 난형으로 잎의 엽맥을 따라 주름이 잡혀 있으며 잎 뒷면에는 흰털이 밀생하여 뿌옇게 보인다. 5월에 개화하며 꽃은 산방화서로 촘촘히 밀집한다. 보라색이나 자색으로 피며 나중에는 흰색으로 변한다. 15℃ 내외로 온도가 유지되면 겨울에도 꽃을 피운다.

효능

주로 약용으로 쓰이는데 중국에서는 포기 전체를 해열, 이뇨, 진해, 해독제로 쓴다.

이용법

예부터 잉카족은 고열을 내리는데 헬리오트로프를 사용하였다. 현재는 팅크제를 제조하여 만성후두염으로 쉰 목소리를 치료한다.

꽃의 향기 성분은 정유로 고급 향수의 재료로 쓰이며, 꽃으로 만든 분말 가루는 향비누나 파우더를 만드는데 쓰인다. 독특하고 달콤한 향기를 즐긴 영국의 빅토리아 시대에는 향수의 원료식물로 재배가 매우 왕성하였으나, 값싼 합성 향료가 만들어지면서 쇠퇴하였다.

헬리오트로프는 짙은 보라색 또는 흰색의 꽃에서 바닐라 같은 달콤한 향기가 나는 향료식물이다. 학명의 Heliotropium은 그리스어의 'Helios(태양)'와 'Trepein(회전하다)'의 합성어로 꽃이 태양을 따라 회전한다는 뜻이다.

보통 헬리오트로프를 물의 님프 크리티에의 화신이라 한다. 크리티에는 태양신 아폴로를 사모했으나 그 사랑을 이루지 못하고 죽은 여인으로, 아폴로가 그녀를 가엾게 여겨서 이 꽃으로 만들었다는 신화에서 그 이름이 유래되었다.

▲ 헬리오트로프의 꽃

09 Symphytum offcinale L.

컴프리

감부리(甘富利), 러시아 지치

생김새

높이는 60~90cm이고 식물 전체에 백색의 짧은 털이 있다. 줄기의 상부에서 분지하고, 뿌리는 직근성으로 주근이 길게 심층까지 뻗으며 지근이 갈라져 옆으로 퍼진다. 가지 정단에 짧은 화수가 발달하여 6~7월경에 자색의 꽃을 피운다. 보리지의 한 종류로 털에 덮힌 두터운 잎이 비슷한데, 컴프리가 약간 얇고 작다. 러시아 남부 코카서스 지방이 원산지이며 유럽, 서아시아, 북아프리카에서 주로 분포한다.

효능

엽록소와 유기게르마늄이 많이 들어 있고, 비타민B 복합체와 비타민C, E, 칼슘 등을 함유한다. 대체로 식물에는 함유량이 적은 비타민B12가 컴프리에는 들어 있다.

예부터 보혈, 자양강장, 지혈, 간염, 황달, 소화불량, 위염, 천식, 구토, 종독 등 여러 질병에 두루 쓰이며, 영국에서는 천식이나 위산과다, 위궤양 치료에도 사용된다.

잎 표면의 솜털 모양 부분은 증혈작용이 있어 악성빈혈에 효과가 있고 손상된 세포를 회복시키는 효능이 있다. 컴프리 잎을 우려낸 차는 손상된 뼈의 접골효과가 있다고 알려져 있다.

컴프리 이용의 주의점

컴프리의 독성은 간질환을 유발한다. 몇몇 실험에서 컴프리가 복수와 간섬유화를 초래하는 정맥 폐쇄성 간질환을 유발한다는 것이 밝혀 졌다.

임신 중의 부작용, 암의 발생 가능성 등을 비롯한 다른 부작용도 있을 수 있으나, 각각의 환자가 지니고 있는 인자들이 부작용의 발생에 영향을 미치므로 이 생약의 위험을 미리 예측할 수는 없다.

때문에 컴프리의 전반적 사용은 많은 나라에서 금지하고 있으며, 미국 식약청도 사용을 금하고 있다. 특히 러시아 컴프리는 북아메리카의 일반적인 컴프리에 비해 더욱 독성이 강하다고 알려져 있다.

컴프리는 국소 부위라도 상처 난 피부에 직접 사용해서는 안된다. 또한 임산부와 수유기의 여성은 모든 형태의 컴프리 사용을 금해야 한다.

설사 치료

하루 10~15g을 달여서 마시면 효과가 좋다. 풀독, 은행독, 옻독, 땀띠 등의 습진, 가려움에는 잎을 달인 액을 차게 하여 환부에 냉습포하고 목의 부종에는 양치액으로 쓴다.

이용법

유럽 원산의 코카서스 지방 목초로 예부터 건강채소로 재배되었다. 생잎은 녹즙으로 이용하고 어린 뿌리도 직접 생식할 수 있으며 분말로 가공하여 건강식품으로 사용한다.

9~10월경 포기나누기를 할 때 뿌리를 채취하여 세척 후 적당히 잘라서 햇볕에 말린 것을 '감부리(甘富利)'라고 하는데, 알카로이드의 콘솔리딘(consolidine), 점액질, 타닌(tannin) 등을 함유한다.

칼륨, 비타민C가 풍부한 잎은 시금치처럼 요리에 이용한다. 어린 잎에서는 오이맛과 향을 상쾌하게 풍겨 식욕을 돋우기 때문에 모듬쌈채에 이용된다. 보통 상추나 잎이 넓은 쌈채 위에 놓아 먹는다. 데치거나 버터를 발라 볶거나 다른 채소와 함께 갈아서 주스로 먹기도 한다.

> **컴프리의 재배**
>
> 전년도 가을에 채집했던 씨앗을 4월 상순경 파종상에 뿌리고 그 묘를 가을에 이식하거나 10~11월에 큰 포기를 파내서 적당히 쪼개 정식한다.
>
> 이랑 폭 90cm, 주간 60cm의 간격이 적당하지만 토지에 따라서 다소 가감하는 것이 좋다. 또 곁뿌리를 10~15cm로 잘라서 1~2cm를 지상부에 내놓고 꽂으며 밟아서 고정해 놓는 방법도 있다.
>
> 재배에 쓰는 거름은 계분·볏짚·초목회·깻묵 등인데, 완전발효된 상태에서 이용하면 좋다. 특수한 식물이기 때문에 유기질 거름이 아닌, 화학비료는 쓰지 않는 것이 좋다. 토양은 햇볕이 잘 들고 배수가 잘 되며 지층이 깊어서 뿌리가 깊게 뻗어나갈 수 있는 곳이 좋다. 알칼리성이 강하고 비옥한 땅에서 잘 자라지만 지력이 강하면서 미량요소가 많이 들어 있는 땅일수록 성분이 우수해진다.

10 | Echium Vulgare L.
바이퍼스뷰그로스
Viper's bugloss, Blue weed

생김새

높이 30~100cm로 자라며 가지를 잘 친다. 포기 전체에 빳빳한 흰털이 밀생한다. 잎은 호생하며 타원형 내지 피침형으로 밑쪽 것은 10cm 이상인 것도 있다. 위로 가면서 점점 작아진다. 꽃은 여름에 가지 끝의 엽액에 피는데, 처음에는 끝이 말려 있다. 봉오리일 때는 분홍색이다가 벌어지면 종모양을 한 청색으로 변한다. 좁다란 포엽을 가지고 있어 모양이 특이하다.

효능

주성분은 탄닌과 알칼로이드이며, 가벼운 이뇨작용과 발한작용을 하기 때문에 감기나 신경성 두통에 포기 전체를 채취하여 차로 마시면 열을 내려주고 두통을 완화시킨다.

식물의 줄기에 사마귀 같은 무늬가 있어 뱀의 껍질을 연상시키고 꽃도 뱀이 똬리를 튼 것처럼 나선형으로 피기 때문에 예부터 독사에게 물렸을 때 특효약으로 이용되었다. 학명에도 독사라는 뜻의 'Viper'가 들어 있다.

바이퍼스뷰그로스의 재배

적지
길 숲에 야생할 만큼 잘 자라는 식물로 다소 건조하고 해가 잘 드는 곳이면 메마른 땅, 자갈밭 등에서도 잘 자란다.

번식
씨와 꺾꽂이로 번식되며, 봄이나 가을에 파종하고, 이른 봄에 올라오는 싹을 쪼개어서 심어도 쉽게 활착한다.

수확
꽃이 피려 할 때 베어서 건조시켜 두고 차로 이용한다.

▲ 바이퍼스뷰그로스의 꽃

제5장

진달래과 참살이

진달래 / 철쭉나무 / 꼬리진달래 / 참꽃나무 / 만병초 / 백산차
황산차 / 우바우르시 / 월귤나무 / 크랜베리 / 들쭉나무 / 블루베리
정금나무 / 산매자나무 / 산앵두나무 / 빌베리 / 도금낭 / 칼루나

01 Rhododendron muronulatum Turez.

진달래

두견화, 영산홍, 산다화, 참꽃나무

생김새

높이는 2~3m 정도 자라며, 잎은 호생한다. 잎 길이는 4~7cm, 폭은 1.5~2.5cm로서 긴 타원상 피침형 또는 도피침형이다. 잎끝과 기부는 뾰족하다. 거치는 없고 잎 표면에 인편이 있으며, 뒷면에는 인편이 밀포되어 있다. 꽃은 잎이 나기 전 4월 초순경에 피며, 통꽃으로 깔대기 모양이고 5개로 갈라져 있다. 꽃색은 자홍색 또는 연분홍색이며, 열매는 10월에 익는데 삭과로 원통형이다. 우리나라 봄철의 대표적 식물이다.

이용법

진달래는 꽃이 아름다워 관상가치가 있을 뿐만 아니라 식용과 약용에 두루 이용된다. 독성이 없어 그대로 먹어도 부작용이 없다.

삼월삼짇날에는 봄맞이 행사의 하나로 진달래꽃을 따다가 찹쌀가루에 묻혀 끓는 기름에 띄워 지진 '진달래꽃전' 을 먹는 풍속이 남아 있다. 이것을 먹으면 한 해 동안 부스럼이 없다고 한다.

꽃잎을 녹말에 묻혀 뜨거운 물에 데쳐 오미자 우린 물에 띄워 마시는 '화면(花麵)' 도 있다. 안동의 학봉 종가에선 진달래를 찹쌀가루 반죽에 섞어 화전을 구워서 제사에 웃기떡으로 올리기도 했다.

진달래를 말려서 가루를 만들고 녹차도 가루 내어 반반씩 섞은 후 꿀에 반죽했다가 팥알만한 환을 만들어, 뜨거운 물에 하루에 세 번 정도 타 마시면 환절기 감기에 예방과 치료가 된다. 심한 기침과 음식을 잘못 먹어 생긴 두드러기에도 '진달래차' 가 효과가 있다.

꽃잎은 조경 · 활혈 · 진해의 효능이 있다고 하여 약재로 많이 쓰였다. 민간에서는 꽃잎을 꿀에 재어 천식에 먹었으며 술을 빚어 마시기도 했는데, 대표적인 것으로는 꽃잎을 따서 말려 넣는 '소곡주' 와 꽃잎과 뿌리를 섞어 넣는 '진달래술' 을 들 수 있다.

진달래술은 면천(沔川)지방에서 난다고 하여 '면천주' 라고도 한다.

▲ 진달래의 꽃봉오리

산진달래
R. dauricum L.

진달래화전

생김새

높이는 1~2m로 가지가 많으며, 소지에는 인편이 있다. 잎은 호생하며 길이 1~5cm, 폭 1~1.5cm로서 피침상 타원형이다. 잎의 뒷면은 연한 갈색으로 인편이 밀생하고 맥 위에 잔털이 있다.

꽃은 4월에 피며 가지 끝의 엽맥에서 나오고, 밑부분에 아린(芽鱗)이 남아 있다. 화관은 지름 3~4cm의 벌어진 깔대기 모양으로 자적색이며 가장자리가 파상이다. 수술은 10개이고 수술대 기부에 털이 있으며 암술대보다 짧고, 열매는 긴 타원형이다.

제주도, 금강산 및 북부 고산지대에서 자라며 추운 곳에서는 일부 잎만 붙어 있을 때도 있다.

> 산진달래나무는 높은 산에 자라기 때문에 진달래나무의 앞에 '산' 자가 붙었다.
> 속명인 Thodoendron은 그리스어의 rhodon(장미)과 dendron(나무)의 합성어이며, 종명 dauricum은 '북태평양의 극지방에 있는 다후리아 지역의'를 뜻한다.

진달래화전

> **재료**
> 찹쌀 5컵, 진달래꽃 20송이, 소금 1/2큰술, 꿀이나 설탕시럽 1/2컵, 식용류 적당량

만드는 법

1. 찹쌀을 깨끗이 씻어 물에 12시간 정도 담갔다가 건져 소금을 넣고 빻아 체에 내린다.
2. 고운 가루를 만들어 끓는 물에 익반죽한 후, 직경 5cm 정도로 둥글납작하게 빚어 놓는다.
3. 진달래꽃은 꽃술을 떼고 물에 깨끗이 씻어 물기를 제거한다.
4. 팬에 기름을 두른 후에 반죽을 놓고 지져내고 뒤집어서 익은 면에 진달래꽃을 붙인다.
5. 진달래화전에 꿀을 묻혀서 접시에 담아 낸다.

진달래꽃차

진달래꽃술(두견주)

성인병 예방, 피로회복에 효과가 있다. 진통과 해열 작용이 뛰어나다. 신경통, 두통, 천식 등에 약효를 내며 여성의 냉증이나 생리통에 뛰어난 효과를 보인다.

재료
진달래꽃 500g, 소주 1.8L

만드는 법

1. 4월경에 활짝 핀 진달래꽃을 따서 깨끗이 씻은 후 체에 밭쳐 물기를 뺀다.
2. 물기를 완전히 뺀 진달래와 소주를 밀폐용기에 담고 뚜껑을 닫은 다음 서늘한 곳에서 3개월 숙성시킨다.
3. 술이 익으면 거즈나 체에 밭쳐 건더기를 걸러내고 입이 좁은 유리병에 옮겨 1~2개월 더 숙성시킨다.
4. 하루에 20~30㎖ 정도 음용하며, 맛이 진할 때는 물이나 꿀 등을 조금 타서 마신다.

진달래꽃차

재료
손질한 진달래의 꽃잎, 물 적당량

만드는 법

1. 진달래꽃의 수술을 떼어내고 물에 한 번 헹군다.
2. 물기를 제거한 꽃잎을 꿀에 재운다.
3. 일주일 후에 찻잔에 꽃잎과 즙을 넣고 뜨거운 물을 넣어 마신다.
4. 녹차를 우려서 꽃잎을 띄우기도 한다.
5. 진달래 꽃송이를 따서 그늘에 말려 보관하면 일 년 내내 즐길 수 있다.

02 Thododendron schlippenbachii Max.

철쭉나무

대자두견화(大字杜鵑花), 신두견, 산척촉

생김새

높이는 2~5m로 자란다. 수피는 연황갈색이며, 어린 가지는 회갈색이다. 잎은 호생하며 가지 끝에 5매씩 총생한다. 잎 모양은 도란형으로 길이는 5~10cm, 폭은 3~6cm 정도이다. 잎 앞면은 녹색이고 털이 있으나 점차 없어진다. 뒷면은 연녹색이고, 맥 위에 털이 있으며 거치는 없다.

꽃은 잎이 나면서 함께 피는데, 통꽃의 깔대기 모양으로 5개로 갈라져 있다. 개화기는 5월로 꽃잎 윗부분에는 적갈색의 점무늬가 있고, 소화경과 꽃받침에는 털이 있다. 열매는 10월에 익는데 삭과로 긴 타원상 난형이며, 길이는 1.5cm로 털이 있다.

효능

잎과 꽃을 약으로 쓴다. 봄에 잎과 꽃을 채취하여 그늘에서 건조시켜 혈압을 낮추는 약으로 쓴다. 상처가 났을 때는 철쭉꽃을 짓찧어서 붙이면 통증이 가라 앉는다.

철쭉나무의 재배

철쭉나무는 씨를 뿌리거나 가지를 묻거나 포기를 나눠서 번식시킬 수 있다. 기름진 땅에 심되 거름을 너무 많이 하지 않는 것이 좋다. 뿌리가 가늘고 부드러워서 공기가 잘 통하지 않으면 썩을 수도 있다. 바람이 잘 들고 물이 잘 빠지는 곳에 심어야 한다. 그늘이 지는 곳에 심으면 가지가 가늘고 길게 자라 나무 모양이 흩어진다. 되도록 볕이 잘 드는 곳에 심는 것이 좋다.

철쭉꽃은 연분홍 빛을 띠는 크고 화사하고 아름다운 꽃이다. 그러나 우리 조상들은 철쭉꽃에 '개꽃' 이라는 이름을 붙여 불렀는데, 이것은 진달래를 먹을 수 있는 꽃이라 하여 '참꽃' 이라 한 반대의 의미로 철쭉꽃은 먹을 수 없으므로 '개꽃' 이라 한 것이다.

▲ 철쭉나무의 꽃봉오리

산철쭉
R. yedoense var. poukhanense N.

생김새

높이 1~2m 정도 자란다. 잔가지에는 갈색 털이 있으며, 어린 가지와 화경의 점성 부분에 독이 있다.

잎은 호생 또는 대생하며 길이가 3~8cm, 폭이 1~3cm로 좁은 장타원형 또는 넓은 도피침형이다. 양 끝이 좁고 거치가 없으며 잎의 양면에 갈색 털이 누워 있다. 잎맥 위에 갈색 털이 밀생하며 엽병은 1~5mm 로서 갈색 털이 많다. 꽃은 7~10mm로 갈색 털이 있고 가지 끝에 2~3개씩 달린다. 꽃받침은 5개로 갈라 지고 갈색 털이 있으며, 꽃잎은 좁은 난형이고 길이는 4~8mm이다. 열매는 삭과로써 10월에 익는데 난형이 고 길이 8~10mm로서 긴 털이 있다. 꽃을 먹을 수 없 다 하여 '개꽃나무' 또는 '개참꽃나무' 라고 불린다.

효능

잎에 안드로메도톡신과 플라보노이드 성분이 있다. 혈 압 강하작용, 모세혈관 강화작용, 이뇨작용, 소염작용, 강심작용, 항염증작용을 하며, 혈액 내 콜레스테롤 함 량을 줄이고 고혈압 치료에 효과가 있다.

산철쭉과 흰산철쭉

백색꽃이 피는 흰산철쭉은 우리나라 대표 철 쭉으로 영명은 'Korean azalea' 이다.
국내 자생철쭉 유전자원으로 교배모본(交配 模本) 연구 등에 많이 쓰인다. '수달래' 라고 도 한다.

산철쭉
'두몽화' 라 한다. 마취작용, 적풍(賊風), 악독 (惡毒), 사지마비에 쓰인다.

흰산철쭉
독성이 강해 마취작용을 일으키므로 악창에 외용하며 사지마비를 풀어준다.

▼ 산철쭉(위)과 흰산철쭉(아래)의 꽃

03 Rhododendron micranthum Turcz.

꼬리진달래
소화두견, 참꽃나무겨우살이

▲ 꼬리진달래의 꽃송이

효능

사포닌, 탄닌, 환원성물질(還元性物質), 다당류(多糖類), 플라보네, 유지(油脂), 정유(精油) 등을 함유한다. 정유의 함유량은 0.27%의 신선한 잎이다.

잎에는 또 4종의 페놀 산(酸)과 평천(平喘), 거담작용이 있는 copoletin, 지해작용이 있는 hyperin과 quercetin, 거담작용이 있는 astragalin 등을 함유한다. 반면 독성이 강한 andromedotoxin 등도 함유하며 고혈압 및 각종 유형의 상실성 빈맥(上室性 頻脈)에 치료 효과가 있다.

생김새

높이는 1~2m이고 가지가 한 마디에서 2~3개씩 나온다. 잔털 또는 인편(鱗片)이 있고 2년생 가지는 갈색이 돈다. 황록색이며 골속은 갈색이다. 잎은 호생하지만 가지 윗부분에서는 3~4개씩 달리고 타원형, 도란상 타원형 또는 도피침형이다. 잎의 길이는 2~3.5cm로 톱니가 없으며, 표면은 녹색이고 백색의 점이 있다.

꽃은 7월에 피며 총상화서에 20개 정도의 꽃이 달린다. 포(苞)는 넓은 난형이며 홍갈색이 돈다. 소화경은 길이 6~8mm로서 백색 선점이 있다. 화관은 깔때기 모양이고 지름 1cm 정도로서 백색이며 열매는 긴 타원형이고 길이 5~8mm로 9월에 익는다.

▲ 꼬리진달래의 꽃봉오리

04 Rhododendron weyrichii Max.

참꽃나무

생김새

높이는 3~6m이고, 어린 가지에 갈색털이 있으나 성장하면서 없어진다. 잎은 호생 또는 대생하며 가지끝에서는 2~3개씩 달린다. 잎의 길이는 3.5~8cm이며 넓은 난형 또는 마름모꼴의 원형으로 거치가 없다. 잎의 양면에 갈색털이 있으나 후에 없어지며 표면에 선모가 있고 엽병에는 갈색털과 강모가 있다.

꽃은 잎과 더불어 붉은 색으로 5월에 피고 화관은 깔대기 모양이다. 화경, 꽃받침 및 자방에 갈색털이 밀생하나 암술대와 수술대에 털이 없다. 열매는 삭과로서 장타원형이며 9월에 익고 길이 1~2cm이다.

암술대 기부에 긴 갈색털이 있는 것을 '털참꽃나무(Var. psilostylum Nakai)'라 한다.

▌좀참꽃
Therohodion redowskianum

생김새

높이는 10cm 정도로 잎은 뭉쳐나고 거꾸로 된 달걀 모양이다. 여름에 총상꽃차례로 붉은색 꽃이 핀다. 열매는 달걀 모양의 삭과를 맺으며 10월에 익는다. 한국의 북부, 북만주의 아무르 등지에 분포한다.

▌흰참꽃
Rhododendron tschonoskii

생김새

높이 1m 정도이며 잔가지가 많이 갈라져서 엉킨다. 꽃은 7~8월에 피고 백색이며 잔가지 끝에 1~4개씩 산형으로 달린다. 열매는 9월에 결실하며 삭과로 달걀 모양의 타원형이며 누운 털이 있다.

05 Rhododendron brachycarpum D. Don

만병초
석남엽(石南葉)

생김새

높고 추운 산꼭대기에서 자라는 떨기나무로 잎은 고무나무잎을 닮았고 꽃은 철쭉꽃을 닮았다. 중국에서는 '칠리향(七里香)' 또는 '향수(香樹)'라는 이름으로 부르는데 꽃에서 좋은 향기가 나기 때문에 붙은 이름이다. 우리나라에는 태백산, 울릉도, 한라산, 지리산, 오대산, 소백산, 설악산 등 해발 1000m가 넘는 곳에서 자란다. 백두산에 노랑색 꽃이 피는 노란만병초의 군락이 있고, 울릉도에는 붉은 꽃이 피는 홍만병초가 있다. 생명력이 몹시 강해서 영하 30~40℃의 추위에도 푸른 잎을 떨구지 않는데, 날씨가 건조할 때나 추운 겨울에는 잎이 뒤로 말려 수분 증발을 막는다.

효능과 치료법

성질은 평하며 맛은 맵고 쓰다.

잎과 뿌리를 약으로 쓰며, 잎을 쓸 때에는 가을이나 겨울철에 채취한 잎을 차로 달여 마시고, 뿌리를 쓸 때에는 술을 담가서 먹는다. 잎으로 술을 담글 수도 있다. 중독성이 없으므로 오래 복용할 수 있고 간경화, 간염, 당뇨병, 저혈압, 고혈압, 관절염 등에도 좋은 효과가 있다.

백납(백전풍, 백설풍)에 특효

백납은 피부에 흰 반점이 생겨 차츰 번져 가는 병으로 여간해서는 치료가 어렵고, 치료된다 하더라도 완치되기까지 2~3년이 걸린다.

환부에 1푼(0.3cm) 깊이로 침을 빽빽하게 찌른 다음 만병초 잎 달인 물을 면봉 같은 것으로 적셔서 하루 3~4번씩 발라주면, 빨리 낫는 사람은 1주일, 심한 사람은 2~3개월이면 완치된다.

진통작용

말기 암 환자의 통증 치료에 쓴다. 통증이 격심할 때 만병초 달인 물을 마시면 바로 아픔이 가신다.

▲ 만병초의 꽃

해충 제거

만병초 달인 물을 진딧물이나 농작물의 해충을 없애는 자연 농약으로 쓸 수도 있으며, 화장실에 만병초 잎 몇 개를 넣어 두면 구더기가 모두 죽는다. 무좀, 습진, 건선 등의 피부병에는 만병초 달인 물로 자주 씻거나 발라준다.

이용법

만병초 잎을 차로 마시려면, 만병초 잎 5~10개를 물 2되에 넣어 물이 1되가 될 때까지 끓여서 소주잔으로 한 잔씩 식후에 마신다.

만병초 잎에는 '안드로메도톡신' 이라는 독이 있어 많이 먹으면 중독이 되며, 한꺼번에 많이 먹으면 생명이 위태로울 수도 있으므로 주의해야 한다. 이 차를 오래 마시면 정신이 맑아지고 피가 깨끗해진다.

▲ 만병초의 열매와 씨앗

노랑만병초
Rhododendron aureum Georgi

생김새

중부 이북에서 자라는 상록관목으로 높이가 1m에 달하고 작은 가지에 잔털이 있으나 곧 없어진다. 잎은 호생하며 혁질(革質)이고 타원형, 난상 피침형 또는 긴 타원형이나 도란형이며 길이 3~8cm, 폭 1.5~2.5cm이다. 잎 양면에는 털이 없고 가장자리가 뒤로 약간 젖혀지며 엽병은 길이 1~1.5cm이다.

꽃은 5~6월에 피는데 가지 끝에 5~8개의 꽃이 산형 또는 취산형으로 달리고 기부가 인편으로 싸여 있으며 소화경은 길이 2.5~3.5cm로 갈색털이 있다. 꽃받침잎은 작고 둔두로서 털이 있으며 화관은 깔때기 모양이고 지름은 2.5~3.5cm로서 연한 황색이다. 열매는 삭과로 좁고 긴 타원형이며 길이 1~1.5cm로서 9월에 익는다.

효능

잎은 강정제로 사용한다. 한방과 민간에서는 잎을 발진·건위·이뇨·류마치스 등의 약재로 쓴다. 유독성 식물이므로 사용에 주의한다.

06 Ledum palustre var. diversipilosum Nakai.

백산차

생김새

백두산 지역에서 자라는 상록소관목으로서 높이는 15~70cm이다. 뿌리에서 맹아가 많이 나오며 어린 가지에 다갈색 밀모(密毛)가 있다. 잎은 호생하고 긴 타원형 또는 피침형이며 길이 2~7cm, 폭 4~12mm이다. 잎 표면은 짙은 녹색이고 털이 없으며 주름이 많지만 뒷면은 갈색 및 백색 밀모가 있고 향기가 있으며, 가장자리가 뒤로 젖혀지고 엽병은 길이 1~5mm이다. 산방화서는 전년지(前年枝) 끝에 달리며 화축(花軸)에 거친 털이 있고 지점(脂點)이 밀생한다.

꽃은 5~6월에 피고 지름 7~10mm로서 백색이며 반 정도 벌어지고 소화경은 길이 1~3cm이다. 꽃받침 열편과 꽃잎은 각각 5개이다.

열매는 긴 타원형이고 길이 3.5~4mm로서 암술대가 달려 있으며 9월에 익는다.

효능

백산차는 솔잎과 박하 냄새가 짙게 난다. 기관지염과 감기, 피부병, 생리불순, 위궤양 등에 효능이 있다.

이용법

그물망이 있는 찻잔에 끓인 물을 붓고 짧게 우려낸다. 첫잔이 진하기 때문에 보통 버리지만 감기에 걸렸거나 코가 막혔다면 마셔도 좋다. 찻잎은 조금만 넣는다. 한 번 마시고 나서도 뜨거운 물을 부어서 열 번 정도 더 마실 수 있다. 마시고 난 찻잎은 말려서 모아 두었다가 목욕이나 세수할 때 우려내서 써도 좋다. 여드름에 특효가 있고 피부 미용에도 좋다.

우리나라 차는 크게 두 가지로 분류해야 한다. 하나는 재래차인 백산차와 다른 하나는 외지에서 전래된 녹차(綠茶)이다. 그 중 백산차는 석남과에 속하는 철쭉 종류로 장백산(백두산)정을 중심으로 자생한다. 이는 단군시대부터 마시던 것으로 청조 건륭시대에는 이 백산차를 공납하라는 기록이 보인다. 일본에서도 삼한 정벌론을 주장했던 《무내축정(武內縮禎)》에 백산차에 대한 기록이 있다.

▲ 좁은잎백산차의 꽃

우리 고유의 차, 백산차

잊혀진 우리의 전통차로 어린 잎을 따서 그늘에 말리면 솔잎향과 박하향이 맑게 우러나는데, 녹차가 들어오기 전인 단군시대에도 제사상에 올렸다고 하는 우리의 전통차이다.

백산차의 특징은 맛과 향이 뛰어난 것이다. 직접 차를 마셔본 차인들은 '마치 숲속에 와 있는 듯한 느낌을 갖게 된다.'고 한다. 일반 다른 차들이 각성제 기능을 가지고 있는데 반해, 백산차는 최음작용과 이완의 기능을 가지고 있다.

북한에서는 가지 째로 잘라 삶아서 기름을 내어 감기, 천식, 월경불순, 불임의 치료제와 피부질환의 연고제로 사용하는 것으로 알려져 있으며, 일본에서는 혈압강하제의 원료로 사용하고 있다.

녹차가 깨우는 차라면 백산차는 재우는 차라고 한다. 강력한 휘산작용으로 일시에 잠이 오는 듯 편안해진다. 카페인은 없고 염증에 효과가 있으며, 부인병 등에 다양하게 활용되고 있다.

백산차는 스무 번을 우려도 맛과 향이 유지되므로 가급적 양을 적게 넣어 뜨거운 물로 우려야 하며 5잔 이후에 더욱 색이 맑아지고 향이 깊어진다고 했다.

※ 백산차는 주로 차로 이용하지만, 백산차와 이름이 유사한 황산차는 일반적으로 차로 이용하지 않는다.

07 Rhododendron parvifolium Adams
황산차

생김새

북부 고산지대의 습지 또는 경사지에서 자라는 상록관목으로서 높이 1~1.5m이고 어린 가지에 인모가 있다. 잎은 호생하며 혁질이고 타원형, 긴 타원형 또는 피침형이다. 길이 5~20mm로 가장자리에 톱니가 없고 표면은 짙은 녹색이며 인모가 있다. 뒷면은 갈색 인편으로 덮여 있다. 꽃은 5~6월에 피고 가지 끝에 2~5개가 산형으로 달리며 밑부분에 아린(芽鱗)이 남아 있고 꽃받침 열편은 난형 또는 긴 난형이며 길이 1~2mm로서 인편이 있다. 화관은 넓은 깔때기 모양으로 5개로 깊게 갈라지고 자홍색이다. 백색 꽃이 피는 것은 '흰황산차'라고 한다.

08 Arctostaphylos uva-ursi

우바우르시

베어베리(bearberry)

생김새

칼루나(히데)와 비슷하게 생긴 식물로 땅 위로 뻗는 줄기의 마디에서 뿌리가 생긴다. 서늘한 기후의 모래나 돌이 많은 산성 토양을 좋아해서 황무지나 침엽수림지대, 산등성이 등지에서 자란다. 잎을 늦여름과 가을에 채집하여 적당히 열을 가해 말려 이용한다.

효능

우바우르시를 치료제로 처음 언급한 사람들은 13세기 영국 웨일즈 지방의 '미드파이의 의사들'이라고 불리는 단체의 구성원들이었으며, 이들로부터 유럽 전역으로 전파되었다.

이 식물에는 타닌이 많이 들어 있어서 약초로서 뿐만 아니라 가죽과 양털을 염색하는 데도 사용되었다.

최근에 방광과 신장의 여러 증상에 적합한 살균제로 효과가 있다고 알려져 있으며, 특히 감기 후유증으로 흔히 생기는 급성방광염을 치료하는 데 이용된다.

이 식물의 잎을 12~24시간 동안 찬물에 담가 놓으면 활동성 화학성분들은 물에 우러나오지만 타닌 성분은 우러나오지 않는다. 잎 1~2티스푼에 찬물 250ml를 붓고 가끔 저어주어 잘 우러나게 한 다음 걸러낸다. 이 우려낸 즙을 살짝 데워서 하루에 2~3회 3일 동안 복용한다. 만성백대하, 월경과다, 질염 등을 치료하는 데 사용한다.

요도염 치료

잎 또는 열매로 만든 진한 시럽 차는 요도염에 상당히 효과가 있다. 이 식물은 신장혈뇨, 요도궤양, 오줌이 잘 나오지 않는 방광병인 요폐, 만성 방광염, 신장염, 신장결석 등의 치료에도 이용된다. 우바우르시의 차는 비뇨기 점막의 수축작용을 강화해 준다.

잎이 끓을 때 방출되는 타닌은 설사를 치료하는데 좋지만 욕지기나 구토를 불러일으킬 수 있다. 우바우르시를 너무 많이 복용하거나 물에 끓여서 약재를 만드는 동안 증기를 너무 많이 쏘이게 되면 위장장애와 중독증상을 일으키기도 한다.

이용법

미국 원주민들은 유럽인들이 아메리카로 이주해 오기 전에도 이미 우바우르시의 효능에 대해서 잘 알고 있었다. 그들은 이 식물을 염좌, 부은 데, 옻나무로 인해 생기는 발진 등을 치료하는데 사용하였고, 담배 혼합물로도 이용하였다.

예부터 태평양 북서쪽 해안을 따라 여행했던 사람들은 우바우르시를 담배처럼 피우면 마취 효과가 있다고 믿었다.

09 Vaccinium vitis-idaea L.

월귤나무
땃들쭉

생김새

높이 20~30cm 정도로 지하경이 발달해 있다. 잎은 호생하고 길이 1~3cm, 폭 5~13cm로 난형 또는 도란형이다. 뒷면은 연한 녹색으로 흑색점이 산재한다. 총상화서로 백색 또는 도색의 꽃이 6~7월에 피며 화관은 종모양으로 끝이 4개로 갈라진다. 열매는 장과로 둥글고 지름 8~10mm로서 8~9월에 붉게 익는다. 잎은 약용으로 하고 열매는 먹을 수 있다.

▲ 월귤나무의 잎

월귤나무의 재배

주로 종자로 증식시키며 채종 즉시 과육을 제거한 후 직파하거나 노천 매장을 하였다가 뿌린다. 파종 후 2년째 봄에 발아하기도 하며 8월에 가지 삽목을 하기도 한다.

홍월귤
Arctous ruber Nal.

생김새

함경북도의 고산지역과 설악산에 자라는 낙엽관목으로 일본, 중국에도 분포하며 원줄기가 땅속으로 기면서 뻗어 나간다. 잎은 호생하나 가지 끝에서 모여 달린다. 잎의 길이는 2~5cm, 너비 6~13mm로서 도피침형 또는 난형이며 잔거치가 있다. 엽병에 잔털이 있다. 5~6월에 담황색의 꽃이 2~3개씩 달리고 단지 모양의 화관은 끝이 4~5개로 갈라진다. 열매는 장과로서 둥글며 8~9월에 붉게 익고 먹을 수 있다. 번식법은 넌출월귤과 같다.

10 | Vaccinium oxycoccos

크랜베리
덩굴월귤

크랜베리 과실로부터 얻은 농축된 탄닌인 프로안토시아니딘(proanthocyanidin)이 시험관 내와 생체에서 요로계에 병리적 변화를 유발하는 대장균과 기타 박테리아들이 상피세포에 유착하는 것을 억제할 수 있다고 알려진다.

요로감염증 치료

크랜베리 주스는 요로감염의 예방과 치료에 도움을 주는 오랜 전통의 미국 민간요법이다. 요로계의 항생물질로 쓸 수 있으며, 요로감염에 잘 이환되는 환자들에게 예방 약물로 사용한다.

크랜베리를 주스나 캡슐을 매일 음용하면 여성요도증후군의 재발을 극도로 저하시킨다. 통증, 조급증, 가려움 등의 증상을 감소시켜 비뇨기계의 발증 경과를 축소시킨다.

요도감염증 치료를 위해서는 희석되지 않은 원액의 주스를 매일 400ml 정도 음용한다. 그러나 크랜베리 주스는 비교적 높은 농도의 수산염(oxalate)을 함유하고 있어서 결석의 감수성이 있는 사람들에게는 신장결석의 위험을 증가시킬 수 있으니 음용에 주의한다.

생김새

상록관목으로 습지에 서식하고 옆으로 기어 퍼진다. 줄기는 나사처럼 꼬여 있으며 땅 위를 기면서 자란다. 늘푸른 잎은 타원형으로 생겼으며 길이는 1.2㎝ 정도이다. 꽃은 작고 6월에 피며 장미색이 도는 꽃부리의 끝은 4갈래로 나누어져 있다. 직경 13mm 정도되는 밝은 빨강의 식용 열매가 9월에 익는다.

북아메리카와 아시아의 북부, 유럽 북부와 중부의 늪지대에서 볼 수 있다.

효능

과일은 매우 신맛이 나며, 음식 및 생약으로 사용된다. 비타민C가 풍부하고 괴혈병에도 사용한다.

▲ 크랜베리의 잎과 열매

애기월귤
V. microcarpus(Oxycoccus microcarpus)

크랜베리 열매

생김새

백두산 지역에서 자라는 상록관목으로 지상에 나온 가지는 짧고 가지에 짧은 털이 있으나 껍질이 벗겨짐에 따라 없어지며 짙은 갈색으로 된다. 잎은 호생하고 난형이며 길이 3~6mm, 폭 2mm로서 양면에 털이 있다. 표면은 짙은 녹색이고 윤채가 있으며 뒷면은 분백색이고 가장자리가 뒤로 말리며 파상의 톱니가 있다. 엽병은 거의 없다.

꽃은 1~2개가 가지 끝에 달리며 밑으로 처지고, 소화경은 길이 2cm로 털이 거의 없으며 중앙부에 2개의 소포(小苞)가 있다. 꽃받침은 도란형이고 4개의 삼각상 열편으로 갈라지며, 화관은 붉은빛이 돌고 4개로 깊게 갈라져서 뒤로 젖혀지며, 열편은 길이 6~7mm이다. 열매는 둥글고 지름 6~7mm로서 적색으로 익으며 밑으로 처진다.

월귤술(越橘酒)

방광염, 요도염 치료와 이뇨의 효능이 있다.

재료
월귤나무의 열매 200~250g, 소주 1000ml, 설탕 10g

만드는 법

1. 열매를 깨끗이 씻어 물기를 완전히 제거한다.
2. 용기에 월귤을 넣고 소주를 붓는다.
3. 설탕을 넣고 밀봉한 다음 시원한 곳에서 6개월 이상 숙성시킨다.
4. 약술이 완성되면, 1일 1~2회를 30ml씩 공복에 음용한다.

11 Vaccinium uliginosum L.

들쭉나무

들쭉나무의 열매

생김새

한라산과 강원도 이북에서 자라는 낙엽소관목으로 높이가 1m에 달하고 가지는 갈색이며 어린 가지에 잔털이 있거나 없다. 잎은 호생하고 난형이나 원형 또는 타원형이다. 길이 15~25mm, 폭 10~20mm로 양면에 털이 없고 표면은 녹색이며, 뒷면은 녹백색이고 가장자리가 밋밋하다.

꽃은 5~6월에 피며 길이 4mm로 녹백색이고 전년지(前年枝) 끝에 1~4개씩 달린다. 꽃받침은 5개로 갈라지고 열편은 삼각형이며 화관은 끝이 얕게 5개로 갈라진다. 열매가 지름 14mm로서 편구형인 것을 '굵은들쭉', 열매가 길이 13mm로서 긴 타원형인 것을 '긴들쭉', 열매가 지름 6~7mm로서 원형인 것을 '산들쭉' 이라고 한다.

들쭉술

한국의 10대 명주(名酒) 가운데 하나로, 붉은 밤색을 띤다. 들쭉에는 발효에 필요한 인과 질소가 부족하므로 발효액에 인산암모늄을 첨가해야 한다. 발효가 완료되면 술의 향기를 높이고 원액을 맑게 하기 위하여 일정 기간 저장한다. 들쭉술의 알코올 농도는 보통 16~19%이다.

재료

숙성된 들쭉 열매, 효모 약간

만드는 법

1. 잘 익은 들쭉 열매를 골라 찧은 후, 애벌발효 시킨 다음 본발효를 시킨다.
2. 애벌발효는 들쭉액에 2~3%의 효모를 넣고 18℃에서 4~5일간 숙성을 시키는데, 이 과정에서 알코올 농도는 4% 정도가 되며 착색이 일어난다.
3. 본발효는 애벌발효액에 물을 추가하여 산도를 0.4~0.5로 정하고, 효모배양액과 당분을 첨가하여 18~20℃에서 20~30일간 숙성시킨다.

12 | Vaccinium spp.
블루베리

생김새

활엽 또는 상록성 과목으로 대부분 키가 낮게 자라는 관목형이나, 일부 품종은 성목으로 성장 후의 높이가 5m에 달하기도 한다.

북아메리카 원산으로 20여 종이 알려져 있고 한국에도 정금나무 · 산앵두나무 등의 종류가 있으며, 모두 열매를 먹을 수 있다. 대체적으로 꽃이 먼저 피고 잎이 뒤따라 돋아난다.

몇몇 품종은 꽃봉오리가 부풀어 오름과 동시에 잎이 돋아나는 경우가 있다. 열매는 거의 둥글고 1개가 1~1.5g이며 짙은 하늘색, 붉은빛을 띤 갈색, 검은색 등으로 빛깔이 다양하다. 열매의 겉에 흰가루가 묻어 있다.

효능

면역 강화

블루베리의 효능은 보라색으로 도는 색과 관련이 있다. 블루베리의 색을 내는 '안토시아닌 색소' 는 산화방지 작용이 월등해서 체세포를 보호하고 면역체계를 증진할 뿐만 아니라, 항암작용에도 뛰어난 효과가 있다. 또한 혈관 내의 노폐물을 용해, 배설시켜서 심장병과 뇌졸중을 예방하고, 혈액을 정화시킨다.

시력 회복

안토시아닌 색소의 가장 큰 효능은 시력회복이다. 블루베리를 꾸준히 섭취하면 안토시아닌 색소가 안구 망막에서 시력에 관여하는 '로돕신(Rhodopsin)' 의 재합성을 촉진하여, 눈의 피로와 시력 저하 같은 시각 장애를 예방, 치료할 수 있다. 이밖에도 안토시아닌은 바이러스와 세균을 죽이는 역할을 한다.

노화방지

블루베리는 페놀 안토시아닌 및 기타 플라보노이드 같은 피토케미컬 성분이 풍부해 질병 예방 효능을 갖는 항산화 식품 중의 하나로 꼽힌다. 따라서 블루베리를 이용한 식단은 산화로 인한 세포손상을 막고 심장병, 암과 같은 특정한 만성 질환을 예방하는 데 도움이 된다.

▲ 블루베리의 열매

▲ 블루베리 발효액

동물을 대상으로 한 실험에서 블루베리를 섭취할 경우 특정한 뇌 단백질의 변화와 기억력 감퇴, 운동 능력 장애 같은 노화 징후가 예방되는 것으로 나타났다. 또한 블루베리를 첨가한 식품을 섭취하면 알츠하이머의 원인을 예방할 수 있다는 연구 결과도 발표되었다.

암 예방

블루베리가 파란색인 것은 그 안에 들어 있는 안토시아닌이란 색소 때문이다. 연구결과에 따르면 안토시아닌을 섭취할 경우 심혈관계 질환에 걸릴 위험성이 줄어들고 특정 암 질환을 예방할 수 있다.

요로 감염증 예방

블루베리에는 섬유질과 비타민, 미네랄이 많이 들어있고 요로 감염증을 예방하는 데 도움이 되는 프로안토시아닌이라고 불리는 플라보노이드가 함유되어 있다.

이용법

달고 신맛이 약간 있기 때문에 날것으로 먹기도 하고 잼, 주스, 통조림 등을 만들어 이용한다.

블루베리의 노화방지와 항암작용

블루베리와 노화

늙은 동물에게 블루베리를 첨가한 먹이를 먹인 결과 기억력과 조정 능력, 균형 능력이 현저히 향상됐음이 밝혀졌다.

USDA 인간영양연구센터에서 실시한 연구에 따르면 뇌에 침전물이 생성된 형질 전환 쥐에게 블루베리를 첨가한 먹이를 투여한 결과 늙은 동물들의 신경섬유가 재생되었다고 보고되었다.

미국 영양신경과학지 2003년 6월호에서 연구소측은 '블루베리를 투여하면 신호 전달 기능이 향상되고, 알츠하이머병 모델의 행동 능력 결핍이 예방된다.' 며 '식품을 통해 알츠하이머병을 일으키는 유전적 소인을 극복할 수 있을지도 모른다.' 는 가능성을 제시했다.

블루베리와 암 억제

블루베리에 들어 있는 몇 가지 피토케미컬 성분이 암 예방에 효과적일 수 있다는 연구 결과가 나왔다.

2001년 4월 미국 의약식품 저널에 실린 연구 결과에 따르면 블루베리 추출물은 발암물질로 알려진 메틸 메탄술포네이트와 벤조에이피렌의 활동을 억제하는 것으로 밝혀졌다.

또한 건조된 블루베리 1kg당 비교적 높은 수치인 8.35mg이 리그난 세코이솔라리시네시놀(SECO)이 검출되었다. 리그난은 에스트로겐과 구조가 흡사한 식물성 화학물질로 에스트로겐 성분이 많이 함유된 식품을 섭취한 사람들에게는 유방암, 전립선암, 자궁내막암 발병 확률이 낮은 것으로 보고된 바 있다.

블루베리의 품종과 특성

현재 재배되고 있는 블루베리는 1900년대 초반 미국 농무성에서 북미에 자생하고 있는 야생종을 개량하여 우량 품종으로 육성한 것으로 푸른 열매가 아름답고 맛이 좋기에 '블루베리'라 불리게 되었다.

북부하이부시
(Nothern highbush blueberry)

보통 하이부시 블루베리라고 하면 북부 하이부시 블루베리를 일컫는데 이는 큰 열매와 뛰어난 맛을 지닌 대부분의 블루베리 품종이 북부 하이부시 블루베리 그룹에 속하기 때문이다. 현재 미국과 일본을 포함한 세계 각국에서 가장 많이 재배되고 있으며 생과로서의 이용률 또한 제일 높다.

북부 하이부시 블루베리는 꽃눈의 휴면타파를 위해 7.2℃ 이하의 온도로 700~1,000시간을 필요로 하는데, 이는 사계절의 구분이 뚜렷하고 일일 평균 7.2℃ 이하의 날짜수가 100일 이상(제주 일부 지역 제외)인 국내의 기후조건과 일치한다. 또한 북부 하이부시 블루베리는 내한성이 강하여 영하 25℃에서도 동해(凍害)가 없어 기후적인 면을 고려할 때 국내에서 재배하기에 가장 적합한 종류라 할 수 있다.

남부하이부시
(Southern highbush blueberry)

남부 하이부시 블루베리는 겨울철 기후가 온난한 지역에서도 하이부시 블루베리를 재배하기 위하여, 북부 하이부시 블루베리와 상록성(아열대성) 자생종을 교배하여 육종된 블루베리 종류이다. 개화를 위한 동절기 저온 요구시간(7.2℃ 이하)이 약 300~500으로 북부 하이부시 블루베리보다 적은 것이 특징이다. 북부 하이부시 블루베리에 비하여 내한성이 약하여 온난한 지역에서 많이 재배하는 수종으로 국내에서는 제주 지역이 재배하기에 적합하다.

관목형하이부시
(Half highbush blueberry)

하이부시 블루베리와 로우부시 블루베리의 교배에 의해 개량된 종류로서, 동절기 매우 추운 기온에서도 견디도록 육성되어 내한성이 매우 강하며 열매의 품질이 뛰어난 종류이다. 나무의 키가 90~120cm 정도로 자라 수확이 편해 생과 출하를 목적으로 하는 국내 재배여건에 매우 적합하다. 제주 및 남부 해안 일부 지역을 제외한 국내 전지역에서 재배 가능하며 경제적인 밀식 재배에 유리한 종류이다.

래빗아이
(Rabbiteye blueberry)

열매가 완숙하기 전의 색상이 토끼의 눈과 비슷하다 하여 이름지어진 래빗아이 블루베리의 자생지는 미국 남부의 죠지아주와 플로리다주 등의 하천 유역 또는 습지로서, 열매의 품질이 좋고 저온요구도가 300~800시간으로 낮은 편이나 추위에 약하여 국내 재배시 동해를 입기 쉽다. 보통 2~4m씩 자라며 수세가 강하여 장비를 이용한 기계식 재배를 하기에 적합하나 순수 인력을 이용해 수확하기에는 어려움이 있다. 하이부시 블루베리에 비하여 과피가 두껍고 씹는 맛이 강하여 가공용으로 좋다.

몸에 좋은 ✚ 참살이 활용법

| 13 | Vaccinium oldhami Miq. |

정금나무

정금나무의 열매

생김새

높이 2~3m에 달한다. 잎은 호생하며 길이 3.8cm, 폭 2~4cm로 난형 또는 타원형이며 가장자리에 가는 강모가 있다. 가지 끝에 총상화서가 달리며 황갈색의 꽃이 6~7월에 핀다. 화관은 종 모양이고 끝이 5개로 갈라진다. 가을철에 붉게 단풍이 든다. 열매는 장과로 구형이며 9월에 검게 익는다.

정금술

강정, 강장, 피로 회복에 효과가 있다.

> **재료**
> 정금나무의 열매 200~250g, 소주 1000ml, 설탕 10g

만드는 법

1. 재료는 낱알로 따지 말고 가지 째 따서 물에 씻고 물기를 완전히 제거한다.
2. 용기에 재료는 넣고 소주와 설탕을 넣는다.
3. 밀봉하여 시원한 곳에서 6개월 이상 숙성시킨다.
4. 용량의 제한이 없으나 지나치게 음용하지 않도록 하고 기호에 따라 벌꿀을 타서 마신다.

▲ 정금나무의 잎

지포나무
Vaccinium oldhami var. glaucum

산매자나무

생김새

산기슭 숲 속에서 자란다. 가지가 많이 갈라지고 어린 가지에 선모가 있다. 잎은 어긋나고 달걀 모양 또는 타원 모양이며 밑부분이 둥글고 끝이 날카롭다. 가장자리에 털처럼 뾰족한 가는 톱니가 있고, 잎 뒷면은 흰색이다. 잎은 정금나무에 비하여 뒷면이 흰색을 띤다.

초여름에 가지 끝에 총상꽃차례를 이루며 꽃이 달린다. 화관은 넓은 종 모양이고 5개로 갈라진다. 열매는 장과이고 둥글며 가을에 검은 색으로 익는다. 열매는 식용하고, 나무는 땔감과 숯으로 사용한다.

▲ 지포나무의 잎

생김새

낙엽소관목으로 높이 30~60cm이고 소지(小枝)에 능선이 있으며 어린 가지에 선모가 있다. 잎은 2줄로 배열되는 난형이고 길이 2~6cm, 폭 1~3cm이다. 잎 표면은 녹색이며 맥 위에 털이 약간 있고, 뒷면은 흰빛이 돌며 털이 없고 가장자리에 잔톱니가 있다.

꽃은 7월에 피며 1개씩 액생(腋生)하고 밑으로 처지며 화경은 길이 1~1.5cm로서 선모가 있고 밑부분에 선상의 소포가 있다. 꽃받침은 4개로 갈라지며 열편은 피침형이고 톱니와 털이 없으며, 화관은 홍백색이 돌고 길이 8mm 정도로서 4개로 갈라지며 뒤로 말린다. 열매는 둥글며 지름 5~7mm로서 9월에 짙은 홍색으로 익는다.

15 Vaccinium koreanum NAKAI

산앵두나무

물앵두나무

효능

부종 치료

율무쌀과 산앵두나무씨를 준비하여, 온몸이 붓고 오줌이 잘 나가지 않을 때에는 율무쌀 50g, 산앵두나무씨 8g을 물에 달여서 하루 3번에 나누어 먹는다.
또는 율무쌀가루와 입쌀가루 각 50g을 죽을 쑤어 한 번에 먹어도 좋다.

산앵두나무의 씨앗 '욱리인'

건조한 장을 윤택하게 하고 기를 아래로 내리고 수분의 배출을 원활히 하는 효능이 있다. 대변과 소변을 잘 나오게 하고 전신의 수분을 통하게 하여 신체 내부에 생긴 적(積)을 없애는 작용이 있다.
몸 전체에 생긴 부종과 다리가 붓고 걸음을 옮길 때마다 아픈 각기병 등에 두루 쓰인다. 주로 배출시키는 작용이 강한 약재이다.

생김새

산지에서 자라는 낙엽관목으로 높이가 1m에 달하고 어린 가지에 털이 있다. 잎은 호생하며 넓은 피침형, 넓은 도피침형 또는 난형이다. 길이 2~5cm로서 표면에 털이 없고 뒷면 맥 위에 털이 있으며, 가장자리에 안으로 굽은 잔톱니가 있다.
꽃은 5~6월에 피는데 전년지(前年枝) 끝에서 나오는 총상화서에 달린다. 밑으로 처지고 꽃받침이 5개로 갈라지며 화관은 종형이고 길이 5~6mm로서 붉은 빛이 돈다. 열매는 난형이지만 남아 있는 꽃받침잎 때문에 절구 같이 보이며 9월에 적색으로 익는다.

▲ 산앵도나무의 꽃

16 | Vaccinium myrtillus
빌베리

생김새

작은 치상잎과 하얀 종모양의 꽃, 청보라색 열매가 달린 80cm 높이의 관목이다. 숲이나 잡목이 무성한 황야에서 볼 수 있으며 특히 영국, 유럽 북부, 아시아의 구릉지에서 자란다. 뻣뻣한 줄기는 키가 15~45cm로 자라며, 잎은 작은 달걀 모양으로 가장자리에 톱니가 있다. 꽃은 작고 공 모양이며, 녹색이 도는 장미빛을 띤다. 7~8월에 익는 감청색 열매는 밀랍처럼 매끈매끈하며 지름이 1cm 정도이다. 열매는 보통 하나씩 열리고 총상꽃차례를 이룬다.

빌베리는 서리에 민감하며, 부분적으로 자가불임성(自家不姙性)이어서, '월귤(V. vitis-idaeus)과' 잡종을 만들어 왔다.

효능

전통적으로 심장 혈관과 시력 개선용으로 사용되었다. 잎은 당뇨, 관절, 통풍, 순환부족, 소화계장애에 사용하였다. 외용으로는 점막 염증, 치질, 기타 피부장애에 두루 쓰인다. 과일과 과일즙은 설사에 이용하며, 소아의 목과 입의 점막에 염증 치료로 국소적 사용한다.

하루에 건조 열매 20g 정도의 양을 권장한다. 잎은 독성이 있어 장기 사용은 권장하지 않는다.

시력 강화 효과

2차 세계대전 때 영국의 로얄 공군 조종사들은 야간 비행 시에 시력을 증진시키기 위해 빌베리을 복용했다고 한다. 북미에서는 햇빛에 눈이 많이 노출되는 개활지대의 노인들이나, 어두운 곳에서 책을 많이 읽는 습관을 가진 시애틀과 벤쿠버 사람들에게 많은 사랑을 받고 있다고 한다.

오늘날 빌베리는 망막과 망막혈관의 퇴행에서 기인한 안과질환을 개선하는 것으로 유명하다. 빌베리를 생약이라고 부르는 것은 그만큼 치료제 성격의 생약 물질이 많다는 것을 뜻한다. 빌베리에는 폴리페놀 같은 색소가 풍부한데 이 색소는 빌베리와 크랜베리, 블루베리, 홀틀베리 등의 색깔을 나타나게 한다.

이용법

빌베리는 신선한 열매와 추출물, 캡슐 형태 등으로 구입할 수 있는데, 다른 허브나 비타민 또는 비타민이 풍부한 음식과 같이 먹으면 더 좋은 효과를 볼 수 있다. 특히 베타카로틴과 비타민A의 전구체인 케로티노이드로 꽉 차 있는 당근이나 루틴이 풍부한 메밀, 비타민C가 많은 식품들이 좋다.

빌베리란 이름은 덴마크에서 유래되었는데 어두운 열매를 의미한다. 블루베리처럼 빌베리도 오랜 세월 동안 약용 식물과 음식으로 동시에 사용되어 왔다.

바로 따낸 싱싱한 빌베리 열매는 약간 신맛을 내는데, 설탕을 넣고 조려 잼을 만들거나 와인 재료로 이용한다. 타트를 만드는 데도 쓰이며, 들꿩류의 중요한 먹이가 된다.

빌베리 (bilberry) 이야기

안과질환에 널리 쓰여온 빌베리는 오랜 세월 동안 약용식물과 음식으로 동시에 사용되었다. 허브 학자들은 빌베리 열매를 다른 허브와 혼합하여 쇠약해지는 시력을 증진시키라고 권한다. 오늘날 빌베리는 망막과 망막혈관의 퇴행에서 기인한 안과질환을 개선하는 것으로 유명하다.

빌베리에 있는 생약물질들은 우리 몸의 가장 작은 혈관인 모세혈관을 안정되게 만든다. 관절이나 뼈처럼 혈관의 안쪽도 콜라겐, 엘라스틴, 프로테오글리칸 등의 단백질로 이루어진 결합조직으로 싸여 있다. 빌베리는 이 결합조직의 힘과 신축성을 증가시켜 결과적으로 망막의 통합성이 더 길게, 더 좋게 유지되는 효과를 가져온다.

나이가 들면 눈의 수정체는 영양공급이 부족해져 백내장이 오기 쉬운데, 비타민E와 빌베리로 이러한 백내장의 진행을 멈추게 했다는 연구 결과가 많다. 이외에도 빌베리류 열매가 녹내장과 황반퇴화, 야맹증, 망막병증에 대한 개선에 크게 기여한다는 결과가 보고되고 있다.

17 Rhododendron tomentosum
도금낭

생김새
높이 1.5m 정도로 잎은 좁은 장방형이며 가죽 같이 질기다. 흰꽃 또는 분홍꽃이 피는 관목이다. 본명인 'ledum palustre'로 잘 알려져 있다.

효능
추출물은 기침 혼합제와 항류머티즘 처방전의 성분으로 주로 사용한다. 특히 백일해의 치료와 구토제, 이뇨와 발한약으로 사용되었다. 기관지, 류머티즘, 통풍과 피부병 치료에도 쓰인다.

18 Calluna vulgaris

칼루나
히더

생김새

높이 60cm 정도의 상록성 소관목으로 내한성이 강하다. 가지는 옆으로 벌어지면서 밀생한다. 잎은 인편상(鱗片狀)으로 2~3mm 정도이며 가지에 밀집하여 붙고 마주난다. 꽃은 6~9월에 작은 종 모양으로 가지 중간 정도부터 윗부분에 빽빽이 붙으며 흰색, 분홍색을 기본으로 해서 다양한 색상의 원예품종이 있다. 꽃봉오리에 녹색과 황색의 염색소를 지닌다.
생장이 느린 상록관목으로 1,000여종이 넘는 원예종이 있어 꽃의 빛깔이 다양하다.

효능

흔히 '히더'로 통용되며, 비뇨기계통의 질환에 전통의

학으로 오랫동안 쓰여 온 식물이다. 순한 진정작용이 잘 알려져 있고 현대에도 비뇨기계통에 대한 살균작용이 인정되어 신장과 요로 감염증의 치료에 쓴다. 꽃에는 미네랄이 풍부하게 함유되어 있고 수렴작용, 이뇨작용, 살균작용, 진정작용 등이 있어 약용하며, 전신의 강장제로도 쓴다.
꽃봉오리에는 철분 성분이 높으며 지혈제, 이뇨제, 방부제, 진정제로 사용된다. 신장, 비뇨기관, 간염 치료에 쓰이며 일반적인 강장제이기도 하다. 목욕제로 이용하면 류머티즘 통증을 완화시킨다. 여드름 치료제로도 사용한다. 식물 중의 알부틴 성분은 비뇨기계에 대한 살균작용을 하며, 통풍을 치료한다.

이용법

꽃을 침출한 히더수(水)로 목욕하면 류머티즘 통증과 습진이 완화되며 여드름도 치료된다. 꽃에서는 양질의 꿀과 노란색 염료가 채취되어 식용하기도 하고 염색소로도 많이 이용한다. 잎은 초가 지붕의 재료나 사료, 차나 맥주의 풍미를 내는 데 사용한다.

칼루나의 재배

채집
해가 잘 들고 서늘하며 지하수가 높지 않은 산성 토양~니탄토가 좋다. 생장 중의 나무는 토양의 비옥도를 높여주므로 시비에 주력할 필요가 없다.

번식
꺾꽂이로 번식시킨다. 3~4월과 8월에 할 수 있으며 봄에는 지난 해 자란 가지를 10cm 길이로 잘라 꽂고, 8월에는 그 해 자란 다소 굳어진 가지를 잘라 꽂는다. 물올림 한 후에 루톤을 발라서 진흙이나 모래에 꽂는다.

산야초로 만드는 초절임
Wild Plant Pickles

초절임 재료를 식초에 담갔을 때 재료 자체의 수분이 적으면 식초 속의 수분을 흡수하고, 재료에 함유되어 있는 성분이 식초 속에 녹아나거나 식초의 영양소가 원료 중에 흡수된다. 때문에 원재료와 식초 두 가지 모두 효과적으로 이용할 수 있고 건강 증진에 도움이 되는 요리가 바로 초절임이다.

그러나 같은 식초라 하더라도 원재료가 지닌 맛, 향기, 풍미를 손상시키는 수도 있으니 초절임용 식초라 하더라도 그 자체로 영양분을 풍부하게 함유하고 건강식품으로서의 가치를 지닌 곡물식초, 과실식초를 골라야 한다.

식초 자체의 효능에 원료가 지닌 효능을 더해서 건강증진, 영양보급에 이용하는 것이 초절임으로 만드는 건강식초이다. 이와 같은 초절임은 마늘, 검정콩, 땅콩, 매실, 살구, 알로에, 감잎, 뽕잎, 박하, 모과, 명자나무, 다시마, 표고버섯, 셀러리, 양파, 콜리플라워, 오이, 피망, 호박, 연근, 브로콜리, 우엉, 목이버섯, 콩, 계란 등 다양한 재료를 이용하여 만들 수 있다.

❖❖❖ 검정콩 초절임

재료 검정콩 200g(검정콩은 알찬 것을 사용하며, 벌레 먹은 것은 반드시 제외한다), 현미식초 또는 과실식초

① 콩은 물로 씻어 먼지를 제거하고 30~40분간 물에 담가 떫은 맛과 껍질을 제거한다.

② 콩은 물기를 잘 빼고 입구가 큰 병에 담아 식초를 듬뿍 넣는다.

③ 병을 덮개로 밀봉하고 직사광선이 닿지 않는 곳에 둔다. 기온이 높을 때에는 냉장고에 보관한다.

④ 콩이 식초를 빨아들여 액면(液面)으로 떠오르지 않도록 때때로 확인하고, 콩이 식초 위로 떠 오르면 식초를 더 넣어 콩을 잠기게 한다.

⑤ 상온에서는 5~7일, 냉장고에서는 1개월간 보존한 후 이용이 가능하다. 콩의 비린내를 제거하기 위해서는 냉장고에서 1개월 정도 두면 좋다.

❖❖❖ 마늘 초절임

재료 마늘 4통, 현미(과실)식초

① 마늘은 작은 쪽으로 벗겨서 하룻밤 물에 담가 매운 맛을 우려낸다.

② 물기를 잘 빼고 입구가 큰 용기에 넣는다. 단기간에 절일 것이라면 마늘쪽에 1~2군데 칼집을 낸다.

③ 현미식초 또는 과실식초를 마늘이 완전히 잠길 때까지 듬뿍 넣는다.

④ 용기를 덮고 온도의 변화가 적은 곳에 둔다.

⑤ 마늘에 칼집을 냈을 경우에는 7~10일간, 그렇지 않을 경우에는 1개월간 절인다.

제 6장

차나무과 참살이

차나무 / 동백나무 / 노각나무 / 후피향나무 / 비쭉이나무 /
사스레피나무 / 우묵사스레피나무

01 차나무

02 동백
나무

03 노각
나무

04 후피향
나무

05 비쭉이
나무

06 사스레피
나무

07 우묵사스레피
나무

01 | Camella Sinensis L.

차나무

생김새

지름이 1cm 정도이다. 9~11월에 흰장미나 흰 찔레꽃 같은 꽃이 피고, 동백나무 씨앗 같은 열매는 꽃이 핀 이듬해인 10월~11월 사이에 익는다. 중국이나 일본에서 재배되는 소엽종은 높이가 2~3m이고, 인도 아삼 지방의 대엽종은 높이가 15m에 달하므로 재배할 때에는 가지치기를 하여 높이가 0.5~1m 되도록 한다.

효능

피로 회복 효과

잎으로 우려낸 차를 마시면, 찻잎의 카페인 성분이 각성·강심·이뇨작용을 하고 대뇌중추신경을 알맞게 흥분시켜 피로 회복에 매우 효과적이다.

때문에 사고력과 판단력이 높아지고, 혈액순환과 신장의 기능이 촉진되어 배뇨가 활발해지며, 피로물질의 체외 배출을 촉진하므로 활동력을 증진시키고 감기를 예방한다.

성인병 예방 효과

차나무의 잎에는 각종 성인병에 유효한 카데친, 데아닌, 비타민C, 비타민 B1, 루틴, 다당류 및 무기질 등이 함유되어 있다.

카데친 성분은 발암성 물질의 활성을 저지하고 보통의 세포가 암 세포로 변하는 것을 방지하여 암예방과 돌연변이 억제작용을 한다. 또한 혈중 콜레스테롤의 양을 저하시켜 동맥경화를 억제하고 심질환을 예방하는 효과가 있다. 루틴은 차를 우린 액체에서 황금색을 나타내는 색소로 모세혈관의 저항성을 높이고 혈관벽의 위약성을 저지하는 작용을 한다. 비타민C는 모세혈관벽의 조직을 강하게 하여 그 위약성과 투과성을 개선하고 출혈을 막으며 혈중 콜레스테롤의 배출을 촉진하는 작용이 있다. 탄닌은 지방분해 중성지질을 감소시켜 체중을 줄이는 효과가 있다.

살균·해독·항충치·항바이러스 효과

차의 카데친 성분은 우롱차, 홍차의 산화형 폴리페놀 성분보다 항염성 및 항균성 효과가 크며 장내 세균의 생육을 억제하는 작용이 있다.

▲ 차나무의 잎

또한 유기수은, 카드뮴, 납, 구리 등과 같이 호흡기나 소화기를 통해 체내에 들어가게 되면 배설되지 않고 축적되는 중금속, 담배, 모르핀 등의 독성물질과 쉽게 결합하여 침전물을 생성한다.

변비 예방효과
차의 탄닌 성분은 긴장성을 높여 위 운동을 활발하게 하고 식욕을 촉진시키며, 위 점막을 보호하여 긴장성을 풀어주는 효과도 있어 신경성 변비에도 유용한 치료제로 쓰인다.

숙취 제거 효과
차에 들어있는 카페인의 중추신경흥분 및 이뇨작용, 탄닌 성분에 의한 주독의 해독작용 및 비타민C의 상승효과에 의해 간장 내 알코올 분해효소의 활성과 배설이 촉진되어 숙취에 효과적이다.

충치 예방 효과
차에는 구강보건성 성분인 불소가 가용성 형태로 존재하고 있어 차를 마시면 치아가 단단해지고 산(酸)에 대해 저항하는 힘이 커진다.

방취 및 탈취 효과
차의 탄닌 성분 및 엽록소는 강력한 방취작용을 하여 입안의 냄새 제거에 매우 효과적이다. 차를 우려내어 마시면 입 안이 금새 개운해진다.

노화 방지 및 피부 미용 효과
노화는 산화되기 쉬운 불포화 지방산을 섭취했을 때 생기는 과산화지질에 의해 세포조직 중에 세포막이 파괴되므로써 일어난다.

차를 우려내어 마시면 카데친에 의해 과산화지질의 생성이 억제되어 노화가 방지된다. 또 차의 비타민C와 비타민B군은 항산화력을 높여 주어 피부에 탄력성을 주며 멜라닌 색소의 생성을 저해하여 피부를 맑게 하는 작용을 한다.

차나무의 품종과 특성

차나무에는 높이가 30cm 정도인 관목이 있고, 수십 미터에 이르는 교목도 있다. 차 잎의 길이도 25cm의 대엽종부터 3cm 정도밖에 안 되는 소엽종까지 다양하다. 차나무 품종은 바로 이 차 잎의 크기에 따라, 중국 대엽종과 소엽종 및 인도 아샘종과 버어마산종의 4종류로 구분하고 있다.

중국대엽종 또는 운남대엽종
(Var. macrophylla)

나무 높이가 5~32m까지 자라는 큰키나무이다.
길이 13~15cm, 넓이 5~6.5cm의 타원형의 큰
잎을 가지고 있으며 잎줄기는 8~9쌍이다.
중국의 사천성, 운남성에 분포하고 있다.

중국소엽종
(Var. bohea)

나무 높이가 2~3m까지 자라는 여러 개의 줄기로
된 떨기나무이다.
겨울철 추위에 비교적 강한 편이라 품종을 개량하
여 다량 생산할 수 있는 수종이다.
길이 4~5cm의 단단하고 짙푸른 잎이 8~12개
마주 달려 있으며 잎줄기는 6~8쌍이다.
중국의 동남부와 한국, 일본, 타이완 등에 분포되
어 있다. 주로 녹차용으로 쓰인다.

인도 아쌤종
(Var. Assamica)

나무 높이가 10~20m까지 자라며, 줄기가 하나인
큰키나무와 여러 가지 변종이 있다. 잎의 길이는
22~30cm이며, 엽질이 얇고 부드럽다. 잎색은 짙
은 농녹색이고 잎줄기는 12~16쌍이다.
인도의 아쌤(Assam), 매니푸(Maipur), 카차르
(Cachar) 지방에서 주로 재배된다.

버마산종
(Shan)

나무 높이가 4~10m에 달한다. 잎은 비교적 넓은
15cm 정도이다. 엽색은 얇은 녹색이며 잎줄기는
열 쌍이다.
버마의 공원이나 타이 북부지방에 분포되어 있다.

차나무잎 말차 우리기

차나무술

> **재료**
> 차나무의 잎 또는 꽃 300g, 설탕 40g, 소주 1.8L

잎술 만드는 법

1. 차나무의 새싹을 4~5잎 붙은 채로 채취한다.
2. 찜통에 채취한 새싹을 엷게 깔고 1분간 찐다.
3. 찐 잎과 설탕, 소주를 넣고 밀봉하여 서늘한 곳에 보관한다.
4. 2주일 후에 건더기를 걸러내고 다시 숙성시킨다.

꽃술 만드는 법

1. 꽃을 채취하여 통풍이 되는 주머니에 넣는다.
2. 주머니를 밀봉하여 서늘한 곳에 두고 가끔 흔들어 준다.
3. 주머니속 재료에 대추와 물을 넣고, 중불에서 1시간 정도 끓인다.
4. 끓인 후 믹서기에 갈아 추출액을 만들어 낸다.

차나무꽃차

차나무꽃차

찻잎을 우려낼 때 차나무의 꽃을 함께 넣으면 색다른 맛을 즐길 수 있다. 차나무의 꽃은 넓은 대나무 채반에 담아 그늘에 말려야 본래의 꽃 모양과 색깔을 보존할 수 있다. 꽃색이 선명하게 건조시키려면 전자렌지에 5초 정도 돌린다.

> **재료**
> 차나무의 꽃 5송이, 녹차 2티스푼, 적당량의 물

만드는 법

1. 차나무의 꽃을 채취하여 서로 붙지 않게 소쿠리에 담아 먼지가 없는 그늘에서 5일 정도 말린다.
2. 따뜻한 방바닥에 종이를 깔고 하루 정도 더 말리면 수분이 남지 않는다.
3. 말린 꽃을 용기에 넣고 밀봉하여 냉장실에 보관한다.
4. 다관에 녹차 2티스푼과 말린 꽃 5송이를 함께 넣고 80℃ 정도로 끓인 물 100ml를 붓는다.
5. 2분 후에 찻잔에 따라 마신다.

02 | Camellia japonica L

동백나무

산다화(山茶花)

▲ 동백나무의 열매

생김새

높이는 5~15m이다. 잎은 어긋나고 타원형이나 긴 타원형으로 두꺼운 가죽질이고 가장자리에 물결 모양의 잔톱니가 있다. 잎 앞면은 광택이 있고 뒷면은 연녹색이다. 개화기는 12월~다음해 4월이며 가지 끝이나 잎겨드랑이에 붉은색꽃이 1송이씩 피는데, 꽃받침은 많고 떨어지며 꽃자루가 없다. 열매는 삭과로 원형이고 길이 2~3cm로 가을에 붉은색으로 익는다.

효능과 치료법

동백나무의 꽃이 피기 전에 채취하여 불이나 햇볕에 말려 쓴다. 혈열을 내리고 피나는 것을 멈추며 어혈을 없애고 부은 것을 내린다.

지혈 · 소종 작용

동백나무의 꽃을 물에 달이거나 가루로 빻아 쓰면, 멍든 피를 풀거나 식히는 작용을 하며 피를 토하거나 정염으로 인한 하혈, 월경과다, 산후출혈이 멎지 않을 때 효과가 있다.

토혈 · 임질 · 소변불리 해소

반쯤 핀 동백꽃을 그늘에서 말린 다음 하루 45g가량 달여 두고 식사 30분 전쯤 마시면 효과가 있다.

화상 치료

화상을 입었을 때는 꽃을 말려 가루 낸 다음 참기름이나 동백기름으로 반죽하여 붙이면 곧바로 차도를 볼 수 있다. 꽃이 없을 때는 동백기름만 이용해도 효과가 있다. 아토피성 피부염에도 동백기름이 도움이 된다.

▲ 백동백나무의 꽃

동백나무꽃 발효액

동백주

동백나무의 꽃잎으로 술을 담가 두면 분위기 있는 모임에 어울리는 좋은 음식이 된다. 진한 갈색의 독특한 향기와 감칠맛이 있는 술이다. 동백주는 자양·강장·미용에 효과적이며, 변비와 장 출혈(腸出血) 해소에도 도움을 준다.

> **재료**
> 동백나무의 꽃 200~300g, 소주 1000ml, 설탕 10~15g

만드는 법

1. 동백나무의 꽃을 채취하여 젖은 천으로 꽃잎을 한 장 한 장 먼지를 닦아 낸다.
2. 꽃잎을 용기에 넣고 소주를 붓는다.
3. 설탕을 넣고 밀봉하여 시원한 곳에 보관한다.
4. 6개월 정도 숙성시켜 음용한다.
   응용할 때에는 용량의 제한은 없으나 지나치지 않도록 한다.

03 Stewartia koreana

노각나무

금수목, 비단나무

생김새

높이는 7~15m이며 주로 남부 지방의 산에서 자란다. 나무껍질은 얇게 벗겨지고 회갈색의 무늬가 있다. 어린 가지는 흰색 털이 있지만 점점 없어지고 겨울눈은 긴 달걀형이며 곁에 털이 있다. 잎은 어긋나는데 타원형 또는 달걀형이고 가장자리에 작은 치아 모양의 톱니와 뒷면에 잔털이 있다. 어린 가지의 잎겨드랑이에 흰색 꽃이 핀다. 꽃잎은 5~6장이며 가장자리에는 물결 모양의 톱니가 있다. 열매는 5각뿔 모양이며 비단 털이 있다. 개화기는 6~7월이고 결실기는 10월이다.

효능과 치료법

노각나무의 성질은 서늘하며, 맛은 맵고 쓰다.

활혈 작용

노각나무의 잔가지 또는 뿌리 20~40g을 물로 달여 먹거나 술에 담가 우려내어 먹으면, 타박상으로 어혈이 진 것을 풀어주고, 풍습(風濕)으로 인한 사지마비와 동통이 있을 때에 효과적이다.

이용법

남부지방 일부에서는 노각나무의 수액을 받아 간장병 · 위장병 · 신경통 · 관절염에 음용하기도 한다.

노각나무 수액

노각나무는 고로쇠나무나 박달나무, 거제수나무처럼 수액을 받아 마실 수 있다. 이른 봄, 잎이 트기 전에 나뭇가지를 꺾거나 나무에 상처를 내면 달콤한 맛이 나는 수액이 흘러 내린다.

04 Ternstroemia
hymnanthera Sprague

후피향나무

후피향(厚皮香)

▲ 후피향나무의 어린 잎

후피향나무의 재배

후피향나무는 그늘을 좋아하나 햇빛이 있는 곳에서도 생장이 좋다. 토양이 깊고 비옥한 곳에서 잘 자라며, 내한성은 약하지만 내조성이 강하며 공해에 잘 견딘다. 생장은 느린 편이다.

씨(種子)를 채취해 곧바로 파종하거나 매장했다가 다음해 봄에 뿌린다. 꺾꽂이로도 증식이 가능하지만 발근(發根)이 어렵다.

생김새

높이는 8m이며 지름은 20cm에 이른다. 잎은 혁질로 긴 타원형이며 끝이 둔하다. 잎 표면은 짙은 초록빛으로 윤기가 있으며 뒷면은 황록색이다. 잎자루는 햇빛을 잘 받은 곳에 있을 때는 붉은 빛이고 숲 속에서는 초록색이다. 7월에 지름 2cm 정도로 피는 꽃은 연한 노랑빛이고 잎의 겨드랑이에서 아래로 처진다. 열매는 둥글고 붉은 색으로 10월에 익는데, 상반부가 갈라져 있으며 주홍색 종자가 5개씩 들어 있다.

이용법

나무껍질은 다갈색의 염료로 사용되고, 목재는 가구재나 기구재 등으로 쓰인다.

잎과 열매는 물론 나무모양이 좋아 남부지방에서는 정원수나 공원수로 이용된다. 화분에 심어 관상수로 이용하기도 한다.

겉에 붉은 빛의 가루가 묻은 것처럼 보이는 종자에는 기름 성분이 들어 있다.

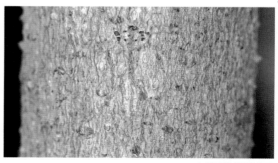

▲ 후피향나무의 수피

05 | Cleyera japonica Thunberg

비쭉이나무

홍담비(紅淡比)

이용법

목재는 건축재, 기구재, 선박재, 참빗 제조용 등으로 쓴다. 잎과 나무 모양이 보기에 좋아 남부지방의 정원수나 공원수로 이용하며 화분에 심어 관상해도 좋다. 일본에서는 가지와 잎을 신전(神前)에 사용한다.

비쭉이나무의 재배

비쭉이나무는 종가시나무, 참식나무, 동백나무 등과 함께 자란다. 내음성이 강해 그늘에서도 비교적 잘 자라는데, 습기가 적당하고 비옥한 사질양토를 좋아한다. 내한성과 내염성이 약해 중부내륙에서는 겨울을 나기가 어려우며, 바닷가 주변에서는 잎과 가지가 부분적으로 마르기도 한다.

씨(種子)를 채취하여 바로 뿌리거나 노천 매장했다가 다음해 봄에 파종한다. 여름에 녹지꺾꽂이로도 증식이 가능하다.

생김새

높이 8~10m, 지름 20~30cm에 이른다. 어린 가지는 연한 녹색이며, 나무껍질은 회갈색 또는 어두운 갈홍색으로 전체적으로 털이 거의 없다. 꽃은 양성화로 5~7월에 피는데, 처음에는 흰색 또는 연한 백홍색이었다가 연한 노란색으로 변한다. 어린 가지의 잎겨드랑이에 1~3개씩 달리며 보통 옆이나 아래로 향한다. 꽃잎은 5개로 타원형이고 길이는 6~10mm로 조금 두껍고 꽃이 필 때에 반 이상으로 넓게 벌어진다. 열매는 장과로 달걀형이고 길이는 8~10mm로 10~11월에 보랏빛을 띤 검은빛으로 익는다. 약한 광택을 띠며 완전히 익어도 벌어지지 않는다. 밑부분에 꽃받침이 남아 있다.

▲ 비쭉이나무의 열매

06 Eurya japonica Thunberg
사스레피나무
유엽차(油葉茶), 야차(野茶)

이용법
사스레피나무의 잎과 열매는 염료나 매염제로 쓴다. 옮겨심기가 쉬워 생울타리용으로 식재할 수 있다. 남부지방의 절개지나 사방지 조림에도 이용할 수 있다. 일본에서는 가지와 잎을 신전(神前)에 사용한다.

사스레피나무의 재배

사스레피나무는 숲 아래나 경사지에서 잘 자란다. 내한성은 약하지만 수분요구도가 적어 건조하고 척박한 사질 양토에서도 잘 견딘다. 내조성이 강해 바닷가 부근에서 생장이 양호하다. 그늘을 좋아하지만 햇빛이 있는 양지에서도 생장이 양호하다. 공해에는 비교적 잘 견딘다.

씨(種子)를 채취해 저장했다가 다음해 봄에 파종한다. 꺾꽂이로도 증식이 가능하다.

생김새
높이 4~7m까지 자란다. 어린 가지는 연한 녹색 또는 연한 갈색이며 약간의 털이 있으며, 묵은 가지에는 털이 거의 없다. 나무껍질은 회갈색 또는 흑회색이며 대체로 밋밋하지만 늙으면 울퉁불퉁하고 드물게 얕게 갈라지는 경우도 있다. 꽃은 단성화이지만 드물게 암술과 수술이 한 꽃에 있는 양성화도 있다. 3~4월에 묵은 가지의 잎겨드랑이에서 흰빛이나 자백색 또는 연한 황백색의 꽃이 핀다. 꽃에는 짙은 향기가 있으며, 꽃잎은 자백색으로 수꽃과 암꽃 모두 5개이고 얕은 통모양으로 배열되며 맨끝이 뒤로 약간 젖혀진다. 열매는 지름 5~6mm의 둥근꼴로 10~11월에 짙은 흑자색으로 익는다.

▲ 사스레피나무의 열매

07 Eurya emarginata Makino

우묵사스레피나무

섬쥐똥나무, 갯쥐똥나무, 빈령

이용법

열매를 염료나 매염제로 쓴다. 잎과 나무모양이 아름다워 바닷가 주변 공원의 녹화수로 이용하기도 한다. 아파트의 발코니와 공장지대에도 심을 수 있는데, 공장지대에 심을 때는 회양목처럼 녹지대나 도록의 경계면에 표식으로 이용한다.

우묵사스레피나무의 재배

우묵사스레피나무는 내조성과 내건성이 강해 바닷가의 건조한 곳에서 동백나무, 사스레피나무, 보리밥나무와 함께 자란다. 햇빛이 있는 곳에서 생장이 왕성하고 반그늘에서도 잘 자란다. 바다 바람과 대기오염 등 각종 환경에 매우 강하다. 생장은 느린 편이다.

씨(種子)를 채취해 바로 뿌리거나 모래와 섞어 노천매장했다가 봄에 파종한다. 꺾꽂이로도 증식이 가능하다.

종자는 발아율이 높기 때문에 가정에서도 종자 번식이 가능하다. 정원수로 키울 때는 통풍이 잘 되는 곳에 심어 충분한 수분을 공급하고 토양은 비옥하게 유지해야 한다.

생김새

높이는 2~6m까지 자란다. 어린 가지는 연한 갈색이고 털이 많으며, 묵은 가지는 흑갈색이다. 나무껍질은 회색 또는 흑회색이며 대체로 편평하지만 늙으면 조금 울퉁불퉁하다.

암수딴그루로 꽃은 단성화이고 4~9월에 연한 황록색이나 드물게 백자색으로 핀다. 꽃잎의 폭이 4~6mm로 잎겨드랑이에서 밑을 향해 1~3개씩 모여 달린다. 꽃잎은 모두 5개이며 보통 연한 노란빛이고 비스듬히 서서 통모양으로 배열된 달걀모양이다. 암꽃의 맨 끝은 수꽃보다 약간 뾰족하다.

열매는 둥근꼴이며 지름 5~10mm로 10~11월에 자흑색으로 익고 털이 없다. 꽃받침이 남아 있다.

▲ 우묵사스레피나무의 덜 익은 열매(좌)와 성숙한 열매(우)

산야초로 만드는 장아찌 **1**
Wild Plant Pickles

채소를 바짝 말려서 장류(간장·된장·고추장)나 식초에 절였다가, 맛이 든 것을 그대로 또는 양념해서 먹는 저장식품으로 불로 익혀 즉석에서 만드는 것도 있다.

❖❖❖ 장아찌의 재료

장아찌는 크게 채소를 이용한 장아찌, 과실과 견과류를 이용한 장아찌, 해초와 어류를 이용한 장아찌, 육류와 기타 재료를 이용한 장아찌로 나눌 수 있다.

채소를 이용한 장아찌

잎과 줄기를 가지고 만드는 장아찌의 재료는 깻잎·당귀·배추·열무·고춧잎·콩잎 등이며, **열매나 뿌리로 만드는 장아찌**의 재료는 가지·오이·노각무·무말랭이·무·풋고추·감자·고들빼기·더덕·도라지·사삼길경침장(沙蔘桔梗沈藏)·마늘·토란 등이다.

과실과 견과류를 이용한 장아찌

감장아찌·참외·천도복숭아·밤·호두 등이 있다.

해초와 어류를 이용한 장아찌

다시마·김·미역귀·우무·전복·마른 오징어·대구포·건하(乾蝦)·생해(生蟹)·북어 등이 있다.

육류를 이용한 장아찌

쇠고기 우둔살로 만드는 우둔침장, 오이·무·당근과 쇠고기를 함께 넣고 진간장으로 조린 쪽장과와 기타 두부장아찌가 있다.

❖❖❖ 장아찌의 재료별 손질법

더덕은 껍질을 벗겨 말려 꾸덕꾸덕해지면 고추장에 박는데, 물기가 하나도 없으면 질겨지므로 주의한다.

송이는 씻어서 물기를 빼고 말려서 넣는다.

무는 가을에 간장에 넣어 두었다가 봄에 씻어 고추장에 넣는다.

오이와 가지는 절여서 물기가 없도록 말려 넣는다.

풋고추는 꼭지를 조금씩 남기고 끝만 잘라 버리고(꼭지를 떼면 물이 들어간다) 씻어서 물기 없이 말려 장에 넣는데, 특히 된장에 많이 넣으면 좋다.

두부는 보에 싸서 눌러 물기를 빼서 주머니에 담아 넣는다.

마른 전복은 불려서 고추장에 넣는다.

❖❖❖ 장아찌를 담그는 방법

장아찌는 된장과 고추장에 박는 것, 간장으로 담는 것, 식초나 젓갈을 이용해 담그는 것으로 구분한다.

이 중에서 생(生) 재료를 그대로 된장에 박는 법이 일반적으로 쓰이는데, 가을에 덩굴걷이 애호박을 생으로 쓰거나 여름에 꼭지를 떼지 않고 끝만 잘라 버린 풋고추를 생으로 쓰는 방법이다.

현삼과 참살이

현삼과
참살이

01 지황

02 현삼

03 냉초

04 주름잎

05 꼬리풀

06 멀레인

07 해란초

08 폭스
글로브

09 절국대

10 물칭개
나물

11 아이
브라이트

01 Rehmannia glutinosa (Gaertner) Liboschitz

지황

생지황, 숙지황

생김새

높이 15~18cm로 밑부분에서 잎이 호생하고 윗부분에서는 잎 같은 포(苞)가 호생하며 꽃은 6~7월에 피고 화경 끝에 총상으로 달린다. 꽃받침은 끝이 5개로 갈라지며 화관은 통형이고 홍자색으로서 끝이 퍼져 5개로 갈라지며 입술형이고 4개의 수술 중 2개가 길며 원줄기, 화경, 꽃받침 및 화관에 선모가 많다.

효능

《신농본초경(神農本草經)》에는 생지황, 건지황만을 이용하였던 것으로 기록되어 있다. 당(唐) 이후에 환약(丸藥)을 만들어 쓰게 되면서 숙지황을 법제하여 이용하게 되었던 것으로 보인다.

숙지황에 대한 법제는 본초학자들보다 민간에서 더욱 활발하게 사용되었다.

《동의보감》에는 숙지황을 만드는 속방(俗方)에 기록된 내용을 소개하고 있다. 즉, 생지황을 물에 담아 가라 앉은 것을 지황(地黃)이라고 하고, 반쯤 뜨는 것을 인황(人黃)이라고 하고, 물 위에 뜨는 것을 천황(天黃)이라고 한다. 인황과 천황을 잔뿌리와 같이 절구에 짓찧어 즙을 내고, 여기에 지황을 담가 두었다가 꺼내 시루에 쪄서 말렸다가 다시 지황즙에 담가 하룻밤을 재우고 다시 햇볕에 말린다.

이러한 작업을 9차례에 걸쳐 반복하는데, 매회 증숙(蒸熟)할 때마다 찹쌀로 만든 막걸리를 뿌려 충분히 무르익게 찌고 햇빛에 말려 숙지황 빛이 검은 금빛으로 변할 때까지 만들어 약으로 쓴다고 하였다. 이와 같이 찌고 말리는 작업을 아홉차례 반복한다는 것은 곧 '구증구포(九蒸九曝)'를 의미하고 있다.

생약학적으로 지황은 'Mannit, Mannitol'이라는 서당, 과당 성분이 전화당으로 변하면서 검은색을 띠게 된다. 전화당의 함량이 많을 때는 소화장애가 생기는 부작용이 나타난다.

그러나 구증구포를 진행하는 동안 전화당이 증숙되고 부분적으로 찜통 밑에 수분에 용해되면서 흘러내려가 양이 줄어들고 질적으로 변화하면서 양질의 전화당이 되어 소화흡수가 좋아진다.

한의학적으로 생지황을 찌고 햇빛에 말림으로써 본성인 냉한 음성적인 성질이 따뜻한 온성의 성질로 바뀌고 쓴맛(苦)도 감미(甘味)로 변한다. 즉, 본성이 냉하고 청열하는 지혈성의 음성약인 생지황이 찌고 햇빛에 말리는 작업을 반복함으로써 양성의 성질을 갖는 약으로 변하여 숙지황이 되는 것이다. 숙지황은 겉으로 음성의 약성을 갖고 있지만 속에는 양성의 성질을 갖추게 된다. 때문에 숙지황은 보혈(補血), 자음(滋陰), 보신(補腎)하는 약으로 효능을 갖게 된다.

생지황

지황즙액

숙지황은 어혈을 풀어주고 해독을 하며 혈을 보하는 음식이다. 때문에 지황즙액을 음용하면 혈액 순환이 좋아지고 수족 마비와 통증이 저절로 사라진다. 또한 귀와 눈을 밝게 하고 저항력을 키워준다.

재료

숙지황 · 생지황 · 오가피 각 100g, 천문동 · 맥문동 · 천궁 · 우슬 · 진규 · 계피 각 50g, 식초 · 설탕 · 꿀 각 500g

만드는 법

1. 준비된 약재를 유리병에 넣어 식초와 설탕, 꿀을 넣고 밀봉한다.
2. 빠르게 음용하기 위해서는 병 입구를 종이로 싸서 찜기에서 1시간쯤 쪄낸 후 1주일 정도 두었다가 이용한다.

지황죽

열을 식혀 주고 진액과 혈액을 생성하며 지혈작용을 한다.

재료

생지황(또는 건지황) 50g, 멥쌀 50g, 생강 2쪽

만드는 법

1. 생지황을 달여 약즙을 낸다.
2. 멥쌀로 죽을 쑤다 익을 때쯤 약즙과 썰어 놓은 생강을 넣고 조금 더 끓인다.

주의할 점

장기간의 복용을 금하고 지황죽을 복용하는 동안에는 파, 마늘, 부추를 피한다.

건지황

지황구기수유죽(地黃枸杞茱萸粥)

매일 저녁에 식사용으로 15일간 복용하는 것을 한 번의 치료과정으로 삼는다. 간신(肝腎)과 비위(脾胃)를 보하고 음양을 조절하므로, 간신음허형 만성신염에 적합하다. 두통, 어지럼증, 시력 모호, 손발의 열과 가슴 답답함, 이명, 갈증, 불면, 허리 및 다리의 무력감, 설홍소태(舌紅少苔) 또는 엷은 설태, 맥세삭(脈細數) 등의 증상에 적합한 음식이다.

재료

생지황 20g, 구기자 20g, 산수유 15g, 멥쌀 100g, 물 2000ml

만드는 법

1. 약재를 깨끗이 씻어 둔다.
2. 생지황과 산수유에 물 2000ml를 넣어 약한 불에서 30분간 끓인 뒤 찌꺼기를 제거한 약즙을 만든다.
3. 약즙에 구기자, 멥쌀을 넣어 죽을 끓인다.

생지모근합초죽

1첩을 하루에 2~3회에 걸쳐 복용하는 방식으로 15일간 복용하는 것을 한번의 치료과정으로 삼는다. 음액을 보충함으로써 열을 내리고 지혈시키는 효과가 있다. 따라서 급성신염에 의한 갈증, 부종, 요혈, 요단백 등의 증상에 적합하다.

재료

생지황 15g, 백모근 20g, 함초 15g, 연교 12g, 팥 30g, 멥쌀 100g, 물 2000ml

만드는 법

1. 약재를 깨끗이 씻어 둔다.
2. 약재에 물 2000ml를 넣어 40분간 끓인 뒤 약즙을 만든다.
3. 팥을 씻어 반쯤 익힌다.
4. 멥쌀을 깨끗이 씻은 후에 팥과 약즙을 함께 넣어 죽을 끓인다.

02

Scrophularia ningpoensis Hemsl
Scrophularia buergeriana Miquel

현삼

원삼(元蔘)

생김새

높이 80~150㎝ 정도 자란다. 잎은 서로 마주나고 긴 달걀꼴로 가장자리에 뾰족한 톱니가 있다. 잎자루에는 간혹 날개가 있다. 8~9월에 황록색 꽃이 피며 원줄기 끝에 취산화서가 모여 긴 이삭 모양의 원추화서를 형성한다. 줄기 끝과 끝에 가까운 부분의 잎 겨드랑이로부터 기다란 꽃대가 자라나 많은 꽃이 핀다. 꽃은 항아리 단지 모양이며, 끝이 입술같은 모양으로 갈라지고 아래의 입술은 뒤로 말린다. 열매는 9~10월에 열린다. 우리나라 각처의 산지에서 나거나 밭에서 재배하는 여러해살이풀이다.

효능

현삼은 모든 신체의 기(氣)를 통솔하여 위 아래로 다니면서 시원하고 깨끗이 하며 신체 전반의 기의 흐름을 돕는다. 청열의 효능으로 열로 인한 질병이나 풍이 신체 안으로 들어와서 생기는 질병에는 그 열은 내려서 질병의 뿌리를 치료한다.

현삼은 신장에 작용하여 신장의 기능을 도와서 열이 위로 치밀어 오르는 것을 막는 동시에 음기를 보하는 작용이 있어서 신장의 기능 쇠약으로 인한 열증에 많이 이용된다.

해열작용

현삼은 고열로 진액이 손실되어 일어나는 증상과 만성 미열을 없앤다.

인후과의 요약

각종 인후염증, 인후종통에 쓴다. 뿌리를 약재로 쓰는데 개현삼, 토현삼 등의 뿌리도 같이 쓴다.

▲ 현삼(위)과 개현삼(아래)의 어린 잎

현삼의 열매

현삼산사주(元胡山査酒)

양기를 소통시키고 어혈과 담을 제거함으로써 기의 순환을 원활하게 한다.
어혈과 기체 및 담이 뭉쳐 가슴이 답답한 관상동맥경화증 환자에게 적합하다.

> 재료
> 현삼 50g, 산사(山査) 50g, 단삼(丹蔘) 50g, 과루인(瓜蔞仁) 30g, 해백(薤白) 10g, 소주 1000ml

만드는 법

1. 약재를 깨끗이 씻어 물을 뺀다.
2. 약재를 술에 넣고 밀봉한 뒤 20일 후부터 복용한다.
3. 매일 10ml씩 2~3회 복용하거나 통증이 있을 때 수시로 복용한다.

Veronicastrum sibiricum Pennell

냉초

숨위나물, 윤엽파파납(輪葉婆婆衲), 참룡검

생김새

높이 80~15cm에 이른다. 키가 크면 보통 사람의 허리 높이까지 자란다. 줄기는 곧게 서고 잎은 길이 10~15cm로 4~6개가 돌려난다. 잎의 끝이 예리하게 뾰족하며 가장자리에 잔톱니가 있다. 꽃은 7~8월에 피며 줄기 끝의 긴 총상화서에 다수의 홍자색 꽃이 조밀하게 밀생한다. 화관은 길이 7~8mm로서 통모양이며 끝이 4개로 얕게 갈라진다. 2개의 수술과 암술이 길게 화관 밖으로 뻗어 있다.

열매는 길이 2.5mm가량의 둥근 삭과이다. 중부 이북 산지의 응달진 습윤지에서 자라는 다년초로 우리나라에서는 설악산과 같은 강원도나 경기도의 깊은 산에 주로 자라고, 북한의 함경도나 평안도 같은 북부 지방

이 주된 분포지이다. 중국, 일본, 사할린, 시베리아 등지에도 분포한다.

효능

성질은 차고 맛은 쓰다. 주로 해독, 진통, 거습작용을 한다. 뿌리에는 사포닌, 잎과 줄기에는 쿠마린과 아스코르빈산 그리고 알칼로이드가 들어 있다.

약용을 할 때는 전초를 사용하며 생약명을 '참룡검(斬龍劍)'이라고도 하고, 뿌리 말린 것 자체를 '냉초(冷草)'라는 이름으로 쓴다. 이름처럼 냉증 치료에 큰 효과가 있으며 숙변을 나오게 한다. 독을 풀어 주고, 습한 기운을 없애며, 바람을 잘 통하게 하고, 통증을 멈춰 주는 등의 효과가 있어 냉대하증, 각기, 관절병 등 다양한 증상에 처방한다.

냉초 2kg을 잘게 자르고 물 5~6L에 오래 끓여 건더기를 짜서 건진 후 다시 엿처럼 고아 하루 세 번을 9~15g씩 식후에 먹는다.

▲ 냉초의 어린 잎(위)과 성숙한 잎(아래)

04 | Mazus japonicus Kuntz
Mazus pumilus (Burm. f.) Van Steenis

주름잎

통천초(通泉草)

효능과 치료법

소염, 해독, 소종의 효능이 있으며 월경이 잘 나오게 하는 통경작용(通經作用)도 한다. 월경불순, 종기, 화상 등의 질병에 치료제로 쓰인다.

잎과 줄기를 약재로 쓰는데, 선주름잎, 누운주름잎도 함께 쓰인다. 여름 또는 가을에 채취하며 생풀을 쓰거나 햇볕에 말려 사용한다.

월경불순 치료

말린 약재를 1회에 5~10g씩 200cc의 물로 뭉근하게 달여서 계속 복용한다.

종기 치료

생풀을 짓찧어서 환부에 붙이고, 화상을 입었을 때에 말린 약재를 곱게 가루로 빻아 상처 부위에 뿌린다.

이용법

봄철에 어린 순을 채취하여 나물로 이용하거나 김치에 넣어 먹는다. 쓴맛이 없으므로 나물로 할 때에는 가볍게 데쳐 찬물에 한 번 헹구면 된다. 김치에 넣을 때는 날것을 쓴다.

생김새

높이 5~20cm이다. 잎은 대생하며 도란형 또는 긴 타원형이고 끝이 둥글며 밑부분이 엽병으로 흐른다. 엽병을 함께 잰 길이가 2~6cm이며, 폭은 8~15mm로 가장자리에 둔한 톱니가 있다. 엽병은 위로 올라가면서 짧아지고 잎에 주름살이 지는 특색이 있어 주름잎이란 이름이 생겼다.

꽃은 5~8월에 피며 원줄기 끝에 몇 개씩 총상으로 달리고 소화경은 꽃받침보다 길며 짧은 털이 있다. 꽃받침은 길이 5~10mm로서 5개로 갈라지고 화관은 연한 자주색이며 가장자리가 백색이다. 열매는 둥글고 지름 3~4mm로 꽃받침으로 싸여 있다.

▲ 주름잎의 꽃받침

선주름잎
Mazus stachydifolius (Turcz.) Max.

누운주름잎
Mazus miquelii Makino

생김새

높이 30cm이다. 잎은 대생하고 긴 타원형 또는 피침형이며 끝이 둔하고 밑부분이 좁아져서 원줄기를 반정도 감싼다.

잎은 길이 3~5cm, 폭 8~15mm로서 엽맥 위에 선상의 돌기가 있고 가장자리에 둔한 톱니가 있으며 잔털이 있다.

6~8월에 피는 꽃은 연한 자주색으로 원줄기 끝의 총상화서에 달린다. 꽃받침은 길이 11mm로 밑부분이 통형이고 1/3 정도에서 넓어지면서 5개로 갈라진다. 열편은 피침형이고 3맥이 있으며 끝이 뾰족하고 길이는 9mm이다. 밑부분과 맥(脈) 위와 가장자리에 긴 백색 털이 다소 밀생한다. 화관은 길이는 15mm 정도이며 아랫부분에 돌기 같은 털이 있다.

생김새

다소 습기가 있는 곳에서 자라는 다년초로 밑에서 잎이 군생하고 높이 5~10cm의 화경이 자란다. 잎은 타원형 또는 넓은 난형이고 끝이 둔하며 엽병과 더불어 길이 4~7cm, 폭 1~1.5cm로 가장자리에 파상(波狀)의 톱니가 있다. 줄기의 잎은 엽병이 짧은데 길이는 1.5~2.5cm이다.

꽃은 5~8월에 피며 자주색이고, 총상화서에 짧은 털이 있으며 소화경이 꽃받침 보다 길다. 꽃받침의 길이는 7~10mm로 5개로 중열(中裂)되고 화관은 양순형(兩脣形)으로서 하순이 조금 크며 3개로 갈라진다. 꽃이 진 후에 포복지(葡匐枝)가 사방으로 뻗어 번식한다.

열매는 다소 둥글며 길이 4mm 정도이다.

05 Veronica angustifolia Fisch.

꼬리풀

지향(枝香), 낭미화(狼尾花)

생김새

높이는 80cm 정도로 자란다. 가지를 치지 않으며 보통 한자리에 여러 대가 서서 집단을 이룬다. 잎은 마디마다 2매가 마주하는데 간혹 서로 어긋나게 자리잡을 때도 있다. 잎의 생김새는 피침꼴 또는 줄꼴에 가까운 피침꼴로서 양끝이 뾰족하고 잎자루는 없으며, 가장자리에는 작고도 날카로운 생김새의 톱니가 규칙적으로 배열된다. 줄기 끝에서 많은 꽃이 이삭 모양으로 뭉쳐 아래로부터 위를 향하여 피어 오른다.

꽃은 지름 6mm 정도로 네 개로 갈라져서 거의 수평으로 펼쳐진다. 꽃의 빛깔은 보랏빛을 띤 하늘빛이다. 꽃이 지고 난 뒤에 많은 열매를 맺는데 열매의 생김새는 둥글면서 납작하고 꼭대기 부분이 약간 패여 있다.

효능과 치료법

꼬리풀에는 배당체 아우쿠빈과 베로니신이 들어 있다. 그 밖에 약간의 알칼로이드, 아스코르빈산, 카로팅, 탄닌질, 정유, 사포닌유 등이 포함되어 있다.

진통, 진해, 거담, 이뇨, 통경, 사하의 효능이 있는 전통 약용식물이다.

잎과 목의 점막염증, 소화불량, 답즙질환, 피부소양경감, 발의 땀 치료 등에 쓰이며, 감기, 기침, 천식, 기관지염, 신경통, 중풍, 류머티즘, 편두통, 변비, 각기 등의 질병과 월경불순, 안면신경마비에도 두루 효과가 있다. 민속의약으로서 거담제, 식욕촉진제, 강장제, 발한제 등으로 사용한다.

꽃이 필 때 전초를 채취하여 햇볕에 말리고 잘게 잘라 이용한다. 말린 약재는 1회에 2~5g씩 200cc의 물로 달여서 복용한다.

꽃을 포함한 모든 부분을 약재로 쓰는데, 산꼬리풀과 긴산꼬리풀도 함께 쓴다. 꽃이 필 때 긴산꼬리풀의 전초를 채취하여 즙액 또는 탕약으로 만들어 암의 예방과 치료에 쓰는데, 최근 긴산꼬리풀의 전초를 물에 달여서 음용하면 위암에 효과적이라는 연구 결과도 발표되었다.

또 긴산꼬리풀의 탕약은 당뇨병, 호흡기질병, 방광염, 감기에 쓰며 간장 질병에 이담약으로, 간기능 회복약으로도 이용된다.

▲ 꼬리풀의 꽃

06 Verbascum phlomoides

멀레인

베르바스쿰, 모예화(毛蕊花), 우단담배풀

을 부드럽게 해주는 효과가 있다. 때문에 예부터 멀레인은 기침을 치료하고 가래를 잘 뱉게 도와주는 약물로 이용되었다. 멕시코에서는 현재까지도 천식, 기관지염, 인후 자극 그리고 기침을 완화시키고 진정시키는 치료제로 멀레인을 많이 사용한다.

멀레인은 류머티즘 질환과 상처 치료제 그리고 이뇨제로도 사용되었으며 피부 감염과 염증, 타박상, 화상, 통풍, 귀의 감염 그리고 치질 치료 등에도 이용되었다.

멀레인을 이용할 때에는 전초를 채취하여 건조시킨 후, 150ml 끓는 물에 1g씩을 넣어 차로 음용한다. 1일 적정량은 3~4g 정도이다.

멀레인 꽃은 진정효과가 있어서 불면증 치료에 쓰이며, 이뇨작용이 있어서 비뇨기 계통의 염증을 진정시키는 데도 쓰인다.

꽃은 채취한 즉시 식물성 기름에 담가 해가 잘 드는 곳에 2주일 정도 두었다가 우려내어 류머티즘, 관절염, 타박상 등에 바르면 통증이 완화된다.

생김새

높이 1~2m이다. 잎은 어긋나고 달걀을 거꾸로 세워 놓은 모양이며 가장자리가 밋밋하고 잎과 줄기에 노란색 성모(星毛)가 빽빽이 난다. 꽃은 입술 모양이며 수상 꽃차례로 달리고 밑에서부터 핀다. 지중해 연안에 가장 많고 세계적으로 270종(種) 이상이 있지만, 원예용으로 재배하는 것은 많지 않다.

효능과 치료법

멀레인에는 사포닌, 고무질, 아구우빈, 정유 등이 함유되어 있어 거담, 진해작용이 있으며 기침, 기관지염, 천식, 백일해 등에 유용한 식물이다.

또한 다당 점액질 성분이 함유되어 있어, 호흡기 점막

▲ 멀레인의 꽃

07 Linaria japonica Miq.

해란초
유천어

효능

한방에서는 해란초나 좁은잎해란초 모두를 '유천어'라 하여 약으로 쓰는데, 해독, 청열, 소종 등에 효능이 있어 두통, 황달, 변비, 피부병, 화상 등을 치료하는 데 이용한다.

해란초의 재배

볕이 잘 들고, 물이 잘 빠지며, 모래 성분이 많은 토양에서 키우는 것이 좋다. 광선, 추위, 건조 등에 모두 강한 편이다.
증식도 비교적 쉬운데 꽃이 한 번에 피고 지는 것이 아니라 계속 피고 지며 이어지기 때문에, 씨앗을 따서 바로 뿌리면 봄에 싹이 나고, 옮겨 심은 모종이 자라나 그 해에 꽃을 볼 수 있다. 단, 씨앗은 익으면 터져 달아나므로 적기에 따야 한다.

생김새

보통 사람의 종아리 높이까지 자란다. 뿌리는 모래땅 속에서 옆으로 길게 뻗으면서 자라고 그 마디에서 새싹이 돋는다. 때문에 해란초는 한 무더기씩 줄지어 피어나는 경우가 많다. 잎은 아주 길쭉한 피침형으로 길이는 2~3cm, 폭은 1cm 정도 되고, 마주나거나 3~4개가 돌려나기도 하며 윗부분이 어긋나서 달리기도 한다. 꽃은 한여름에 피는데, 꽃잎은 연한 노란색이고 진한 노란빛이 도는 부분이 있다. 손가락 한두 마디 정도의 길쭉한 꽃이 여러 개 모여 달린다. 열매는 삭과로 둥글고 씨앗에 두꺼운 날개가 있는 것이 특징이다.
우리나라에서는 주로 동해안을 따라 남북으로 길게 분포한다.

▲ 해란초의 꽃과 잎

08 Digitalis purpurea L.

폭스글로브

· 디기탈리스

생김새

높이 1.5m로 자라는 2년초이다. 잎은 어긋나고 달걀 모양의 타원형이다. 밑부분의 잎은 잎자루가 있고 양면에 주름이 있으며 가장자리에 물결 모양의 톱니가 있다. 꽃은 7~8월에 피고 줄기 끝에서 이삭 모양으로 발달하여 수상꽃차례로 달리며 밑쪽에서 부터 핀다. 여름에 분홍색, 자색, 백색 등의 종모양의 꽃이 같은 줄기에 연이어서 아래를 향해 피는데, 꽃받침은 5개로 갈라지며 그 갈라진 조각은 달걀 모양의 바소꼴로 끝이 뾰족하다. 화관은 홍자색이고 짙은 반점이 있으며 종 모양이지만 가장자리가 다소 입술 모양이 된다. 4개의 수술 가운데 2개가 길다. 열매는 삭과로 원뿔 모양이며 꽃받침이 남아 있다.

효능

잎에는 불쾌한 냄새가 있는데, '디지톡신(digitoxin)'이란 독소가 포함되어 있는 독초로 유명하다. 현재는 '디기탈리스(digitalis)'라는 강심작용이 뛰어난 성분을 추출하는데 이 잎이 유용하게 쓰인다. 이것은 기능이 약해진 심장을 강하고 정상적으로 돌리는 효용이 뛰어나 중요한 약재가 되었다.

폭스글로브의 재배

물이 잘 빠지는 가벼운 토질과 햇빛을 좋아한다. 봄 또는 가을에 파종하면 재배가 용이하다. 종자가 매우 가늘기 때문에 미리 묘상에 뿌린다. 묘가 어릴 때는 물을 충분히 주는 것이 중요한데, 1년째 겨울이 추위 때문에 가장 말라 죽기 쉬우므로 주의가 필요하다. 2년째에 꽃을 피울 수 있으면 떨어진 종자로 자연 증식시킬 수 있다.

잎이 컴프리와 흡사하다. 여름에 긴 꽃대에 30~60cm 길이로 종모양의 핑크색에 담갈색을 띤 꽃이 자주색 줄기에 총상화서로 핀다. 꽃의 안쪽은 짙은 자색의 반점이 있다. 원예종에는 자주색, 흰색, 노란색, 분홍색의 꽃이 있다.

▲ 폭스글로브의 꽃

09 Siphonostegia chinensis Benth.

절국대

유기노초, 영인진, 음행초

생김새

높이 30~60cm로 곧게 자란다. 줄기는 윗부분에서
가지가 갈라지고 보통 흰색의 부드러운 털로 덮여 있
다. 잎은 마주나고 긴 달걀 모양이며 깃처럼 갈라진다.
갈래조각은 줄 모양이며 1~3개의 톱니가 있다.
꽃은 7~8월에 피고 노란색이며 잎겨드랑이에 1개씩
달려서 전체가 이삭 모양이 된다. 화관은 입술 모양으
로 위쪽은 겉에 긴 털이 있으며, 밑의 갈래 조각은 안
쪽에 2개의 주름살이 튀어 나온다. 열매는 삭과로서
바소꼴이며 꽃받침 안에 들어 있다.

효능

성질은 따뜻하고 맛은 약간 쓰다.

활혈 · 통경작용

절국대는 산후에 어혈이 몸속에 남아있어 복통이 생
기는 경우나, 넘어져서 생긴 타박상으로 인해 생긴
어혈에 쓴다. 비위가 허약하여 설사가 심하거나 기혈
이 모두 허약한 자는 복용을 삼간다.

지혈작용

절국대는 또 심장성 수종을 다스리는데, 이때에는 가
루로 만들어 차나 술에 넣어 복용한다. 금속에 찔려
피가 나와 멎지 않을 경우와 화상에도 가루를 내어
붙이면 효과가 빠르다. 적정량은 하루 4~12g으로 많
이 먹으면 토하거나 이질을 일으킨다.

▲ 절국대(위)와 절굿대(아래)의 꽃

143

<table>
<tr><td>10</td><td>Veronica undulata Wallich</td></tr>
</table>

물칭개나물
수고매

우리나라, 일본, 타이완, 중국 동북부, 아무르, 사할린 등지에서 서식하고 있다.

효능과 치료법

물칭개나물은 전초에 배당체 아우쿠빈, 에로니신, 사포닌, 탄닌질, 정유, 유황 등의 성분이 포함되어 있다. 봄과 여름에 전초를 채취하여 이용한다. 뿌리는 성질이 차고 맛은 약간 쓰고 매우며, 열매는 입하(立夏) 전후에 채취하여 타박상과 노상으로 인한 토혈 치료에 이용한다.

열을 내리고 습(濕)을 없애며 지혈하고 어혈을 푼다. 감기, 인후의 동통, 노상으로 인한 기침 및 출혈의 증상, 이질, 혈림, 월경불순, 산증, 타박상을 치료한다. 봄과 여름에 전초를 채취하여 건조시킨 후, 하루 12~20g을 물로 달여서 복용하거나 가루내어 충복(沖服)한다. 외용 시에는 짓찧어 도포하거나 가루내어 목에 불어 넣는다. 《구황본초》

요통, 신허(腎虛), 방광기(膀胱氣)를 치료한다. 전초를 채취하여 가루를 만들어 쓰거나 술에 넣어 우려내어 먹는다. 《귀주민간방약지(貴州民間方藥集)》

생김새

높이 약 25~90cm이며 전체에 털이 없고 줄기는 곧게 선다. 어린 싹은 가을에 발생하여 그루를 형성하고 월동한 다음 봄에 줄기를 세우며 자란다. 어릴 때에는 무리지어 자라고 잎에는 자주빛이 돈다. 잎은 마주나기 하는데, 윗부분의 잎은 긴 타원상 피침형이며 끝이 뾰족하고 가는 톱니가 있다. 잎에는 잎자루가 없고 줄기를 둘러싸며 길이 4~10cm, 폭은 1~3cm이다.

흰색 바탕에 적자색 맥이 있는 꽃이 줄기 위의 잎겨드랑이에 총상화서로 달리며, 꽃받침과 화관은 모두 4갈래이다. 열매는 삭과이며 둥근 모양으로, 지름 3mm 가량이며 끝이 오목하게 들어간다. 열매 속에는 다수의 작은 종자가 들어 있다.

▲ 물칭개나물의 꽃과 잎

▲ 물칭개나물의 꽃

풍과 열이 위로 올라와 막힌 증세, 후두가 부으며 나는 동통, 목에 생긴 연주창을 치료한다. 술에 갈아서 복용한다. 《중약대사전》

민간에서는 신선한 전초즙을 치질에, 달인액을 인후염, 궤양, 생손앓이에 쓴다. 연화제로 치핵과 종양에도 바른다. 또한 오줌내기약으로 방광 질병 및 신석증에 쓰며 항괴혈병, 선병질에도 쓴다. 전초 달인액은 설사, 적리, 피오줌에 쓰고 기타 열물내기약, 아픔멎이약, 진정약, 피멎이약으로도 쓴다.

부인의 산후 감기
물칭개나물 탕액에 설탕을 넣어 복용한다.

월경 중지
물칭개나물 37.5g, 혈파목근(血巴木根) 4g을 술에 담가 따뜻하게 해서 복용한다.

소아 산기(疝氣)
물칭개나물 20g, 쌍신초(雙腎草), 팔월과근(八月瓜根), 소회향근(小茴香根) 각 4g씩을 달여 즙을 복용한다.

편도염
물칭개나물을 그늘에 말리고 곱게 가루내서 목구멍에 불어 넣는다.

타박상, 결핵성 해수, 요통, 아랫 부분 출한(出汗)
물칭개나물을 가루내어 술에 타서 3.75~7.5g씩 복용한다.

옹종과 각종 종양
물칭개나물, 민들레 적당량을 함께 짓찧어 환부에 바른다. 또는 독각련(獨角蓮), 생지(生地)를 물칭개나물에 배합하고 다시 계란 흰자위를 넣어 진흙 모양으로 될 때까지 찧은 다음 환부에 바른다.

열매를 이용한 처방

골절과 타박상
물칭개나물의 열매 또는 충영이 붙은 열매를 술에 담그거나 술과 함께 약한 불에 달여 복용한다.

결핵성 폐병으로 인한 토혈
물칭개나물의 열매, 세초(細草), 견혈청(見血淸)을 각각 같은 양으로 가루내어 1회에 12g씩 동변(童便)과 함께 복용한다.

뿌리를 이용한 처방

풍과 열이 위로 올라와 막힌 증세, 후두가 부으며 나는 동통, 목에 생긴 연주창
물칭개나물 뿌리를 술에 갈아서 복용한다.

11 Euphrasia officinalis L.

아이브라이트

좁쌀풀, 속미초(粟米草), 황연화(黃連花)

생김새

높이 10~30cm로 자라는 1년생 초본이다. 목초지나 산지, 해변 등에서도 볼 수 있는 반기생식물(半寄生植物)로 매우 튼튼하다. 작고 하얀 꽃에 빨강, 자주의 줄무늬와 노랑반점이 있어 충혈된 눈을 연상시킨다. 꽃은 여름부터 가을까지 계속 피고 잎은 깊이 찢어져 있으며 그 사이에 꽃이 핀다. 꽃은 꽃잎이 두 장뿐이므로 별로 두드러지지 않으나 꿀이 많다.

효능

아쿠빈을 포함한 배당체, 사포닌, 탄닌, 수지, 정유 등이 함유되어 있다. 항염작용, 수렴작용, 진통작용 등이 뛰어나기 때문에 예부터 눈을 밝게 해주는 눈병의 특효약으로 쓰였다. 아이브라이트의 침출액은 안약으로 넣기도 하고 눈 위에 찜질약으로 쓰기도 한다. 피곤한 눈, 충혈된 눈, 결막염 등의 세안제로 쓰면 효과적이다. 또 빛에 민감한 눈, 다래끼, 알레르기로 인해 눈물이 나오는 증상 등에 모두 좋다. 아이브라이트는 특히 눈꺼풀의 염증인 안검연염과 결막염에 효과가 있는데, 이때는 생즙이나 우려낸 즙 몇 방울을 거즈에 떨어뜨려서 마를 때까지 눈에 단단히 대어 준다. 아이브라이트는 비염이나 상기도 염증에 치료제로도 쓰는데, 콧물이 많이 날 때는 500ml의 끓는 물에 말린 좁쌀풀을 티스푼 하나의 용량으로 넣어 우려내고 걸러서 그 물을 양치질약으로 쓴다. 입 안이나 목의 염증에도 양치질약으로 쓰면 효과가 있다.

이용법

꽃이 피기 시작하는 6월에 뿌리를 제외한 나머지 부분을 통째로 채집하고 다발로 만들어 통풍이 잘 되고 그늘진 곳에서 매달아 말리며, 부패를 막기 위해서 밀폐된 용기에 넣어 보관한다. 고산지대에서 채집된 것은 특히 약효가 더 강하다.

좁쌀풀의 재배

적지

벼 등의 뿌리에 의존하여 곧게 자라는 식물이므로 이러한 작물이 있는 곳이 재배의 적지이다. 즉, 저습지에서 타식물과의 간작형태로 재배하는 것이 바람직하다.

번식

씨로 번식하며, 봄에 파종한다.

수확

꽃이 피면 포기 전체를 따서 바람이 잘 통하는 그늘에 말려두고 이용한다.

참좁쌀풀(참까치수염)
Lysimachia coreana nakai

생김새

높이는 보통 50cm~1m에 이른다. 잎은 줄기에 돌려나거나 마주나며 타원형으로 길이가 2.5~9cm 정도되며 가장자리는 밋밋하다. 5장의 노란색 꽃잎의 끝이 호리병의 잎처럼 길쭉하게 나와 있고, 꽃잎과 암술, 수술이 만나는 지점에 새빨간 무늬가 있어 눈에 띤다. 열매는 지름 4mm 정도의 둥근 삭과이다.

우리나라에서만 자라는 특산식물로 경기도, 경상북도, 강원도 등의 깊은 산골에 습기가 있는 곳에서 자란다. 좁쌀풀과 함께 앵초과로 분류되기도 한다.

효능

한방에서는 여름에 전초를 채취하여 말려 두었다가 약으로 쓰는데 생약명은 '만도배'이다. 어혈을 없애거나 소종에 효능이 있어 타박상, 염증, 출혈로 인한 발열에 처방한다.

이용법

한 줄기에 여러 송이의 꽃이 매달려 풍성하므로 주로 관상용으로 이용된다. 술을 담가 마시기도 한다.

몸에 좋은 참살이 활용법

좁쌀풀의 꽃

좁쌀풀 우림액

좁쌀풀 우림액은 소화를 도와 주는 쓴 강장술을 만드는 데 쓰이며, 기침과 감기로 인한 쉰 목소리, 통증, 코막힘을 없애 주는 데도 사용한다.

> **재료**
> 좁쌀풀 가루 300g, 소금 약간

만드는 법

1. 2티스푼의 약초가루를 1컵 정도의 찬물에 넣고 끓인다.
2. 약 2분 동안 우려내어 걸러낸 뒤 소금을 약간 친다.
3. 1티스푼의 가루나 차를 하루에 3회씩 먹으면 효과가 증진된다. 눈병을 치료할 때는 카밀레나 히드라스티스, 회향을 섞어 차로 만든다.

산야초로 만드는 장아찌 2
Wild Plant Pickles

장아찌는 재료를 얇게 썰어 그대로 먹을 수도 있고, 참기름 · 마늘 · 파 · 고춧가루 · 깨소금 등의 양념을 넣어 무치기도 한다. 장아찌를 꺼낼 때에는 된장, 고추장이 섞이지 않도록 된장주머니나 고추장주머니의 한 쪽을 제치고, 조금씩 꺼내어 공기가 통하지 않도록 다시 잘 봉한다. 잎채소 장아찌나 더덕, 파래 장아찌 등은 물에 씻지 않고 양념한다.

❖❖❖ 무말랭이장아찌

무말랭이장아찌는 무말랭이와 말린 고춧잎을 물에 불렸다가 찹쌀풀을 쑤어 고춧가루와 갖은 양념을 함께 넣고 버무려 담은 장아찌이다.

재료 무말랭이 5컵, 고춧잎(말린 것) 1컵, 고춧가루 1/2컵, 실고추 10g, 찹쌀풀 2컵, 파(다진 것) 5큰술, 마늘(다진 것) 5큰술, 생강(다진 것) 2큰술, 물엿 1컵, 청장 1/2컵, 진간장 2컵, 소금 2큰술, 참기름 1/2컵, 통깨 5큰술

① 무말랭이는 길이 5cm, 두께 0.6cm 정도의 크기로 썰어 채반에 펼치거나 실에 꿰어 바람이 잘 통하고 햇볕이 좋은 곳에서 바짝 말린다.
② 고춧잎은 연하고 부드러운 것을 따서 끓는 물에 소금을 약간 넣고 살짝 데쳐서 채반에 널어 바짝 말린다.
③ 무말랭이와 말린 고춧잎은 씻어서 각각 찬물에 살짝 불렸다가 물기를 꼭 짠다.
④ 찹쌀풀을 되게 쑤어 놓고, 파 · 마늘 · 생강은 곱게 다진다.

⑤ 준비한 무말랭이와 고춧잎에 고춧가루와 실고추를 넣고 물을 곱게 들인 후에 파 · 마늘 · 생강 다진 것과 물엿, 청장, 진간장, 참기름, 통깨 등을 넣어 고루 섞은 후 찹쌀풀을 넣어 버무린다. 마지막 간은 소금으로 맞추고 단지에 눌러 담아 2주일 정도 익힌다.

❖❖❖ 매실장아찌

재료 매실 2kg, 소금 200g, 설탕 1kg, 고추장 2컵

① 매실을 깨끗이 손질하여 소쿠리에 건져 놓는다.
② 15% 정도의 소금물을 준비하여 4~5시간 정도 절였다가 다시 소쿠리에 건져 놓는다.
③ 매실 분량의 50% 설탕에 매실을 재워서 30일간 발효시킨다.
④ 매실을 소쿠리에 건져 2일 정도 말린다.
⑤ 항아리에 매실과 고추장을 켜켜로 담고 맨 위에는 고추장을 듬뿍 담아서 공기가 통하지 않게 밀봉하여 2개월 정도 보관한다.

제 8 장

가지과 참살이

사리풀 / 까마중 / 배풍등 / 미치광이풀 / 흰독말풀 /
고추 / 피망 / 감자 / 가지 / 토마토 / 꽈리

01 Hyoscyamus niger L.

사리풀

천선자(天仙子)

생김새

유럽 원산의 한해살이풀로 뿌리에서 난 잎은 잎자루가 있으나 줄기에서 난 잎은 잎자루가 없고 원줄기를 약간 감싼다. 꽃은 6~7월에 황색 또는 자색으로 피며 원줄기 끝에 달린다. 꽃잎은 5갈래로 나눠지는데, 깔대기 모양이고 몸통은 자줏빛으로 연녹색이다. 열매 맺는 시기는 7~9월이며 삭과로 달린다. 8~9월 열매 성숙기에 전초를 베어 햇볕에 말린 후 종자를 털어 햇볕에 말린다.

효능과 치료법

성질은 따뜻하며 맛은 쓰고 맵다. 알칼로이드와 히오스시아민, 아트로핀, 스코폴라민 등이 함유되어 있다.

알칼로이드 함유량은 뿌리에 가장 많고 잎의 알칼로이드 함유량은 개화기에 가장 많다.

보통 생잎을 그대로 쓰거나 건조시켜 부셔서 쓴다. 외용 시에는 가루를 내어 개어 붙이거나 물로 달여 상처를 닦아 낸다. 0.3g 이상이 치사량으로 일반인은 신중하게 사용하거나 되도록 사용하지 않는 것이 좋다.

위통 치료

신경성위통이나 위중다기(胃中多氣)로 통증이 있을 경우에 반하 12g, 향부자 12g, 사인 3g, 두구인 3g, 지실 12g, 빈랑 12g을 넣어 쓰는데, 이 방제는 통기 작용뿐만 아니라 지통작용도 있다. 위통의 초기에는 천선자를 쓰지 않고 격렬한 통증이 지속될 경우에만 쓴다.

생약의 알칼로이드는 선체(線體)의 분비를 억제하고 비교적 많은 양을 투약하면 위액분비를 억제한다. 작용이 과다할 때는 현저한 이완작용을 나타내기 때문에 위장경련, 인위통, 복선통, 기타 비뇨기 경련 및 뇨의 급박, 빈뇨 등의 치료에 이용될 수가 있다. 또 중추신경에 대해 현저한 진정작용을 나타내기 때문에 좋은 치료약이 된다.

진통제와 진경제로 실용되고 기관지천식 치료에도 쓰일 뿐 아니라 요도경련의 완화에도 쓰인다.

02 | Solanum nigrum L.

까마중
용규(龍葵)

효능

성질은 차고 맛은 쓰고 약간 달다. 항암제의 하나이다. 까마중에는 활리(滑利)하는 작용이 있어 탄닌이 많은 선학초, 지유와 배합하면 항암작용이 더해지고 약들의 떫은 맛을 감소시킬 수 있다. 약간의 독이 있지만 달이면 감소된다.

간암 치료

《신편중의입문》에 까마중 60g, 십대공로 30g을 하루에 1첩씩 달여 복용하라는 기록이 있다.

자궁경암

까마중 30~60g(풋것은 90~150g)을 물에 달여 3차로 분복하되 15일을 1치료 단계로 한다.

섬유육류

《중약대사전》에 까마중 60~90g을 하루에 1첩씩 달여 복용하라는 기록이 있다.

호흡기 질병 치료

꽃과 열매가 달려 있는 가을에 전체를 채집하여 말려 쓴다. 0.1~0.5g을 하루에 물 500ml로 달여 두세 번 나누어 마신다.

생김새

빈터나 텃밭, 길가에서 자라는 1년생풀이다. 유럽이 원산지로 농업이 발달함에 따라 중국을 거쳐 국내에 들어온 것으로 추정된다.

높이가 20~60cm로 윗부분에서 많은 가지가 갈라진다. 줄기는 흑자색으로 털이 없고 원줄기에 능선이 약간 있다. 잎은 넓고 달걀꼴로 길이가 3~10cm이고 가장자리에 대체로 톱니가 있다. 꽃은 8~10월에 피며 흰색으로 4~8개의 꽃으로 이루어진 총산화서는 줄기의 중간에 달린다. 꽃받침은 5개로 갈라진다. 열매는 8월부터 익는데 둥글고 검은색이다.

▲ 까마중의 꽃

해열, 기침, 기관지염과 기타 호흡기 질환에 두루 효과가 있으며, 눈병에도 효과가 있다.

이용법

덜 익은 열매는 유독하나 숙성된 열매는 약용과 식용이 모두 가능하며 잼을 만들어 먹을 수도 있다.

어린 줄기와 잎은 삶아서 우려내어 독성을 제거한 다음 나물로 먹기도 한다. 꽃이 필 때부터 가을 사이에 전초를 채취해서 쓴다.

용규 (龍葵)

까마중의 지상부나 뿌리 말린 것을 '용규'라 한다. 성질은 아욱과 비슷하나 줄기가 부드럽고 연하며, 덩굴이 지는 듯하나 덩굴은 아니며 꿈틀거리는 듯하여 이름에 아욱을 뜻하는 규(葵)와 용(龍)이 들어간다.

▲ 까마중의 잎

미국까마중
Solanum americanum

생김새

높이는 30~60cm로서 줄기는 가는 편이고 전체적으로 털이 없다. 가는 가지로 많이 갈라지면서 옆으로 퍼진다. 잎은 길이 2~4cm, 폭 1~2.5cm로 달걀 모양 또는 긴 타원형이고 어긋난다. 잎의 모양은 끝이 날카롭고 아래쪽은 쐐기꼴로 좁아진다. 잎 가장자리는 물결 모양 또는 톱니 모양으로 잎자루의 길이는 7~15mm이다.

흰색 꽃이 6~10월에 마디와 마디 사이에 옆으로 나고 2~4개의 꽃이 산형꽃차례를 이룬다. 꽃받침조각은 긴 타원형으로 끝이 뾰족하며 모두 5개이다. 수술대와 암술대에 털이 있으며 꽃밥 길이는 약 1.5mm이다. 열매는 공 모양으로 지름 5~8mm인데, 광택이 나며 아래를 향해 매달린다. 까마중과 잎차례와 꽃차례가 다르고 열매도 작다. 1992년 무렵 우리나라에 들어 온 귀화식물이다.

03 | Solanum lyratum Thunberg

배풍등
배풍동, 백모등, 백영, 비상초

생김새

제주도, 울릉도 남부와 중부 지방 산지에서 자라는 덩굴식물이다. 높이는 1.5~3m 정도로 자라고, 끝이 덩굴 같으며 줄기와 잎에는 털이 있다. 겨울이 되면 줄기는 말라 죽고 겨울을 지낸 기부(基部)가 남아 봄에 다시 자란다. 어긋나는 잎은 계란형 또는 긴 타원형이며 끝부분이 뾰족하고 밑부분은 심장 모양이다. 잎은 길이 3~8cm, 넓이 2~4cm 정도로 보통 기부에서 한두 쌍 잎 조각이 갈라진다.

7~8월에 흰 꽃이 피는데, 꽃차례는 잎과 마주나며 가지가 갈라져서 꽃이 핀다. 꽃대의 길이는 1~4cm이고 꽃받침에 둔한 톱니가 있다. 수레바퀴 모양 꽃부리는 다섯 개로 깊게 갈라지고, 꽃부리의 조각은 피침형으로 뒤로 젖혀진다. 10월에 맺는 열매는 지름이 0.8cm로 붉게 익는다. 열매를 '백영(白英)'이라고 하며 약용한다. 전초를 6~10월에 채취하여 햇볕에 말리고 썰어서 사용한다.

효능

성질은 차고 맛은 달고 쓰다. 알칼로이드 솔라닌을 함유하는 유독성 식물이나, 대추와 반 반씩 섞어 달인 액은 생쥐의 복수암에 대해 억제작용이 있었으며, 자궁경부암에 효과가 있다고 한다.

항암 · 거담 · 산어작용

배풍등은 열을 깨끗이 하고 습한 기운을 잘 다스려 몸속의 수도(水道)를 잘 정리하고 관절을 잘 소통시킨다. 또한 담을 삭이고 어혈을 없애 기(氣)를 다스리고 맺힌 것을 푼다.

《본초습유》
달여 먹으면 번열, 풍진, 단독, 장학한열을 주치한다.

《본초강목습유》
쇠고기와 함께 고아 먹으면, 여관을 지료한다.

《중국의학대사전》
수종귀전풍통, 혈임산기통, 골절풍습통, 어린이 회충복통, 이중농혈통을 주치한다.

▲ 배풍등의 꽃

04 | Scopolia japonica Max.

미치광이풀
탕근, 낭탕근

생김새

높이는 30~60cm이다. 근경은 옆으로 자라고 굵으며 줄기는 털이 없고 위에서 가지가 약간 갈라진다. 잎은 서로 어긋나고 잎자루가 있고 타원상 난형이며 가장자리가 밋밋하다.

잎겨드랑이 짙은 보라색의 꽃이 4~5월에 밑에 달린다. 소화경은 길이 3~5cm이고 꽃받침은 녹색이며 5개로 불규칙하게 갈라진다. 화관은 종 모양이며 끝이 5개로 얕게 갈라지고 길이가 2cm 정도이다. 열매는 삭과로서 원형이며 꽃이 핀 다음 자라는 꽃받침 속에 들어 있으며, 8월에 뚜껑이 열리고 종자가 나온다. 종자는 신장형이고 도드라진 그물 무늬가 있다.

효능과 치료법

종자의 성질은 따뜻하며 맛은 쓰고 독이 강하다. 잎은 성질이 차면서 맛은 쓰고 독이 강하다.

진경, 진통, 지한, 장 수렴 효능이 있어 위장통, 위산과다, 두통, 근육통, 전신마비, 옹종, 외상출혈에 쓴다. 내복 시에는 가루내어 0.3~1g를 복용한다.

마취 효과

잎에 마취 성분이 있어 효과 좋은 마취제나 최면제로도 널리 쓰이며, 치통, 방광염의 진통제로 쓰인다.

지사작용

오랫동안 계속된 설사, 이질 등을 치료하는 효과가 있으며, 탈항을 다스린다.

천식 발작 안정제

잎은 경련을 진정시킬 뿐만 아니라 천식 발작을 안정시키는 약효를 지닌다.

학질 치료제

뿌리는 잎이나 씨와 같은 작용을 하지만 특히 학질, 말라리아를 다스리는 데 탁월하다.

진경 · 진정작용

광증과 간질 등을 안정시키며 천식을 진정시킨다. 또 위통, 복통을 진정시킨다.

씨를 식초를 넣고 문드러지게 달여서 쓴다. 24절기 중 입하가 지나서 채취한 것을 말려서 약으로 쓴다.

▲ 미치광이풀의 꽃

벨라돈나
Atropa Belladonna

생김새
다년생으로 덤불같이 자라며, 가는 종모양의 갈색빛이 도는 자색의 꽃이 6~8월에 피며 체리 모양의 까만 열매를 맺는다.

효능
잎과 뿌리는 전통적으로 통증 치료, 천식 감소, 진정제로 사용되었다. 안약으로도 응용된다. 약용의 역사가 긴 식물이나 최음과 환각작용으로도 악명이 높다. 미치광이풀과 마찬가지로 환각이나 착란 증상을 일으키며, 독살에 이용되어 온 식물로 유명하다. 주로 마취, 진경제, 환각 유발제로 쓰인다.

학명은 '아름다운 부인'이라는 뜻으로 르네상스 시대의 귀부인들이 벨라도나의 즙을 눈에 넣어 눈을 크고 맑게 보이도록 하는 것이 유행이었기 때문에 이름 지어졌다. 이는 벨라도나에 함유된 아트로핀의 작용 때문으로 아트로핀으로 커진 동공은 좀처럼 원상태로 돌아오지 않거나, 아트로핀의 과잉 투여로 인한 부작용으로 눈에 장애가 남는 경우도 적지 않았다.

미치광이풀의 꽃과 잎

낭탕주

술을 따뜻하게 데워서 거즈에 적신 후, 붓고 아픈 관절 부위에 온습포한다. 관절이 붓고 아픈 것을 쉽게 가라앉힌다.

> **재료**
> 미치광이풀의 씨 · 잎 · 뿌리 300g

만드는 법

1. 미치광이풀의 씨 · 잎 · 뿌리 300g을 1800cc의 소주에 담근다.
2. 15~20여일 동안 숙성시킨다.

05	Datura metel. L. Datura stramonium L.

흰독말풀

만다라화, 양금화(洋金花)

효능과 치료법

건조된 잎에는 0.2~0.65%의 알칼로이드가 포함되어 있다. 천식과 다른 호흡 곤란을 치료하기 위하여 생약은 진통제, 기침 시럽의 성분과 진경제로 이용한다.

풍습으로 사지에 통증이 있으면 독말풀 씨를 소주에 담가 우려낸 것을 마시거나, 꽃을 말려 가루 내어 환약을 만들어 먹는다.

독말풀에 함유되어 있는 순수한 아트로핀은 눈 검사를 보조하기 위한 진경약과 산동제로 사용되며, 스코폴라민은 멀미 치료를 위한 피부 패치로 쓰인다.

파킨슨병과 고통스러운 내장 경련을 진정시키기 위한 주사제로도 이용되는데, 주사제로 이용할 때 아트로핀의 양은 1회 0.25~0.5mg이며, 1일 최대 2g을 초과해서는 안된다.

아트로핀과 스코폴라민은 무스카린성 수용체를 억제하므로 부교감신경차단제 기능을 가지며, 심장박동을 증가시키고, 평활근을 이완하며, 동공의 기능을 지연시킨다. 특히 스코폴라민에는 중추 진정, 최면 효능이 있고, 과다 복용을 시키면 몇 시간 동안 환각 효과를 이끌어 낼 수 있다.

독말풀은 독성이 아주 강한 약재로 최대 사용량은 매회 0.15g이며 1일 최대 0.45g이다. 보통 중독 증세로는 환각상태가 있으며 입술이 마르고, 목이 타고, 구토가 나고 어지럽고, 눈의 동공이 매우 커진다. 심하면 경련이 나고 혈압이 떨어지면서, 혼수상태에 들고 호흡이 정지되기도 한다.

흰독말풀과 아트로핀

가지과 식물 중에는 유독한 것이 많다. 대표적인 것으로는 미치광이풀, 흰독말풀(만다라화), 벨라도나, 맨드레이크 등이 있으며, 이 식물들은 아트로핀이나 스코폴라민과 같은 알칼로이드 계열의 성분을 갖고 있다.

아트로핀과 스코폴라민은 신경전달물질인 아세틸콜린과 비슷한 구조를 가진 물질이다. 이 물질들이 몸속에 들어가면 부교감신경의 시냅스에서 아세틸콜린 수용체와 결합하기 때문에 본래 신호를 전달하는 아세틸콜린의 작용을 방해한다. 또한 극심한 환각과 광조(狂躁)상태, 혼수상태를 유발한다. 아트로핀은 강한 독성을 지니고 있는 반면에, 신경 흥분을 방해하는 작용이 있다. 그래서 위장의 긴장을 완화하는 진통제로 이용된다.

다투라
Datura alba

생김새

높이는 1~2m이며, 잎은 어긋나고 달걀 모양이다. 6~7월에 깔때기 모양의 흰꽃이 가지 끝이나 잎겨드랑이에 한 개씩 피고, 열매는 둥근 삭과로 가시 같은 돌기가 많다. 10월에 익으며 종자가 있다. 씨와 잎은 독이 있으며 약용한다. 꽃받침은 통 모양이며, 5개의 각이 져 있다. 화관은 깔때기 모양이나 긴 통 모양으로 퍼진다. 열매는 삭과이고 4갈래로 갈라진다. 열대 아메리카 원산으로 우리나라 각처의 들, 길가나 밭에 자란다.

효능

마취, 진통, 진정, 진경, 기관지천식, 기침, 정신병, 피부병, 정창에 효과가 있다. 전초에 독이 있다.

이용법

대형 꽃이 매우 아름다워 관상용으로 많이 쓰인다.

성경에 나오는 '하늘을 나는 천사가 긴 나팔을 입에 물고 소식을 전하는 모습'이 연상된다고 하여 '엔젤스트럼펫(천사의 나팔꽃)'이라고 부르기도 한다.

다투라의 재배

간접광을 좋아하므로 직사광은 피한다. 또한 따뜻한 곳(20℃)을 좋아하며, 겨울철에는 5℃까지 견딜 수 있다.

생장하는 시기에는 규칙적으로 물을 주며, 흙이 다 마른 후에 물을 준다. 겨울에는 물 주는 횟수를 줄인다. 물을 너무 많이 주면 꽃이 피지 않으며, 꽃이 피어 있는 시기에는 토양이 마르지 않도록 주의한다. 봄부터 가을에 2주에 한 번 관엽식물용 복합비료를 주며 겨울에는 주지 않는다.

가을에는 긴 가지를 자른다. 겨울철은 휴면기이므로 5~10℃에서 건조하고 서늘하게 기른다. 봄에 분을 갈고, 긴 가지를 자르고, 물을 주기 시작한다.

새로 나온 가지를 봄이나 여름에 잘라 꽂아 번식시킨다.

06 | Capsicum annuum
고추

고추는 1719년에 설정된 캡사이쿰(capsicum)이라는 학명을 가지고 있다. 이는 라틴어의 caspa(函)나 영어의 capsule(캡슐)과 어원이 같은데, 과피가 종자를 싸고 있는 모양에서 유래되었다. 프랑스에서는 piment(피망의 어원)라고 부르며 영어에서는 칠리(chili)라는 이름이 친숙하다.

을 돋우고 소화를 좋게 하는 작용을 한다.

풋고추에는 다른 채소보다 훨씬 많은 양의 비타민C와 카로틴이 함유되어 있고, 성숙하여 붉어지면 그 양은 한층 증가한다. 고추에는 살균효과도 있는데 배추 김치에 고춧가루를 넣는 것은 그 때문이다.

이용법

제철은 여름이며, 통통하고 연하며 표면에 침과 광택이 있는 것과 요철이 없이 매끈한 것이 좋다.

보통 향신료로 사용된다. 감미종에는 매운 성분이 있는 캡사이신이 적으므로 조리거나 튀기고 구워 은근한 매운맛을 즐길 수 있다.

'응의 조' 등의 신미종은 매운맛을 이용하는 요리의 향신료로 사용된다. 중국요리의 볶음이나 파스타의 소스로 사용되는 일이 많은데, 종자를 빼고 둥글게 잘라 기름이 뜨거워지기 전에 넣는 것이 매운맛을 충분히 나오게 한다.

생김새

높이 약 60cm로 풀 전체에 약간의 털이 난다. 잎은 어긋나고 잎자루가 길며 달걀 모양의 바소꼴로 양끝이 좁고 톱니가 없다. 여름에 잎겨드랑이에서 흰 꽃이 1개씩 밑을 향해 달리는데, 꽃받침은 녹색이고 끝이 5개로 얕게 갈라진다. 화관은 접시처럼 생겼고 지름 12~18mm이다. 수술은 5개가 가운데로 모여 달리고 꽃밥은 노란색이다. 씨방은 2~3실이다. 원산지는 열대 아메리카이다.

효능

고추의 매운 맛은 '캡사이신' 이라고 하는 성분 때문인데, 이것은 혈관을 확장시키고 혈행을 좋게 하며 식욕

▲ 고추의 꽃

고추의 품종과 특성

고추는 매운맛이 있는 신미종과 매운맛이 없는 감미종으로 분류된다. 매운 것이 기본적인 품종이지만 변종으로서 맵지 않은 것이 있다.

신미종에는 건조시켜 일미나 칠미에 사용되는 '응의조'나, '본응', '팔방', '다바스코', '카이엔–페퍼' 등이 있고, 감미종에는 피망, 파프리카, '복견감장', 사자고추가 있다.

잎을 식용으로 하는 잎고추에는 '복견신'이나 '일광'이 있으며, '복견신'의 미성숙한 열매는 풋고추로 사용된다. 그 외 관상용 품종으로서 신미종에 속하는 '오색'과 '가실' 등이 있다.

최근은 국내생산이 줄어들어 중국이나 동남아시아에서의 수입이 늘고 있다. 색이 선명하고 과형이 고른 것을 선택하면 좋다.

응조(鷹爪)

칠미(七味) 등의 향신료에 사용된다.

신미(辛味)고추

미성숙된 푸른 상태의 고추가 많다.

잎고추

잎을 절임이나 자소말이 등에 이용한다.

사자고추

감미종으로 비슷한 종류로는 피망이 있다.

고추의 재배

세계 3대 향신료라고 하면 고추, 후추, 겨자를 꼽는다. 그중에서도 고추는 가장 나중에 등장하였는데, 캡사이신 성분에 의한 매운맛이 다른 두 가지와 비교하여 격이 다르고 비타민C가 풍부하며, 종자보존기간이 길어 운반하기 쉽기 때문에 후추, 겨자를 뛰어 넘어 보급되었다.

정식

정식 2주일 전에는 1㎡당 100g의 고토석회를 밭전면에 살포하고 잘 갈아 둔다. 1주일 후, 포기 간격 40cm와 깊이 30cm의 구멍을 파고 퇴비양동이 1/2, 화학비료 50g을 잘 섞어 흙에 넣는다.

정식은 늦서리 우려가 없는 5월경이 적기이다. 본잎이 10매 정도이고 줄기가 굵고 마디 사이가 가까운 건강한 묘를 택해 근분이 부서지지 않도록 하여 얕게 심는다. 물을 충분히 주고 쓰러지지 않도록 지주를 세워 느슨하게 묶어 둔다.

추비와 볏짚 깔기

비료가 끊기지 않도록 9월까지는 월 2~3회로 액비 등의 추비를 한다. 건조한 날을 싫어하므로 여름이 되면 물을 많이 주고 볏짚을 깔아 보습한다.

수확

개화 후 2개월 정도면 진한 빨강색이 된다. 포기 째 뽑아 내어 수확한다. 잎고추를 목적으로 할 때는 가지를 방임하여 잎을 무성하게 하고 2~3번과가 4~5cm 정도 자랐을 때 포기 째 뽑아 잎을 손으로 따서 이용한다.

07 | Capsicum annuum L.

피망

단고추, 파프리카

생김새

높이는 60cm 정도이고 가지가 적게 갈라지며, 잎은 7
~12cm이다. 꽃자루는 길이 2.5cm이고 화관은 지름
2~5cm, 길이 2cm 정도이다. 열매는 짧은 타원형으
로 꼭대기가 납작하고 크며, 바닥은 오목하고 세로로
골이 져 있다.

효능

비타민류가 풍부한데, 특히 카로틴, 비타민B1, 비타민
C가 많다. 비타민C는 토마토의 5배, 레몬의 2배가 들
어 있다. 녹색 피망의 색은 엽록소에 의한 것으로 완숙
함에 따라 캅산틴이라고 하는 적색 색소가 늘어나 붉
은 피망으로 변한다.

이용법

일년 내내 안정적으로 공급되는 온난성 채소로 제철
은 여름이다. 색이 진하고 광택이 있으며 반점이나
상처가 없는 것이 우량품으로 과육이 두껍고 꼭지가
단단하게 붙어 있는 것이 신선하다.

모양과 맛은 별로 관계가 없지만 구부러지거나 오목
한 것이 두껍고 요리 하기가 쉽다. 비닐봉지에 넣어
냉장고에 보관한다. 꼭지 부분에 곰팡이가 생기므로
자주 확인한다.

기름과 잘 어울리는 채소로 다량으로 함유되어 있는
카로틴은 기름과 함께 섭취하면 흡수가 잘 된다. 고
기나 채소와 볶거나 저민 고기를 넣고 끓여 요리한
다. 그 외 조림이나 무침으로도 먹는다. 빨강 피망이
나 노랑 피망은 두껍고 단맛도 강하며 색깔도 예쁘므
로 샐러드에 적합하다.

대형종은 살짝 데쳐서 샐러드나 나물로 이용하며, 흑
색 피망은 생(生)으로 이용한다.

피망의 재배

모양도 가늘고 긴 것부터 원통형, 단원통형,
원추형까지 다양하다. 추위에 민감한 채소로
온난한 기후를 이용하여 재배한다.

따스한 곳을 좋아하는 채소이므로 5월 상순
~중순에 걸쳐 묘를 구입하여 정식한다. 묘를
심으면 가지주를 세우고 충분히 물을 준다.

개화 후 15일 정도면 열매가 커지기 시작하
고 5~10일이면 선명한 녹색이 되므로 수확
할 수 있다. 수확 후 차례로 열매가 열리므로
빨리 수확하면 장기간 수확할 수 있다.

파프리카
Capsicum annuum var. angulosum

다양한 색상의 파프리카

효능

높이 60cm 정도이고 가지가 적게 갈라지며, 잎은 7～12cm이다. 꽃자루는 길이 2.5cm이고 화관은 지름 2～5cm, 길이 2cm 정도이다. 열매는 짧은 타원형으로 꼭대기가 납작하고 크며, 바닥은 오목하고 세로로 골이 져 있다. 중앙아메리카 원산이다.

응용법

최근에는 한국에서도 샐러드용 등으로 많이 사용되어 일 년 내내 생산되고 있다. 높은 온도에서 재배되므로 겨울철에는 남부지방이나 가온장치가 되어 있는 재배실에서 재배한다.

우리나라에는 피망을 개량한 작물이 '파프리카'라고 알려져 있기 때문에 피망과 파프리카가 다른 것으로 인식하는 경향이 있다. 일반적으로 매운맛이 나고 육질이 질긴 것을 피망, 단맛이 많고 아삭아삭하게 씹히는 것을 파프리카라고 부른다. 둘을 아울러 '단고추' 라 하기도 한다.

파프리카피클

재료
파프리카 400g, 물 2컵, 소금 1/2컵, 식초 1/2컵
양념장 : 물 1/2컵, 식초 1/2컵, 소금 2큰술, 물엿
1큰술, 설탕 2큰술

만드는 법

1. 파프리카를 세로로 2등분하여 씨를 제거하고 깨끗이 손질한 다음 소금물을 끓여 식힌다.
2. 1에 식초와 파프리카를 1주일 정도 절여 둔다.
3. 물, 식초, 소금, 물엿, 설탕을 넣고 살짝 끓여 조미액을 만든다.
4. 소독한 항아리에 절여 둔 파프리카를 담고 조미액을 붓는다.
5. 2～3일에 한 번씩 조미액을 따라 식힌 후 다시 붓기를 2～3회 반복하여 보관한다.

08 Solannum tuberosum L.

감자

마령서(馬鈴薯), 북감저(北甘藷)

생김새

안데스 산맥이 원산으로 온대지방에서 널리 재배한다. 높이는 60~100cm이고 독특한 냄새가 난다. 땅속에 있는 줄기마디에서 기는줄기가 나오고 끝이 비대해져 덩이줄기를 형성한다. 덩이줄기에는 오목하게 팬 눈자국이 나 있고, 그 자국에서 작고 어린 싹이 돋아난다. 땅위줄기의 단면은 둥글게 모가 져 있다.
잎은 줄기의 각 마디에서 나오는데, 대개 3~4쌍의 작은잎으로 된 겹잎이고 작은 잎 사이에는 다시 작은 조각잎이 붙는다. 6월경에 잎겨드랑이에서 긴 꽃대가 나와 취산꽃차례를 이루고 지름 2~3cm 되는 별 모양의 5갈래로 얕게 갈라진 엷은 자주색 또는 흰색의 꽃이 핀다. 꽃이 진 뒤에 토마토 비슷한 열매가 달린다.

감자는 지하경의 각 마디에서 나온 포복지 끝이 비대하여 괴경이 된 것으로 색이나 크기, 모양은 품종에 따라 다양하다. 포기는 높이 50cm~1m이고 특유의 냄새가 있다.

효능

다른 곡류와 달리 비타민C가 풍부하고 단백질의 균형, 단백질에 대한 아미노산의 균형이 잘 맞으며 무기질과 비타민의 함유량은 단일식품으로서는 계란 다음으로 높다. 주성분은 전분인데 비타민B1이나 C, 식이섬유 등도 많이 들어 있어 곡물과 채소의 중간 작용을 한다.
비타민C가 많아 '밭의 사과'라고 할 정도인데, 가열에 의한 손실이 적어 시금치는 3분만 데쳐도 절반으로 줄어드는데 비해 감자는 40분간 쪄도 3/4의 비타민C가 남는다. 비타민B1, B6와 칼륨도 많은데, 감자의 칼륨은 체내의 염분(나트륨)을 배설시키는 작용을 하므로 고혈압 환자에게 효과적이다.

이용법

5~6월에 출하되는 햇감자와 11~2월에 출하되는 겨울감자가 좋다. 표피에 광택과 침이 있고 얇으며 모양이 포동포동한 것이 우량품이며 껍질에 주름이나 상처가 있는 것이나 요철이 많은 것은 피한다.

▲ 감자의 꽃과 잎

감자는 수확 후 3개월 정도는 휴면 기간이 있어 발아하지 않는다. 싹이 나온 것은 그 기간이 지난 것으로 양분이 손실되어 맛이 없다. 싹에는 솔라닌이라는 독소가 들어 있어 먹으면 복통이나 위장장해, 현기증 등의 증상이 나타나는 일이 있다.

따라서 싹이 나오지 않은 것을 택하고 싹이 나오면 칼로 도려내고 요리한다.

햇감자는 씻어서 껍질을 벗기지 말고 그대로 삶거나 조리며, '남작'은 파삭파삭한 감자이므로 쪄 먹거나 고로케 등에, '메이퀸'은 삶아도 부서지지 않으므로 카레나 스튜 등 삶는 요리에 적합하다. 껍질을 제거한 후에는 공기에 접하며 검게 변하므로 곧 물에 헹군다. 통풍이 잘 되고 서늘한 곳에 보관한다.

감자의 품종과 특성

감자는 고구마와 반대로 더운 아시아에는 적합하지 않지만 추운 유럽에서는 재배가 적당하고 황무지에도 재배할 수 있다. 단위면적당 수확량이나 1일 1ha 단위의 수확량이 모두 전체 작물 중에서 가장 많다. 이러한 성질로 인해 감자는 유럽에 정착하여 프랑스, 러시아, 아일랜드 등 여러 나라의 빈곤과 기아를 구해 인구증가의 한 가지 원인이 되었다.

메이퀸(May Queen)

영국 원산종이다. 장란형 황백색으로 육질은 치밀하고 연한 황색이다. 이름은 유럽의 전통행사인 '오월제의 여왕'에서 유래하였다.

남작(男爵)

북아메리카 원산으로 일본에서는 1928년부터 장려품종이 되었다. 구형이고 황백색으로 육질은 하얗고 분질이다.

감자의 재배

씨감자 준비

씨감자는 반드시 종묘검정을 마친 것으로 재배시기에 맞는 품종을 구입한다. 싹이 잘 나오도록 위에서 아래쪽으로 세로로 칼을 넣어 40~50g 크기로 잘라 나눈다.

두둑 만들기

정식 반달 전에 1m²당 약 50g의 고토석회를 뿌리고 밭 전체를 갈아엎고 그 일주일 후에 두둑을 만든다. 60~70cm마다 고랑을 파고 기비를 넣고 4~5cm의 간토를 한다.

정식

미리 투명비닐을 깔아두어 지온을 높여 둔다. 간토한 고랑에 절단면이 밑으로 가도록 씨감자를 20~30cm 간격으로 놓고 7~8cm 복토한 위를 가볍게 밟아 나간다. 발아 후 늦서리 피해를 막기 위해 북주기를 하거나 부엽토, 왕겨, 퇴비 등을 뿌려 싹을 보호한다.

싹 따기

하나의 씨감자에서 싹이 여러 개 나오므로 10cm 정도 자라면 튼튼한 싹을 2~3개만 남기고 다른 싹은 밑에서 따 낸다.

추비와 북주기

싹을 따낸 후와 2주일 후 두 번, 1m²당 약 50g의 화학비료를 추비로 사용한다. 추비는 각각의 장소에 하고 두둑 사이의 흙을 가볍게 파서 북을 준다.

수확

개화 후에 아래쪽 잎이 황색으로 마르기 시작하면 1포기 파서 감자가 굵어졌는지 확인하고 맑은 날에 수확한다.

09 Solanum melongena L.

가지
가자

생김새

높이는 60~100cm로, 식물 전체에 별 모양의 회색털이 나고 가시가 나기도 한다. 줄기는 검은 빛이 도는 짙은 보라색이다. 잎은 어긋나고 달걀 모양이며 길이 15~35cm로 잎자루가 있고 끝이 뾰족하다.
꽃은 6~9월에 피는데, 줄기와 가지의 마디 사이에서 꽃대가 나와 여러 송이의 연보라색 꽃이 달리며 꽃받침은 자줏빛이다. 열매의 모양은 달걀 모양, 공 모양, 긴 모양 등 품종에 따라 다양하며 한국에서는 주로 긴 모양의 가지를 재배한다.

효능

당질이 많으나 비타민, 미네랄의 함유량은 적다.

가지의 색을 내는 것은 안토시아닌계 색소로 알루미늄, 철이온과 반응하면 안정된다. 절임독에 오래된 못이나 구운 명반을 넣는 것은 이 때문이다.

이용법

제철은 초여름부터 가을이다. '가지색'이라고 말할 정도로 선명한 색이 신선도를 구분하는 중요한 요소인데, 흑자색이며 털과 광택이 있는 것이 양질의 것이다. 손상이나 주름이 있거나 갈색으로 변해 있는 것, 색이 바랜 것은 피한다. 또한 꼭지의 크기에 비해 열매가 작으면 미숙하다는 증거이므로, 꼭지가 검고 절단면이 싱싱한 것으로 바늘이 있고 또 단단하여 아플 정도면 신선한 것이다. 건조하기 쉬운 채소이므로 보 랩에 싸서 냉장고에 1주일 정도 보존할 수 있다.
조리고 굽고 볶고 무치는 어떠한 요리에도 적합하다. 떫은 맛이 강해 절단면이 변색하기 쉬우므로 썰었을 때 곧바로 물에 헹군다. 가지는 기름과 잘 어울리는 채소이므로 볶음요리를 하면 좋다. 된장볶음이나 튀긴 가지에 된장을 발라 굽는 것이 일반적인데 그라탕이나 치즈볶음, 카레볶음, 토마토조림 등 서양풍 요리에도 잘 어울린다.

▲ 가지의 꽃

가지의 품종과 특성

소환(小丸)가지
껍질이 부드럽고 종자가 적다. '민전'이나 '줄우소가지' 등의 재래품종이 있다. 고추절임 등으로 유명하다.

장(長)가지
과실 길이는 20~25cm 정도이다. 여러 지역에서 다량으로 재배되고 있다. 껍질은 비교적 단단하지만 과육은 부드러워 구워 먹는다.

중장(中長)가지
장란형으로 일본에서는 이 종류의 가지가 주류이다. 여기에는 품질이 우수한 '물(水)가지'가 포함된다.

미(米)가지
미국종으로 개량한 품종으로 꼭지 색이 녹색인 것이 특징이다. 육질이 단단하고 삶았을 때 흐물흐물해지지 않아 조림, 구이, 볶음용으로 사용되고 있다.

청(靑)가지
안터시아닌이 형성되지 않고 엽록소가 있는 종류이다. 과피는 담록색으로 약간 단단하고 과육이 치밀하여 조림에 이용된다. 모양이 다양하다.

백(白)가지
안토시아닌이 형성되지 않고 엽록소가 없는 종류이다. 최근 생식에 적합한 것이 개발되었는데 관상용으로서 화분에 심는 경우가 많다.

가지의 재배

정식
묘를 구입하여 정식하는 것이 일반적이다. 묘는 잎과 잎의 간격이 붙어 있고 줄기가 굵으며 전체적으로 짱짱한 묘가 좋다. 재배 기간이 길기 때문에 병에 강한 접목묘를 구입한다. 저온을 만나면 포기가 약해지므로 서리 우려가 없어지는 5월 중순경에 정식한다. 묘는 포기 간격을 60cm 정도로 약간 높게 심고 물을 충분히 준다. 정지가 끝날 때까지 지주를 세워 둔다.

기르는 방법
주지와 그 밑에서 나온 세력이 좋은 가지 3줄 이외는 모두 따 낸다. X자 모양으로 지주를 세우고 좌우에 두 줄씩 유인한다. 남겨진 4줄 이외에 액아가 나오면 즉시 제거한다. 물주기는 표토가 건조하면 적절히 행한다. 7월 하순에 주지의 1~2싹을 남기고 따 낸다. 작업을 마치면 반드시 추비하고 물을 충분히 준다.

추비
정식 후 매월 두 번 꼴로 1㎡당 140g의 화학 비료를 시용한다. 비료 끊김이 일어나면 꽃이 피어도 열매가 달리지 않는다.

수확
6월 중순경부터 열매가 나오기 시작한다. 60g 정도가 수확의 기준으로 수확이 늦어지면 포기가 약해지고 열매도 단단해져 맛이 떨어진다. 일찍 따는 것이 좋다.

천가자(가시돌감자)
Solanum indicum

가지장아찌

효능과 치료법

성질이 차고 맛이 쓰다. 잎, 열매, 종자를 약으로 쓴
다. 비연(鼻淵)을 다스린다.

솔라닌(Solanin)이 열매에는 0.1%, 잎에는 0.02% 들
어 있다.

유암 궤양

잎을 건조시키고 가루 내어 고압 소독을 한 다음, 궤
양면에 뿌리고 가제로 싸맨다. 하루에 1~2차 약을
바꾼다. 생리식염수로 창면을 깨끗이 씻은 뒤에 약가
루를 뿌린다. 약가루가 새살과 정상 피부에 닿지 않
도록 하는 것이 습진이나 피부염의 염려가 없다.

농종이 궤하여 터진 경우에는 천가자 잎을 가루 내어
뿌린다. 《복건중초약》

어혈을 흩어 종양을 삭이고 소염(消炎)하여 지통한다.
인후염, 편도선염, 임파결핵, 위통 등을 다스린다. 위
통에 천가자 뿌리를 9~15g씩 달여 복용한다. 《상용중
초약수책》

가지장아찌

재료

가지 10개, 소금, 간장 5컵(진간장 4컵, 국간장
1컵), 설탕 3큰술, 고춧가루 4큰술, 대파의 흰
부분 3개, 홍고추 3개

만드는 법

1. 가지는 가늘고 작은 것을 골라 물에 씻어서
   꼭지를 따 놓는다.
2. 씻은 가지는 세로로 3~4cm의 십자 칼집을
   내어 소금물에 데친다.
3. 데쳐진 가지를 베보자기에 싸서 무거운 돌로
   눌러 물기를 짠다.
4. 분량의 간장과 설탕을 넣고 끓여 식힌 뒤,
   고춧가루와 대파 흰 부분, 홍고추를 2cm로
   썰어 섞은 뒤 가지의 칼집 넣은 곳에 넣는다.
5. 통에 가지런히 놓고 국물을 끼 얹어 준다.
6. 먹기 좋게 잘라 양념을 얹어 낸다.

167

10 Lycopersicon esculentum Mill.

토마토

효능

토마토의 적색 성분은 '리코핀'이라고 하는 색소로 비타민A 효과는 소량이지만 카로틴 양은 많은 편이다. 토마토에는 비타민C도 풍부하며 지방의 소화를 돕는 비타민B6, 루틴, 철 등도 함유되어 있다. 특히 루틴은 비타민C와 함께 작용하여 혈압을 낮추는 역할을 한다.

이용법

초여름부터 가을까지 출하된다. 붉은색이 진할수록 잘 익은 것으로 껍질이 광택이 있고 둥글고 모양이 좋다. 또 붉은 색이 균일한 것, 꼭지가 단단하게 붙어 있고 시들지 않은 것이 신선하다. 요철이 있거나 각진 것은 속이 비어 있다.

랩으로 싸서 냉장고에 보존하는 데 너무 저온이면 맛이 떨어진다. 청색인 것은 실온에서 익히면 좋다.

생(生)으로 샐러드를 하거나 조림, 파스타 소스에 이용한다. 중국요리에서는 볶음으로도 사용된다. 완전히 익으면 끓는 물을 끼얹어 껍질을 벗기고 냉동해 둔다. 이것을 통조림 대신 이용할 수 있다.

생김새

높이 약 1m이다. 가지를 많이 내고 부드러운 흰 털이 빽빽이 난다. 잎은 깃꼴겹잎이고 길이 15~45cm이며 특이한 냄새가 있다. 작은 잎은 9~19개로 달걀형이나 긴 타원형이며 끝이 뾰족하고 깊이 패어 들어간 톱니가 있다.

꽃이삭은 8마디 정도에서 시작하여 3마디 간격으로 달린다. 5~8월에 노란색으로 피는데, 한 꽃이삭에 여러 송이가 달린다. 꽃받침은 여러 갈래로 갈라지며 갈래 조각은 줄 모양의 바소꼴이다. 화관은 접시 모양으로 지름 약 2cm이고 끝이 뾰족하며 젖혀진다. 열매는 장과로서 6월부터 붉은빛으로 익는다.

▲ 토마토의 꽃

토마토의 품종과 특성

네덜란드산 송이토마토
직경 약 4cm의 소형토마토로 네덜란드에서의 수입된 종류이다.

도태랑
완숙토마토의 대명사로 포기 위에서 익고, 수확하고 나서도 과육이 단단하여 변질이 느리다. 단맛이 강하고 신맛도 적절한 인기 품종이다.

황수
진기한 노랑색의 완숙 토마토이다. 과중은 270g의 대옥으로 과육부가 많다. 신맛이 적고 달며 독특한 풍미가 있다.

퍼스트
'도태랑' 등의 완숙형이 보급되기 전에 겨울~봄철에 출하되던 대표 품종이다. 끝이 뾰족한 것이 특징이고 하우스에서 재배한다. 과육이 많고 달며 맛이 좋아 인기가 있는 품종이다.

산마르조노종
퓨레, 주스, 케첩이나 통조림 등의 가공용으로 사용되는 과육이 단단한 품종이다. 지주가 없는 밭에서 완숙 후에 하나씩 따 낸다.

토마토의 재배

정식
구입묘를 정식하는 것이 일반적이다. 5월 상순경에 꽃이 달린 본잎 7~8매의 묘를 선택한다. 줄기 굵기는 연필 정도가 좋고 가능하면 병에 강한 접목묘가 좋다. 정식 2주일 전에 1㎡당 화학비료 80g, 유박·용성인비 각 150g, 석회질비료 100g으로 퇴비를 주고 잘 갈아 둔다.

한줄심기라면 폭 80cm, 두줄심기라면 폭 150~160cm, 높이 20cm의 두둑을 만들고 다시 화학비료 70g과 퇴비를 섞어 둔다. 퇴비는 합계 3~4kg이 필요하다. 포기 간격은 45cm 정도로 정식한다. 꽃이 통로쪽으로 향하도록 하고 약간 얕게 심는 것이 좋다. 정식 후에는 물을 충분히 준다. 또 150cm 정도의 지주를 세우고 느슨하게 매 둔다.

기르는 방법
잎 아래의 액아는 빨리 따 낸다. 열매가 맺히기 시작하면 탁구공 크기일 때 적과하여 4~5개로 한다. 화방이 5~6단이 되면 그보다 위에 있는 잎은 2매 남기고 적심한다. 흙이 건조와 가습을 반복하면 착과가 나빠지므로 일정한 수분을 유지하도록 멀칭을 해 주면 좋다.

수확
개화 후 40일 정도 지나면 수확할 수 있는데 이때는 아직 신맛이 강하다. 50일 정도되어 진한 빨강이 되면 단맛이 강해 맛이 좋다. 아침에 수확하면 새 등의 피해를 막을 수 있다.

11   Physalis alkekengi var. francheti

꽈리
등롱초, 산장근(酸漿), 덩굴꽈리, 땅꽈리

생김새

높이는 40~90cm이고 털이 없으며 땅속뿌리가 길게 뻗어서 번식한다. 잎은 한 군데에서 2개씩 나고 그 틈에서 넓은 주머니 모양의 꽃이 핀다. 5~7월에 황백색의 꽃이 취산꽃차례로 피며, 꽃받침은 짧은 통 모양으로 끝이 5개로 얕게 갈라지고 가장자리에 털이 있다. 화관은 약간 누런 빛을 띤다. 지름이 약 1.5cm 정도로 자라면 가장자리가 5조각으로 다소 갈라지고, 꽃이 핀 다음 꽃받침은 길이 4~5cm가 되면서 주머니 모양이 되는데 열매를 완전히 둘러싼다. 열매는 둥글고 익으면 붉은색으로 변한다. 9~10월에 열매가 익으면 지름이 1.5cm 정도 되는데 식용이 가능하다.

꽈리와 비슷한 이름을 가진 '땅꽈리'가 있다. 땅꽈리는 속명으로 '밭꽈리'라고도 하는데, 꽈리와 같은 가지과의 한해살이풀이지만, 전체에 털이 있고 열매가 익어도 녹색을 띤다.

효능

청열 작용이 있어 체내 습기와 열을 내린다. 상기, 천식, 기침을 다스리고 가래를 없앤다. 또한 통풍, 피부 습진, 인후가 붓고 아플 때, 아구창(입안이 헐어 생기는 병), 백후(디프테리아) 증세가 시작되는 초기에 쓰면 효과를 볼 수 있다.

이뇨 · 사하 작용

대변 및 소변불리, 부종, 이질, 소아 쇠약증에 쓴다.

최산 작용

자궁을 튼튼하게 하고, 순조로운 출산을 촉진한다.

열을 다스리고 제번(除煩)하며 통임지붕한다. 난산으로 포의가 나오지 않는 경우에 열매를 넘기면 바로 해산한다. 《본초도해》

초장(醋漿), 한장(寒漿), 산장초(酸漿草) 등의 이름으로 기록되어 있다. 주로 해열, 이뇨, 양혈, 진해 등에 쓰였다고 한다. 《신농본초경》

▲ 꽈리의 잎

열을 제거하고 폐를 맑게 하며 기침을 고친다고 하여
해열, 이뇨, 진해제로 기록되어 있다. 특히 어린이의
감병(疳病)에 약이 된다고 하였다. 아울러 부인의 태
열난산(胎熱難産)을 고친다고도 한다. 이것이 나중에
는 낙태약으로 둔갑하게 되었다. 《본초강목》

이용법

꽈리에는 덩굴꽈리, 꽈리, 땅꽈리 등이 있으며 잘 익
은 열매는 꿀에 재어서 꽈리정과를 만들었다. 꽈리는
아프리카와 남미에도 여러 종류가 있는데 그 중 식용
꽈리는 잼이나 젤리로 이용한다.

> 학명 Physalis는 그리스어의 낭(囊), 즉 방광을 뜻
> 하며 열매를 싸고 있는 껍질에서 비롯된 이름이
> 다. 꽈리의 뿌리는 '산장근(酸漿根)'이라고 한다.
> 꽃받침이 커진 주머니에 열매가 싸여 있어, 그 모
> 양이 촛불을 켜 두는 등롱과 비슷하다는 뜻에서
> '등롱초'라고도 한다.

▲ 땅꽈리의 잎과 열매

꽈리의 열매

산장주

해수와 천식에 효과가 좋다.

> **재료**
> 익은 꽈리 300g, 소주 1800cc

만드는 법

1. 잘 익은 꽈리 300g을 흐르는 물에 씻는다.
2. 마른 행주로 물기를 닦고 소주 1800cc에 담가
   공기가 들어가지 않도록 밀봉하여 냉암소에
   보관한다.
3. 1개월 동안 숙성시킨 다음, 건더기는 걸러 내어
   버리고 1회 20cc씩, 1일 2회 공복에 음용한다.

산야초약술 만들기
Medicinal Liquor

약술의 목적은 약효이다. 약술은 알코올 도수가 낮을수록 색이 진하고 추출액의 양이 많아지며, 알코올 도수가 높을수록 색도 담백하고 추출액의 양도 적다. 과실주의 경우 30도의 알코올이 적당하며, 생약은 건조되어 있으므로 25도의 알코올이 좋다.

❖❖❖ 약술에 쓰이는 생약의 손질

생약은 잘게 썰어져 있는 것이 알코올에 녹을 수 있는 면적이 커지므로 효과적이다. 씨앗이나 작은 열매는 잘게 부수지만, 분말과 같이 입자가 작아지면 술이 탁해지고 혀의 촉감과 맛이 떨어지기 때문에 주의한다. 생약 가운데 벌레나 이물질이 섞이지 않도록 술을 담그기 전에는 반드시 종이 위에 펼쳐 놓고 검사를 한다.

❖❖❖ 약술에 첨가되는 감미료

약술에 사용하는 감미료는 주로 순도가 높고 맛이 부드러운 설탕을 쓴다. 더불어 벌꿀이 쓰이는데, 벌꿀에는 과당과 포도당이 거의 같은 양으로 들어 있어 위장에 부담을 주지 않고 흡수도 빠른 편이며, 10종류 이상의 비타민과 미네랄이 들어 있어 약효를 강화시켜 준다. 단, 벌꿀에는 독특한 냄새가 있으므로 전체 감미료의 3할 정도만 차지하도록 한다.

❖❖❖ 약술 담그기와 마무리

① 종이 위에 생약을 펼쳐 놓고 벌레와 이물질을 가려 낸 다음, 잘 씻어 말린 유리 용기에 넣는다.

② 생약 1에 소주 10할 분량을 넣는다.

③ 생약은 바닥에 가라앉는 것과 위로 떠오르는 것에 관계 없이 모두 쓰며, 용기를 가볍게 흔들어 떠 있는 생약 속에 술이 잘 스며들게 한다.

④ 완전히 밀봉하여 직사광선이 비치지 않는 서늘한 곳에 보관한다.

⑤ 가끔 용기를 흔들어 주면서 10일 정도 익힌다. 색깔은 호박색에서 적갈색 또는 흑갈색이 가장 많으며, 4~5일이 지나면 더 이상 진해지지 않는다.

⑥ 잘게 자르지 않은 생약이나 덩이뿌리 종류는 함유된 성분이 잘 녹아 나오지 않으므로 20~30일 정도 숙성시켜야 한다. 이때에는 처음 10일 정도 숙성시킨 상태에서 뚜껑을 열고 생약의 1~2할 정도 남기고 꺼낸 후 감미료를 넣는다.

❖❖❖ 약술의 숙성

숙성은 저온에서 천천히 진행되는 것이 가장 바람직하며, 이상적인 온도는 여름일 경우 15~20℃, 겨울에는 10℃ 정도이다.

대극과 참살이

대극과
참살이

| 01 대극 | 02 개감수 | 03 등대풀 | 04 아주 까리 | 05 깨풀 | 06 속수자 | 07 여우 구슬 |
| 08 굴거리 나무 | 09 땅빈대 | 10 사람주 나무 | 11 예덕 나무 | 12 오구 나무 | 13 유동 나무 | 14 파두 |

01 | Euphorbia pekineinsis Rupr.

대극

생김새

전국 산야의 볕이 잘 드는 풀밭에서 자라는 여러해살이풀이다. 높이는 80㎝ 정도로 땅속줄기는 비대하다. 줄기는 곧게 서고 잔털이 있으며 밑둥에는 흔히 가지가 갈라지고, 자르면 흰 유액이 나온다. 잎은 어긋나고 잎자루는 없으며 길이는 5~8㎝이다. 가장자리에 작은 톱니가 있다. 양면에 털이 없고 표면은 진녹색, 뒷면은 흰빛으로 중앙맥의 흰색이 뚜렷하다. 줄기 끝에 5개의 잎이 방사상으로 돌려나고 5개의 가지가 우산형으로 갈라진다. 가지마다 총포엽과 배상화서가 달린다. 총포엽은 넓은 난형 또는 난상 원형이며 배상화서의 선체는 긴타원형이고 검은 다갈색이다. 꽃은 6월에 핀다.

열매는 삭과로서 사마귀같은 돌기가 있으며 종자는 넓은 타원형이며 겉이 밋밋하다. 대극의 뿌리는 고르지 않은 긴 원추형으로 조금 구부러졌고 곁뿌리가 난 것도 있으며, 길이는 10~20㎝이다. 성질은 단단하고 좀처럼 꺾이지 않으며 향기가 있다

효능과 치료법
강한 사수작용
대극의 사수작용은 매우 강하기 때문에 효과가 빨리 나타난다. 따라서 사하가 일어나면 곧 투약을 중지하고 증상을 보아 다시 복용시킬 것인지를 결정해야 한다. 일반적으로 4g을 복용시킨 후 사하상태를 잘 관찰해야 하며 많은 양을 복용하는 것은 좋지 않으므로 다른 온보약으로 전환해서 치료하는 것이 좋다.

각종 창양중독 치료
발적, 종창, 열감의 증상이 갑자기 나타나면, 많은 양을 찧어 천화분 가루를 조금 가미한 후 식초를 조금 넣고 약하게 끓여 환자의 상처에 바른다. 하루에 한 번씩 새 약물로 바꾸어 준다.

▲ 대극의 열매

이용법

대극의 뿌리를 그대로 잘게 썰어서 사용하거나 식초에
볶아 사용한다.

▍암대극
Euphorbia jolkini Boiss.

▲ 민대극의 꽃봉오리(위)와 꽃(아래)

생김새

우리나라에서는 남해안에서 드물게 자라며 대개 바닷
가 바위 틈에 몇 포기씩 무리지어 자생한다. 크기는 대
극보다 약간 작고 잎은 대극과 마찬가지로 어긋나게
달리지만 돌려나는 것처럼 보인다.

산형화서의 꽃차례 자루는 5개인 대극보다 많다. 꽃잎
이 없는 작은 꽃들은 이른 봄에 피어나며 수꽃은 수술
만 있고 암꽃은 암술과 수술이 함께 있다. 작은 꽃을
보호하는 잎처럼 생긴 기관이 발달한다.

이용법

가을에서 다음해 봄 사이에 뿌리를 채취하여 햇볕에
말린 후 사용한다.

▲ 붉은대극의 꽃

02 Euphorbia sieboldiana M. et D.
개감수

생김새

높이는 20~40cm이며 털이 없고 자르면 흰 유액이 나온다. 가늘고 긴 원기둥 모양이다. 뿌리는 수염뿌리로 옆으로 뻗는다. 잎은 서로 어긋나고 잎자루가 없으며 좁고 긴 타원형이다. 길이가 3~6cm이며 가장자리가 밋밋하다. 잎의 모양은 방추형 또는 긴 타원형으로 길이가 3~9cm이다. 원줄기 끝에서 5개의 피침형 잎이 돌아나며 그 윗부분에서 가지가 5개로 갈라진다. 총포엽은 녹색이다.

꽃은 녹황색으로 여러 송이의 수꽃과 한 송이의 암꽃이 있다. 암꽃에는 암술이 1개, 수꽃엔 수술이 1개 있으며 암술대는 길고 끝이 2갈래진다. 열매는 9월에 익는데 삭과로 둥근 모양이며 광택이 난다.

효능과 치료법

뚜렷한 이뇨효과

유독성이 있다. 감수에 함유된 유효 성분은 물에 녹지 않으므로 사용 시에는 미세한 분말로 하여 캡슐에 넣거나 환제, 산제로 사용한다. 아주 소량만 사용하여도 확실한 이뇨효과를 나타낸다.

간경변, 만성 신염의 복수 제거

감수 분말 1g을 사용하면 복수를 완해하는데 좋은 효과를 거둘 수 있다. 또는 감수 1.5g, 사향 0.5g을 짓찧어 매일 한 번 배꼽 구멍에 붙인다.

중풍 치료

주로 뇌혈전에 의해 담(痰)이 많아져 뱉기가 어렵고 변비가 생기는 증상에는 감수 가루 1~2g을 우유에 잘 혼합하여 복용하면 화담과 통변의 효과를 얻을 수 있다.

신경성 피부염

가려움증이 멎지 않으면 감수 가루를 바른다. 음낭 습진에도 사용한다.

식도암

감수 15g, 운남목향 3g(허약체질은 1.5g)을 가루로 만들어 술에 넣어 먹는다.

▲ 개감수의 꽃

03 Euphorbia heliscopia L.

등대풀

택칠(澤漆), 오풍초, 묘아안정초

생김새

두해살이풀로 높이는 30cm 내외이고 가을철에 나와 다음 해에 무성해진다. 줄기를 자르면 흰 유액이 나오고 대개 밑에서부터 가지를 치는데 한 자리로에서 여러 대의 줄기가 나온다. 가지가 갈라지는 끝부분 아래에서 5개의 잎이 서로 어긋나게 돌려난다. 잎자루는 없다. 잎 모양은 계란꼴 또는 주걱꼴이고 끝이 둥글고 오목하며 가장자리에 무딘 잔 톱니가 있다. 잎이 고양이의 눈동자와 비슷하다 하여 '묘아안정초'라 한다. 둥글게 배열된 5매의 잎 가운데에서 4~5대의 꽃대가 자라나 그 끝에 몇 장의 작은 잎에 둘러싸여 꽃이 핀다. 꽃은 4~5월에 줄기 위쪽에서 갈라진 가지 끝에 배상화서로 달리며 노란빛이 도는 녹색이다.

열매는 지름이 3mm 정도인 구형의 삭과로 3갈래진다. 씨는 갈색이고 겉에 그물 모양의 무늬가 있다.

효능과 치료법

성질은 차며 맛은 맵고 쓰다. 전초에 사포닌이 들어 있어 약용 시에는 해열제, 이뇨제, 구충제로 쓰인다. 종자는 콜레라의 치료제로, 종자유는 하제(下劑)로 쓰인다. 주된 효능은 담을 삭히고 열을 내리며 기침을 멈추고 벌레를 죽이는 것이며, 대장과 소장을 돕는다. 주로 수종, 오줌이 잘 나오지 않는 증세, 기침, 결핵성 임파선염, 골수염, 이질, 대장염 등에 쓴다.

잎과 줄기를 함께 약재로 쓰는데, 꽃이 피는 4~5월에 채취해서 햇빛에 말려 사용한다. 말린 약재는 1회에 2~4g씩 1일 6~12g의 용량을 200cc의 물로 달이거나 가루로 빻아 복용한다.

자궁경암 치료

택칠 100g, 달걀 3개를 하루 1첩씩 약물로 섭취한다.

위암 치료

택지 120g, 정력·대황 각 60g을 곱게 가루 내어 졸인 꿀과 함께 오자대의 환(丸)을 만든다. 이것을 2알씩 하루에 3번 먹는다.

이용법

봄철에 연한 줄기와 잎은 나물로 먹을 수 있으나, 독성이 있고 맛이 맵고 쓰므로 데쳐서 쓴물을 충분히 우려낸 후에 먹는다.

04 Ricinus communis L.

아주까리
피마자(蓖麻子)

생김새

열대 지방이 원산지로 우리나라 각처에서 재배하는 한해살이풀이다. 높이는 2m이다. 줄기는 원기둥 모양이고 잎은 서로 어긋난다. 잎자루가 길며 방패 같으며 잎은 손바닥 모양으로 5~11개로 얕게 갈라진다. 갈래는 달걀 모양으로 끝이 뾰족하고 날카로운 톱니가 있다. 2~3m에 이르는 붉은 줄기는 속이 비어 있고 마디가 있다. 뿌리는 고르지 않은 구형 또는 원추형으로 길이가 3~8cm이다. 때로는 2~4갈래로 갈라져 부정형인 것도 있다. 바깥면은 엷은 황갈색 또는 회갈색을 띠며 위쪽에는 드물게 줄기의 잔기가 남아 있고, 아랫면에는 많은 뿌리 자국이 작은 돌기를 이룬다. 자른 면은 치밀하며 회갈색이다.

꽃은 8~9월에 피는데 암수한그루이며 원줄기 끝에 길이가 20cm 정도의 총상화서가 달린다. 연한 노란색인 수꽃은 밑부분에 달리고 붉은색 암꽃은 윗부분에 모여 달린다.

열매는 삭과로 9~10월에 열린다. 겉에 가시가 나고 3개의 방이 있으며 각 방에 씨가 1개씩 들어 있다. 가을에 열매가 성숙하면 종자를 채취하여 햇볕에 말린 후 씨앗만 사용한다. 열매의 껍질에는 가시가 많고 열매 속에는 알록달록한 씨앗이 있다.

효능

피마자유는 통변 효능약으로 잘 알려져 있다. 뿌리와 잎의 수포(찜질약)는 상처, 까진 데, 화상에 민속의약으로 사용된다.

변비 해소

피마자유와 벌꿀을 반 반씩 섞은 다음 뜨겁게 하여 조금씩 자주 마신다.

소화불능과 급체 해소

우유 반 잔에 피마자유를 넣어 끓인 다음 설탕을 타서 조금 식힌 뒤에 복용한다.

중풍으로 인한 반신불수 치료

피마자유 한 되와 술 한 말을 구리 그릇에 넣고 끓여서 뜨거울 때 조금씩 마신다.

두통 해소

피마자와 유황을 같은 분량으로 섞은 뒤 짓찧은 다음 소금을 조금 넣고, 눈초리끝과 귓바퀴 사이에 움푹 파여 있는 태양혈에 붙이면 통증이 사라진다.

중풍으로 인한 안면신경마비 치료

입과 눈이 비뚤어지는 구안와사가 오면 피마자를 짓찧어 도인과 계란 흰자를 더해서 고약을 만들어 환측에 붙인다.

▲ 아주까리의 꽃

아주까리 나물과 부각

아주까리 나물은 잎이 억세지기 전에 따서 데친 후에, 두 장씩 잎줄기를 묶어 빨랫줄에 걸어 말려 건채로 보관한다. 이를 필요할 때 푹 삶아서 나물로 먹는데, 참기름을 몇 방울 뿌려 먹기도 한다.

아주까리는 부각으로도 이용한다. 가을볕에 만드는 것이 좋으므로 가을에 만들어 겨울에 찬거리로 이용한다. 부각을 충분히 만들어 잘 보관하면 일 년 내내 이용할 수도 있다. 부각을 만들 때에는 찹쌀가루로 걸쭉하게 죽을 끓이며 간을 맞춘 후, 살짝 데친 아주까리 잎을 담가 건조시킨다. 아주까리뿐만 아니라 우엉잎, 배추잎, 들깨잎, 국화잎으로도 부각을 만들 수 있다. 최근에는 깨끗하게 준비한 비닐 위에다 잎을 펴 놓고 찹쌀 옷을 입히지만 예전에는 볏짚을 정갈하게 깔고 그 위에 죽풀에 담근 잎을 펴 널었다.

소아 단류 치료
피마자 5개를 껍질을 제거하고 밀가루 1스푼과 함께 짓찧어 아픈 곳에 붙인다.

임파선암과 임파육류 치료
껍질을 벗긴 피마자와 천규를 반반씩 섞어 약탕관에 넣고 반나절 달인 후 빈 속에 먹으면 병이 점차 사라진다.

이용법
피마자는 머릿기름뿐만 아니라 염료, 윤활유 등 여러 방식으로 열매를 이용하였다. 잎이 대마초와 비슷하여 '비마', '피마'로 불린다.

▲ 아주까리의 잎(위)과 열매(아래)

05 Acalypha australis L.

깨풀
철현채(鐵見菜)

생김새

높이 20~40cm이며, 잎은 장타원형 또는 광피침형으로 어긋난다. 화서는 잎겨드랑이에서 1~5개가 생기는데, 위쪽에 숫꽃이 수상으로 달리며 그 기부에 총포로 둘러 싸인 암꽃이 달린다.

꽃은 8~10월에 핀다. 암꽃의 화피는 3심열이며 자방은 둥글고 털이 있으며 암술대는 3개이다. 열매는 삭과로 지름이 3mm이며 털이 있고, 종자는 넓은 난형으로 흑갈색이며 길이 1.5mm이다.

효능

전초에 Acalyphine을 함유하고 있으며 약용한다. 열을 내리고 해독하며 식체를 해소하고, 지리(止痢)와 지혈의 기능이 있다. 장염, 이질, 소아의 소화불량, 간염, 학질, 토혈, 코피, 자궁출혈 등에 내복한다. 외용시에는 독창, 종기, 습진과 피부염 등에 쓴다.

이용법

어린 순을 나물로 이용한다.

쐐기풀의 고대 그리스어 이름인 'Akalephe'이 변형되어 속명이 되었다. 이같은 종류의 잎이 쐐기풀의 잎과 닮았기 때문에 이름이 붙여졌다. 종소명은 '남쪽의' 라는 뜻을 의미하는데, 이것은 이 식물이 '남방계(南方系)' 임을 나타낸다.

▲ 깨풀(위)과 쥐깨풀(아래)의 꽃과 잎

06 Euphorbiae Lathyridis Semen

속수자

천금자(千金子), 낭독(狼毒)

생김새

지중해와 서남아시아 원산의 약용식물이다. 줄기의 높이는 1m 내외이며 털이 없다. 자르면 진이 나오는데 짙은 녹색이며 흰 가루로 덮인다. 잎은 밑에서는 어긋나고 위에서는 마주나며 가장자리가 밋밋하다.

꽃이 달리는 마디의 잎은 포(苞)이고 꽃과 같이 보이는 것은 꽃이삭이며 여름에 핀다. 열매는 삭과로 둥글고 지름은 1 cm 정도이며 3개의 능선이 있다. 타원형 또는 원형으로 길이 5~6mm, 직경 3~4mm이다. 바깥면은 회갈색의 무늬가 있으며, 조금 거칠다.

중국의 하북·하남·절강성이 주산지이며, 절강성 항주에서 가장 많이 생산된다.

생속수자는 타원형 또는 난원형이며 표면은 회갈색이고 망상(網狀)의 주름과 갈색의 반점이 있다. 종피는 얇고 바삭바삭하며 내표면은 회백색이고 광택이 있다.

효능

성질은 따뜻하고 맛은 맵다. 한방에서는 기름을 짜고 난 찌꺼기를 이뇨제로 쓰고, 부종·복수·월경불순 및 식중독 등의 증상에 사용한다. 위장에 대한 자극이 강한데, 피마자유보다 3배 정도 강한 효과를 낸다. 종자는 독성이 강하고 식물체의 즙액이 피부에 닿으면 물집이 생기므로 주의해야 한다.

속수자 효능은 대극 및 감수와 비슷하다. 《개보본초(開寶本草)》에는 '혈결월폐(血結月閉)를 치료하며, 악체물(惡滯物)을 내린다.'고 하였으며, 《증치준승(證治準繩)》에서는 '속수자환(續隨子丸)은 전신에 물(水)이 정체되고, 불쾌한 수종을 치료하는 데에 효과가 있다.'고 하였다.

이용법

독성이 있기 때문에 다량으로 사용하여서는 안 된다. 생속수자 원약재의 불순물을 제거하고 강한 햇볕에 쪼인 다음 껍질을 제거하고 종인(種仁)을 취하여 이용한다. 종인(種仁)인 속수자상(霜)은 연황색의 분말이며 약간의 유성이 있고 맛은 맵다.

속수자상(霜)

속수자인을 찰흙처럼 곱게 연쇄하여 천으로 단단하게 싼 다음 증열하여 압착한 후 기름을 제거한다. 약물이 부드럽고 서로 붙어서 병(餠)이 되지 않을 때까지 계속한다. 양이 적은 것은 파쇄하여 흡유지로 여러층 싸서 가열한 다음 반복적으로 압착하면서 흡유지를 바꾸어 주고 기름 흔적이 없을 때까지 한다. 병 또는 항아리에 담아 그늘지고 건조한 곳에 보관한다.

속수자의 독성

속수자에는 독이 있기 때문에, 거유제상(去油製霜)하면 지방유의 양이 뚜렷하게 감소하고 사하작용이 완화되는 동시에 독성을 줄일 수 있다.

생것을 수종, 담음, 적체창만, 대소변불리, 어혈경폐에 사용한다. 속수자는 지방유를 40~45% 함유하고 있으며 위장에 자극성이 있어 준사(峻瀉)작용을 일으킨다.

낭독(오독도기)
Euphorbia pallasii Turcz

생김새

높이 60cm 정도로 자란다. 잎은 가장자리가 밋밋하고 맨 아래의 잎이 막질의 담갈색 비늘처럼 된다. 표면은 녹색이고 뒷면은 담록색이며 주맥이 뚜렷하다. 꽃은 5~6월에 피며 황색이다. 열매는 지름 5mm가량으로 둥글며 6~7월에 익어 3조각으로 갈라진다.

효능과 치료법

맛은 쓰고 매우며 독이 있다. 예부터 담음과 징하를 다스리는데 사용하였다.

충저(蟲疽)와 나병을 다스린다. 《본초통현》

급심복견증, 양협하의 기결에 낭독 60g, 선복화 30g, 포부자 60g. 가루로 하여 졸인 꿀로 오자대의 환(丸)을 지어 2~3알씩 먹는다. 《보결주후방》

임산부는 금기하고 위궤양(만성) 환자는 주의해서 이용한다. 《고원중초약수책》

낭독, 계혈등, 이미, 반지련 등으로 주사약을 제조하여 20~40ml에 5%의 포도당을 섞어 하루에 한 번 정맥에 주사하거나 정제로 제조하여 쓴다. 위암 말기 환자의 증상을 가볍게 하였다. 《중약대사전》

낭독의 품종과 특성

낭독의 원식물은 여러 가지인데, 일반적으로는 아래의 3가지를 들 수 있으며 모두 뿌리를 쓴다.

낭독대극 Euphorbia fischerina
낭독으로서 한국 각지에서 자란다.

서향대극 Stellera chamaejasme
팥꽃나무과의 서흥닥나무로 황해도 이북의 서흥 등지에서 자란다.

월선대극 Euphorbia ebiacteolata

07	Phyllanthus urinaria L.

여우구슬

엽하주(葉下珠), 진주초(珍珠草)

여우구슬의 잎과 꽃

생김새

밭이나 풀밭에서 자라는 한해살이풀이다. 줄기의 높이는 15~40cm이고 붉은빛이 돌며 가지가 퍼진다. 가지에 좁은 날개가 있고, 잎은 어긋나며 2줄로 달려서 깃꼴겹잎같이 보인다. 밑부분에 달걀을 거꾸로 세운 모양의 삼각형 잎이 몇 개 있다. 잎은 타원형이고 끝이 둥글며 가장자리가 밋밋하다. 잎 뒷면은 흰빛이 나며 잎자루는 짧다. 꽃은 7~8월에 피며 적갈색이다. 화피는 6개, 수술은 3개, 암술은 1개이다. 열매는 삭과로 편구형이며 자루가 없고 적갈색이다. 여우주머니와 비슷하지만 열매에 자루가 없는 것이 다르다.

진주초차

여우구슬의 건조한 잎을 '진주초' 라고 한다.

> 재료
> 진주초 15g, 적당량의 물

만드는 법

1. 진주초 15g을 부직포에 넣는다.
2. 생수나 질 좋은 지하수를 2L 정도 준비한다.
3. 물 2L와 진주초 건초 15g을 스텐레스 용기나 약탕기를 이용하여 중간불에서 물 2L가 1L 정도 되도록 달인다.
   (쇠그릇이나 알루미늄그릇은 되도록 피한다)
4. 냉장고나 시원한 곳에 보관하고 여름철에는 상하지 않도록 주의한다.
5. 하루 2~3회를 음용하며, 상태에 따라 횟수를 조절한다.

효능과 치료법

성질은 서늘하며 맛은 달고 쓰다. 여름과 가을에 채취하여 햇볕에 말린다. 전초에 페놀 성분과 triterpenes 성분이 함유되어 있다.

일반적으로 간과 폐에 작용한다. 간기를 평하게 하고 열을 제거하며, 소변이 잘 나오게 하고 해독하는 효능이 있다. 때문에 장염, 이질, 전염성 간염, 신염으로 인한 수종, 요로 감염, 명목, 수아의 감적, 화안목옹, 구창두창, 무명 소종 등을 치료한다.

하루 20~40g, 신선한 것은 40~80g을 달이거나 즙을 내어 복용한다. 외용 시에는 찧어서 환부에 바른다.

설사를 치료할 때는 신선한 전초 80~120g 또는 말린 것 40~80g을 깨끗이 씻은 후, 500ml의 물을 넣고 200ml가 되도록 달인다. 이것을 매일 1첩씩 아침 저녁으로 복용한다.

▲ 여우구슬의 잎

▌여우주머니
Phyllanthus ussuriensis R.et M

생김새

전국 각처의 풀밭이나 밭둑에서 자라는 한해살이풀로 줄기는 가늘고 비스듬히 서며 높이는 15~40cm이다. 원줄기와 가지에 잎이 달리고 가지에 좁은 날개가 있거나 줄이 있다. 잎은 서로 어긋나는데 양면에 털이 없고 가장자리가 밋밋하여 잎자루가 없다.

꽃은 6월부터 10월까지 핀다. 황녹색이고 잎겨드랑이에 1개씩 달리며 암꽃과 수꽃이 구별된다. 수꽃은 꽃받침 조각이 4~5개이고 2개의 수술이 있으며, 기부에 4~5개의 꿀샘이 있다. 암꽃은 꽃받침 조각이 6개, 암술이 1개이며 암술대는 3개로 갈라지고 각각 다시 2개로 갈라지므로 마치 6개 같이 보인다.

열매는 삭과로 납작한 구형이며 연한 황녹색이고 표면이 매끄럽다. 씨는 황갈색이고 짙은 갈색 반점과 더불어 세로로 짧은 줄이 있다.

08 Daphniphyllum macropodum

굴거리나무
교양목, 만병초

효능
한방에서는 잎과 줄기 껍질을 습성늑막염 · 복막염 · 이뇨 치료에 쓰며, 민간에서는 즙을 끓여 구충제로 쓴다.

이용법
주로 정원수로 이용한다.

> 굴거리나무는 한자로 '교양목' 이라고 부르는데, 이는 새잎이 난 뒤에 묵은 잎이 떨어져 나간다는 의미에서 지어진 이름이다.
> 우리나라에서는 큰굴거리나무를 보기가 힘들며, 굴거리나무의 잎이 만병초라는 나무와 닮았다고 해서 '만병초' 라고도 부른다.

생김새
산기슭과 숲속에서 자라며, 높이는 7~10m이다. 잔가지는 굵고 녹색이지만 어린 가지는 붉은빛이 돌며 털이 없다. 잎은 타원형으로 어긋나고 가지 끝에 모여 나며 길이는 12~20cm이다. 잎 표면은 진한 녹색이고, 뒷면은 회색빛을 띤 흰색이다. 잎맥은 12~17쌍으로 고르게 나란히 늘어서고 붉은색 또는 녹색의 긴 잎자루가 있는데 잎자루 길이는 3~4cm이다.
굴거리나무는 가지가 굵고 잎이 가지 끝에 모여 있는 것이 특징이다.
우리나라 및 중국, 일본 등에 분포하고 있다. 우리나라에서는 남쪽 해안 지대와 제주도, 전라도의 내장산 · 백운산 등 따뜻한 지방에서 자란다.

▲ 굴거리나무의 잎(위)와 열매(아래)

09 Euphorbia humifusa

땅빈대
비단풀, 지금

생김새

1년생 초본으로 줄기는 직립하며, 높이는 20~60cm
이다. 어릴 때는 편측적(片側的)으로 털이 있으나 성숙
하면 털이 없어진다. 잎은 마주나기이며 짧은 잎자루
가 있고 장타원형이다. 잎 뒷면이 백록색이며 털이 없
고, 잎 윗면은 청록색으로 길이는 1.5~3.5cm, 폭은
0.6~1.2cm이다. 가장자리에 톱니가 있고 끝은 뾰족
하며 기부는 비대칭을 이룬다.

꽃은 6~9월에 피는데, 화서는 가지의 분기점과 가지
끝에 성기게 달리며, 총포는 도원추형으로 4개의 녹색
선체(線體)가 있다. 암술대는 3개이며 깊이 두 갈래로
갈라진다. 열매는 난형체로 지름이 1.8mm이고 털이
없고 밋밋하다.

우리나라의 중부와 남부지방에서 자라며 지리적으로
북아메리카, 유럽, 아시아, 호주, 뉴질랜드 등지에 분
포한다.

효능

전초에 플라보노이드와 gallic acid, myoinositol이
함유되어 있으며, 잎에는 탄닌이 12.89% 함유되어
있다.

파혈지혈(破血止血)

혈맥을 통류시키고, 혈을 산하게 하며, 혈을 그치게
할 수 있다. 때문에 '혈견수(血見愁)'라고도 부른다.
맞거나 넘어져서 생긴 출혈을 치료할 수 있으며, 혈
리로 하혈하는 증상과 혈결로 인한 붕중을 치료한다.

속명 'Chamaesyce'는 그리스어 chamai(지면, 낮
은, 왜소한)와 Syke(무화과나무)의 합성어인
'Chamaisyke'에서 나온 말로 열매의 모양에서
이름 지어졌다.
종소명은 '반점(斑點)이 있는' 또는 '얼룩진'이라
는 뜻이다.

땅빈대의 종류

땅빈대에는 3가지가 있는데, 큰땅빈대는 키가
20~60cm까지 자란다. 땅빈대와 애기땅빈대에 비
해 잎이 크고 키가 높이 올라오며 삭과에 털이 있으
므로 구분할 수 있다. 애기땅빈대(애기점박이풀)와 땅
빈대(점박이풀)는 땅에 바짝 붙어서 자란다.
개화기는 땅빈대와 큰땅빈대가 8~9월이며 애기땅
빈대는 6~8월이다. 모두 여름, 가을에 채취하여 햇
볕에 말려 이용한다.

10 Sapium japonicum Pax et Hoffm.

사람주나무

신방나무, 쇠동백나무, 여자나무

생김새

수피는 녹회백색이며 오래된 줄기는 얇게 갈라진다. 암수한그루이고 줄기 끝에 이삭 모양의 꽃이 총상화서로 달린다. 화서의 길이는 10cm정도이고 윗부분에는 수꽃이 다수이며 밑부분에 몇 송이의 암꽃이 달린다. 수꽃은 3갈래의 꽃받침이 있으며 수술은 2~3개이고, 암꽃은 3갈래의 꽃받침이 있으며 암술대가 3개, 자방이 3실이다.

잎은 호생하고 타원형, 난형 또는 도란상 타원형이다. 끝이 뾰족하고 길이 7~15cm, 폭 5~10cm이며 가장자리는 밋밋하다. 잎자루의 길이는 2~3cm로 털이 없다. 탁엽이 일찍 떨어지고 어린 가지와 엽병은 자줏빛이 돌며 자르면 유액이 나온다.

열매는 3개의 껍질로 되어 있고 둥근 모양의 삭과이다. 우리나라의 전라도, 경상도, 충청남도 등에서 자라며 일본, 중국에 분포한다.

효능과 치료법

변비 해소
열매를 볶아 기름을 짜서 소량씩 복용한다.

기생충 제거
건뿌리 10g에 물을 700ml 정도 붓고 달여 마신다.

이용법
높이가 작아서 가로수로는 부적합하지만, 수피의 색과 자태가 깨끗하여 조경수로서의 가치가 크다. 가을에 단풍이 아름다워 정원수나 공원수로도 적당하다. 종자는 기름을 짜서 식용, 도료용, 등유용으로 사용한다. 봄에 연한 어린 잎을 삶아서 찬물에 하룻밤 우려낸 다음 매콤한 장에 쌈을 싸 먹는다. 열매는 기름을 짜서 먹는다. 3개로 갈라지는 껍질 안에 3개의 씨앗이 들어 있는데 이것으로 기름을 짜서 아마유(亞麻油) 대용으로 사용한다. 뿐만 아니라 천연 염료, 천연 페인트의 원료로도 이용된다.

사람주나무의 재배

양지와 음지 모두에서 자라는 중용수이다. 비옥하고 습기있는 사질양토에서 잘 자란다. 가을에 익는 종자를 채취하여 노천 매장 후 이듬해 봄에 파종한다. 내한성, 내공해성, 내조성, 해풍, 이식력은 비교적 강하고 내음성은 보통이나 건조에 약하다. 바닷가쪽으로는 전국적으로 식재가 가능하나 난대성수종이므로 내륙에서는 천안 이남이 적당하다.

11 Mallotus japonicus Muell. Arg

예덕나무

야동피(野桐皮)

생김새

남부 지방의 바닷가에서 흔히 자라는 목본식물로 높이가 10m에 이르고 나무껍질은 세로로 갈라진다. 어린 가지는 별 모양의 털로 덮여 있고, 붉은빛이 돌다가 회백색으로 변하며 가지가 굵다. 잎은 달걀 모양으로 어긋나기를 하며 길이는 10~20cm로 표면에 은적색의 선모가 있다. 뒷면은 황갈색으로 선점이 있고 3개로 갈라지며 잎자루가 길다.

꽃은 6월에 가지 끝에서 피며, 수꽃은 모여 착생하는데 50~80개의 수술과 3~4개로 갈라진 담황색의 꽃받침이 있다. 암꽃은 각 포에 1개씩 착생하고 수가 적다. 열매는 삭과이며 지름이 8mm 정도의 세모꼴 공 모양으로 10월에 익는다.

효능과 치료법

줄기껍질과 잎을 약재로 사용한다. 베르갑텐, 루틴, 벨게닌, 말로프레놀 등의 성분이 함유되어 있다.

수피는 특히 함암제로 많이 사용하고 장염제, 식욕증진제, 살균제, 해독제, 진통제로도 쓴다. 위궤양이나 담석증 치료에도 효과적이다.

타닌을 다량 함유하고 있어서 수렴작용이 강하고 위암, 치질, 종기 등에도 효과가 있다. 줄기껍질 10g에 물 700ml넣고 약한 불에서 반 이하로 달인 액을 아침과 저녁으로 식후 복용하거나 가루로 만들어 가루약으로 복용한다.

수피와 잎 모두 한여름에 채취한 것이 가장 좋으나 계절에 상관없이 채취하여 깨끗하게 다듬은 후 햇볕에 말려 사용한다. 수피는 초여름의 생장기에 칼로 세로 자국을 내어 두면 잘 벗겨지는데, 햇빛으로 잘 건조시켜 잘게 썰어서 사용한다.

이용법

예덕나무의 순은 나물로 먹을 수 있다. 이른 봄철에 빨갛게 올라오는 순을 따서 소금물로 데친 다음, 물로 헹구어 떫은 맛을 없애고 잘게 썰어 참기름과 간장으로 무쳐서 먹으면 좋다.

▲ 예덕나무의 잎

12 | S. sebiferum L.

오구나무

조구나무

생김새

높이는 15m 정도까지 자란다. 나무껍질은 회갈색이며 세로로 불규칙하게 갈라진다. 잎은 어긋나며 약간 두껍고 네모진 달걀형으로 끝이 길게 뾰족하며 가장자리가 밋밋하다. 암수한그루로 가지 끝의 총상꽃차례에 연노란색 꽃이 피는데, 윗부분에 10~15개의 수꽃이 달리고 밑부분에는 2~3개의 암꽃이 달린다. 종자는 대개 둥근 모양이고 흑색이며 백납이 덮여 있다. 개화기는 6~7월이고 결실기는 8~10월이다. 원산지는 중국이며 우리나라 남부 지방에서 관상수로 심는다.

효능과 치료법

성질은 따뜻하고 맛은 맵고 쓰며 독이 있다.

잎을 '오구엽', 종자를 '오구자', 뿌리 및 줄기 껍질을 '오구목근피' 라고 하여 모두 약용한다. 오구나무 잎은 수시로 채취하여 햇볕에 말려 이용할 수 있는데, 잎이나 줄기 등을 꺾으면 유즙이 나온다.

옹종, 정창, 옴, 유방염, 타박상, 육고기를 먹고 체한 데, 어혈, 각선, 습진, 변비, 뱀에 물린 상처, 질염 등을 치료한다. 또 소변이 잘 나오게 하며 살충과 해독의 효능이 있다.

하루 6~15g을 물로 달여서 복용하거나 짓찧은 즙을 술에 타서 복용한다. 외용약으로 쓸 때는 생잎을 짓찧어 바르거나 달인 물로 씻는다. 그러나 허약 체질일 경우에는 복용을 금한다.

> ### 오구나무 이용시 주의점
>
> 오구나무의 젖빛 수액, 잎, 열매에는 독이 있다. 종자를 잘못 복용하면 오심, 구토, 복통, 설사, 입안 건조 등을 일으킨다. 또한 두통, 예안, 이명증, 불면증, 가슴불쾌감, 심한 해수, 목구멍 가려움증, 냉한 등이 발생할 경우도 있다. 《남방주요유독식물》

▲ 오구나무의 열매

13 Aleurites fordii Hemsl.

유동나무
유동자(油桐子)

생김새

잎은 호생으로 자라고 잎자루는 길다. 심장형 또는 원형의 모양으로 끝이 뾰족하고 길이가 12~20cm, 폭은 8~16cm 정도이다. 윗부분이 얕게 3갈래이고 표면은 털이 없으며 뒷면은 녹백색이다. 장상맥의 밑부분에는 갈색 털이 밀생하고 양면에 황갈색 털이 있다가 맥 위에만 남는다. 가장자리는 밋밋하다.

꽃은 5월에 피며 암수한그루이고 흰색이며 원추화서는 가지 끝에 붙는다. 수꽃의 꽃받침은 통 모양으로 길이 7~8mm이다. 꽃잎은 도란형으로 길이 15~18mm이고 꽃자루는 길이 8mm 정도되며, 꿀샘은 5개로 길이 2.5mm가량 된다. 열매는 삭과로서 3실이고 지름 3~4cm의 구형이다. 익으면 3개의 종자가 들어 있다.

효능

종자에서 기름을 짜는 나무란 의미로 '유동(油桐)'이라 한다. 씨는 편구형이고 독이 있다. 종자에서 짜낸 기름을 '동유(桐油)'라고 하며 약용하거나 우산이나 초롱 기름 종이 제조에 사용되었다.

유동기름은 냄새가 자극적이고, 옅은 황색의 건성유(乾性油), 방수용 겔로 중합(重合)된다.

식물성 기름인 동유는 조기 건조성, 투명한 접착제, 내열성, 내습성, 내산성, 내부식성, 녹방지와 절연물질을 만드는 절연체로 사용되고, 제조업의 페인트, 인쇄 잉크에 대한 주요 성분이며, 물속에 널리 사용되는 교각목, 내침식성 건설용, 기계의 녹을 방지하는 원료, 기름 종이, 그림 물감, 수지, 인공 피혁, 윤활제, 연마제, 비누, 살충제 등으로 이용된다. 특히 유독 물질이나 유해물질을 먹었을 때 구토를 촉진시키는 용도로 사용된다.

유동나무는 내충성이 강하여 재배할 때 따로 살충제가 필요하지 않다.

▲ 산호유동의 꽃

유동나무의 부위별 효능

유동자

가을에 성숙한 과실을 따서 외피를 부식시켜 제거한 후 종자만을 햇볕에 건조시킨다.

토사풍담(吐瀉風痰), 소종독(消腫毒), 이이변(利二便)의 효능이 있다. 풍담후비(風痰喉痺), 후두결핵(喉頭結核), 후두매독(喉頭梅毒) 등과 나력, 화상, 개선(疥癬), 농포창(膿疱瘡), 단독(丹毒), 식적복창(食積腹脹), 대소변불통(大小便不通)을 치료한다.

유동자 1~2개를 돼지고기와 함께 달여 복용하거나 갈아 으깨어 물을 부어 마신다.

유동근

9~10월에 채취하여 생(生)으로 이용하거나 햇볕에 말려 쓴다.

소식(消食), 이수(利水), 화담(化痰), 살충의 효능이 있다. 식적비만, 수종(水腫), 효천(哮喘), 나력, 회충을 치료한다.

12~18g(생것은 30~60g)을 달여서 복용하거나 분말을 정육과 같이 삶아서 먹는다. 술에 담가 음용하기도 한다. 임산부는 이용에 주의해야 하며, 양이 많으면 구토증을 일으키므로 적당량을 사용한다.

유동엽

소종, 해독의 효능이 있다. 옹종, 단독, 겸창, 동창(凍瘡), 개선(疥癬), 화상, 이질을 치료한다.

15~30g을 달여서 복용한다. 외용 시에는 짓찧어 붙이거나 소존성(燒存性)을 가루로 만들어 뿌린다.

동자화

독발창(禿髮瘡), 열독창(熱毒瘡), 천포창(天泡瘡), 화상 등을 치료한다.

기름에 담갔다가 그 기름을 환부에 바른다. 또 진하게 달여 그 액(液)으로 씻는다.

기동자

유동의 익지 않은 과실로 산기(疝氣), 적체(積帶), 부인의 월경병(月經病)을 치료한다.

1~3개를 달여서 복용한다.

동유(桐油)

풍담(風痰)을 토하게 하고 외용 시에는 환부에 붙이거나 바른다. 개선(疥癬), 겸창(下腿潰瘍), 화상, 동창(凍瘡), 군열을 치료한다.

14

파두

생파두(生巴豆), 파두상(巴豆霜)

생김새

잎은 난원형으로 피마자와 비슷하다. 길이 1.5cm, 폭 0.9cm로 외면은 회갈색이며 암색의 반점이 있다. 표면에 약간 광택이 있다. 배면에는 둔한 능선이 있으며, 복면은 거의 평탄하다. 내부가 백색의 배유(胚乳)조직으로 되어 있다.

효능

처방명은 '파두(巴豆)', '생파두(生巴豆)', '파두상(巴豆霜)'이다. 준하약(峻下藥), 토약(吐藥)으로서 복부창만이 격렬하여 심통(心痛)이 있는 경우나 완고한 변비가 있을 때 사용한다.

일반적으로 환제와 유제로 사용하는데, 생리작용이 강렬하므로 세심한 주의가 필요하다.

파두유(巴豆油)는 피부 자격약으로 연고를 만들어 동상(凍傷) 예방에 사용한다.

사수통변(瀉水通便)작용

온통사하약(溫通瀉下藥)으로 대변과 수분을 사(瀉)하는 작용이 있다. 사하시키는 작용이 아주 빠르므로 극소량을 써야 한다.

간경화로 복수가 차거나 만성신염으로 복수가 차서 복부팽만, 호흡촉박 등의 증상이 있을 때 파두를 내복하면 보통 1회로 사하효과가 있다. 행인과 같이 초(炒)하여 환(丸)을 만들어 복용하기도 한다. 사하 후에는 복용을 중지하고, 효과가 없을 때는 다른 통변약으로 바꿔야 한다. 지나치게 많이 쓰면 좋지 않다.

기(氣)와 수분이 부족하여 생긴 변비 치료

파두 0.12g을 환제로 하여 복용하면 좋다. 또한 건강(乾薑), 당귀(當歸)를 넣고 달여서 복용시켜도 통변의 목적을 달성할 수 있다.

위 수술 후의 복부팽만 해소

복부팽만하여 유동음식을 소화 흡수하는 위의 작용을 방해하고 배변이 곤란할 때는, 파두 0.12g을 상(霜)으로 만든 것에 목향(木香), 진피(陳皮), 창출(蒼朮)을 넣고 달여 복용하면 좋다.

▲ 파두의 열매

배농(排膿)작용

강력한 배농작용이 있으므로, 폐농양이나 농흉(膿胸)으로 해수(咳嗽)가 나고 흉통이 생기며, 점조한 담(痰)이 많아지고 냄새가 고약할 때는 천화분(天花粉), 길경(桔梗), 패모(貝母) 등에 파두 0.12g을 넣어 쓰면 좋다. 경험이 없을 때는 경솔하게 투약해서는 안 된다.

해독지통과 지양(止痒) 효과

정창종독이 화농하여 가라앉지 않을 때 파두를 쓰면 염증과 부기를 없애는 효과가 있다. 보통 유향(乳香), 몰약(沒藥), 백지(白芷), 피마자를 함께 넣고 빻아 환부에 도포한다.

충치와 충신경통 치료

거유(去油)한 파두 연말(研末)을 목 안에 뿌리면 디프테리아를 제거하고, 후두염으로 일어난 후두경새(喉頭梗塞)를 완화한다.

파두의 포제 방법

생파두
원약재를 강한 햇볕에 말리거나 홍건(烘乾)한 후 외피를 제거하고 종인(種仁)을 취한다.

파두상
파두인(巴豆仁)을 찰흙처럼 연쇄하여 안쪽은 종이로 바깥층은 천으로 단단히 싸서 증열한 다음 압축기로 기름을 제거한다. 약물이 부드러운 가루가 될 때까지 여러 번 반복하고 서로 붙어서 병(餠)이 되지 않을 정도로 한다. 양이 적을 때는 파두인을 분쇄하여 여러 층의 두꺼운 종이로 싸서 뜨거운 난로에 놓아 열을 받게 한 후 압착하고 종이를 바꾸어 주면서 부드러워질 때까지 반복한다. 이때 지방유의 양은 18~20%여야 한다.

파두 이용시 주의점

《신농본초경》은 '파두는 사람에게 가장 잘 사(瀉)하게 한다.' 고 기록하고 있으며, 또한 '큰 독이 된다.' 고 하였다.

파두를 복용할 때는 따뜻한 음식이나 죽을 피하여 극설(劇泄)을 막아야 한다(만약 설사가 심하면 냉수를 복용하면 멎는다). 조열대독(燥熱大毒)하므로 꼭 필요할 때만 이용하고 무한실적체, 신체허약자 및 임신부는 피한다.

파두는 대황과 마찬가지로 준하약이지만, 파두의 성질은 따뜻하여 한응(寒凝)과 적체(積滯)에 적용하고, 대황의 성질은 서늘하여 실열(實熱)과 조결(燥結)에 사용한다. 중독을 일으킬 위험이 있으므로 기름을 제거한 후에 사용한다.

파두는 독성이 강해 피마자와 같이 쓰면 안 되고, 중독되어 복통과 설사가 멎지 않을 때는 황련(黃連)이나 녹두즙으로 중화한다.

구안와사에는 파두를 내관혈(內關穴)과 간사혈(間使穴) 사이에 붙이면 효과가 있는데, 환부가 좌측이면 우측에 붙이고, 우측이면 좌측에 붙인다.

제 10장

미나리아재비과 참살이

미나리아재비 / 골든실 / 투구꽃 / 백부자 / 진교 / 꿩의바람꽃 /
개구리자리 / 개구리갓 / 개구리미나리 / 개구리발톱 / 젓가락나물 /
매발톱꽃 / 동의나물 / 꿩의다리 / 노루귀 / 복수초 / 할미꽃

01 미나리아재비 02 골든실 03 투구꽃 04 백부자 05 진교 06 꿩의바람꽃 07 개구리자리 08 개구리갓 09 개구리미나리 10 개구리발톱 11 젓가락나물 12 매발톱꽃 13 동의나물 14 꿩의다리 15 노루귀 16 복수초 17 할미꽃

01 Ranunculus japonicus Thunb.

미나리아재비
모간, 놋동우, 자래초

생김새

물기가 많은 곳에서 자라는 여러해살이풀로 온몸에 짧으면서도 거친 털이 있다. 줄기는 곧게 서고 가지를 치면서 60cm 정도의 높이로 자란다.

잎은 주로 뿌리에서 자라나며 줄기에 약간의 잎이 서로 어긋나게 자리한다. 잎은 둥근꼴인데 세 갈래로 깊게 갈라져 있으며, 갈라진 잎조각은 다시 두 갈래 또는 세 갈래로 얕게 갈라져 있고 가장자리에는 거친 톱니가 있다. 줄기와 가지 끝에 노란 꽃이 피는데, 지름이 1.5~1.8cm 정도이고 다섯 장의 꽃잎을 가지고 있다.

효능과 치료법

유선암, 자궁경암, 피부암, 흑색소암 등 각종 암증에 치료 효과가 있다.

뿌리를 증류하여 얻은 휘발유에 3배가량의 전초액을 가하여 적당량을 먹는다.

뿌리에서 얻은 휘발성유에 2배가량의 전초생약분말을 섞고 돼지 기름으로 개어 환부에 붙인다.

꽃을 저온에서 말려 가루로 만들고 신선한 쇠기름으로 개어 외용한다.

종기와 옴 제거

말린 약재를 1회 1~2g 씩 200cc의 물로 달여 복용한다. 1일 3~6g 이상은 섭취하지 않도록 한다. 또는 생잎을 짓찧어서 환부에 붙인다.

두통과 편두통 치료

생잎을 짓찧어 소금을 첨가하여 이마에 바른다. 약간의 작열감이 있으면 제거한다.

발포제

신선한 전초를 짓찧어 콩 크기의 작은 환제로 만들어 약 30분간 환부에 두면 작열감과 함께 발포를 일으킨다. 이것을 제거한 후 주사침으로 수포증의 물을 뽑아내고 겐티아 또는 바이올레트를 발라서 감염을 방지한다.

▲ 미나리아재비과의 꽃

02 Hydrastis canadensis

골든실
히드라스티스

많은 질환에 두루 쓰인다. 외용으로는 구내염 치료에 이용한다. 가공하여 강장제 및 자연산 항생제로 판매되는데, 흔히 에키네시아와 함께 '면역계를 강화시키는' 약물로 쓰인다.

미국에서는 민간요법으로 피부, 눈, 점막의 염증성 및 감염성 질환에 방부제, 수렴제, 지혈제 등으로 응용한다. 또한 구강 궤양에는 구강 청정제로, 피부 질환에는 외용제로 사용되었다.

소화를 돕고 소화불량을 치료하는 강장제로도 사용되는데, 일부 생약학자들은 골든실이 신체의 필요에 따라 점액의 분비를 증가시키거나 감소시키는 점막의 대체 물질이라고도 한다. 보통 건조된 전초를 0.5~1g 정도 우려내어 1일 3번 마신다.

생김새

다년생 식물로 땅 밑의 포복성 근경으로부터 매해 돋아난다. 크고 부드러운 잎은 5개 조각으로 깊게 나누어져 있으며 가장자리는 톱니모양이다. 꽃은 눈에 띄지 않고 녹색과 흰색으로 잎 위에 핀다. 열매는 작고 빨갛게 익는데, 모양이 나무딸기와 같다. 주로 북미 지역에 분포하는 식물이다.

효능과 치료법

건조시킨 근경과 뿌리를 사용한다. 지혈제, 혈액 안정제, 건위제, 완하제로 쓰인다.

출혈을 멈추는 지혈제로 쓰거나 설사를 멈추는 항균치료제로 쓰이며, 고미강장제, 소화자극제, 완하제 등의

▲ 골든실의 꽃과 잎

03

Aconitum carmichaeli Debx
Aconitum triphyllum Nakai
Aconitum jaluense Komarow

투구꽃

오두(烏頭), 천오, 초오, 세잎돌쩌귀

생김새

높이는 1m 정도로 줄기는 곧게 선다. 잎이 손바닥 모양으로 갈라지며 갈래는 긴 타원형이다. 그늘돌쩌귀와 닮았으나 잎이 아주 가늘게 갈라진 것과 꽃자루에 털이 많은 점이 다르다. 잎자루가 길고 양쪽 갈래는 다시 두 갈래로 나눠지며 표면에 털이 있다. 괴근은 보통 2개씩 달리는 방추형이다. 수피는 흑갈색이며, 총상원추화서로 7~9월에 보랏빛 꽃이 핀다.

효능과 치료법

초오 속 식물은 종류가 많으며 세계적으로 특히 북반구에 200여 종이 분포되어 있는데, 뿌리 및 잎을 약용한다. 성질은 아주 뜨거우며 맛은 매우 맵다.

각종 종양 제거

천오 · 황약자 · 삼칠 · 중루 · 현호색 · 노근 · 산자고 각 30g과 빙편 6g을 가루로 만들어 3g씩 하루에 3차례 따뜻한 물로 먹는다.

악성임파류 치료

제천오와 황백을 가루로 만들고 식초로 개어서 환부에 하루 한 번씩 붙인다. 또는 소금단을 만들어 1알씩 아침 저녁으로 따뜻한 막걸리에 먹는다. 소금단의 제법은 다음과 같다.

초오 · 백교향 · 오령지 · 지룡 · 대별자 각 45g와 유향(거유) · 몰약(거유) · 당귀신 각 27.5g, 사향 9g, 묵탄 3.6g를 가루 내어 참쌀 가루 36g을 풀로 써서 환(丸)을 짓는다.

중국에서는 Acontium carmichaelo Debx의 괴근을 '천오' 라 하고 그 자근(子根) 그대로 건조한 것을 '부자' 라고 한다. 일본에서는 이를 '천오두' 라고 한다.

▲ 투구꽃의 어린 잎

투구꽃은 청자색의 아름다운 꽃을 피우기 때문에 관상용으로 인기가 많지만, 투구꽃의 잎과 뿌리에 함유된 독성분은 아주 강력하다.

고대 로마시대에는 황제 자리를 놓고 승계 다툼을 벌일 때 투구꽃을 이용해 라이벌을 암살하는 사건이 끊이지 않았다. 그런 이유로 투구꽃을 '계모의 독'이라고 불렀다.

투구꽃의 주요 독성분은 알칼로이드의 일종인 아코니틴으로 이것은 신경세포의 나트륨 통로를 열어 세포 속으로 나트륨이 유입되는 것을 촉진시킨다. 때문에 아세틸콜린의 분비가 억제되어 신경 전달이 방해를 받게 된다. 소량의 아코니틴은 진정 효과나 강심작용 등의 약리작용이 있지만, 과잉 섭취하면 입술 마비와 구토, 경련을 일으키고 지각신경이 마비되며, 호흡이 곤란해져 마침내 질식사한다.

아코니틴의 치사량은 한 사람당 2~3mg이며, 이 양은 투구꽃잎 약 1g에 해당한다.

투구꽃의 종류

투구꽃은 북반구의 온대에서 아한대까지 200종 내외가 자라며, 우리나라에서도 18종이 자라고 있으나 그 모양이 비슷하기 때문에 식별하기 어렵다.

근래에는 지리바꽃, 싹눈바꽃, 개싹눈바꽃, 털초오, 진돌쩌귀, 북한산바꽃, 세잎돌쩌귀, 만주돌쩌귀 및 그늘돌쩌귀 등 9종을 모두 투구꽃으로 통합하고 있는데, 뚜렷한 특색으로는 소화에 퍼진 털이 있고, 잎이 크게 3개로 갈라졌다는 것이다.

투구꽃류는 크게 두 개의 군으로 나눈다. 하나는 뿌리가 투구꽃의 괴근처럼 마늘같이 생겼으며 매년 새 뿌리로 바뀌는 종류이고, 다른 하나는 뿌리가 길고 굵으며 매년 같은 뿌리에서 줄기가 돋아나는 진범류이다. 진범류에서 덩굴이 지는 것을 '줄바꽃'이라 부르고 곧게 자라는 것은 '진범'이라고 한다.

꽃은 모두 투구와 비슷하게 생겼다. 꽃받침은 5개인데 귀쪽의 1개가 방한모처럼 위에서 나머지 4개를 덮고 있으며 앞쪽이 뾰족하게 나와 있다. 2개는 양 옆 그리고 2개는 밑으로 달리고, 꽃잎은 2개가 꿀샘처럼 되어서 방한모같이 생긴 꽃받침 안 쪽에 들어 있다. 꿀샘의 열편 즉 꽃잎은 끝이 넓어진 것과 좁아진 것이 있으며 투구꽃은 전자에 속한다. 수술은 많고 암술은 3~5개이며 털이 있는 것과 없는 것이 있다.

04 Aconitum koreanum R.Raymund

백부자

노랑돌쩌귀, 노랑바꽃, 관백부, 황하오두

생김새

우리나라의 북부 지방에서 자라는 특산 약초이다. 백두산 지역에서는 해발 100m 부근의 숲 지대에 군락을 이루고 있다. 다년초로서 줄기는 곧게 서고 높이 1m에 이른다. 잎은 어긋나며 엽병이 짧고 3~5열 되며, 열편은 우상으로 가늘게 갈라진다. 7~8월에 노란색이나 드물게는 자주색의 꽃이 핀다.

효능

성질은 따뜻하며 맛은 맵고 달다. 거풍담(祛風痰), 조한습(燥寒濕), 진정과 진통의 작용이 있다. 뇌졸중으로 인한 안면신경마비, 반신불수, 담궐두통(풍담, 한담, 습담 등의 증상을 수반하는 두통), 편두통 등에 사용한다.

중풍, 와사풍, 두통 및 심장병의 치료에도 널리 이용되는 중요한 약물이다.

유독하므로 약으로 이용할 때는 찬물에 4~5일 담가 조성(燥性)을 제거하고, 잿불(灰火) 중에 포재하여 제독하고 거피하여 쓰거나 또는 생두부와 함께 30분간 끓여 백부자만을 골라 내어 그늘에 말려 쓴다.

얼굴에 생기는 백병을 치료하며, 몸의 상체에서는 중풍의 옹담(壅痰)과 구안와사를 치료하고 중체에서는 심복통과 혈비(血痺), 하체에서는 음낭의 습과 퇴전무력(腿臀無力)을 치료한다.

주근깨 치료제

백부자는 표백작용이 있어 피부를 희고 윤택하게 해 주며, 기미·주근깨·굳은살 등 얼굴의 온갖 질병을 다스리는데 효과가 있다.

① 백부자를 깨끗이 씻어 잘 말린 뒤 부드럽게 가루를 낸다.
② 우유, 요구르트, 막걸리 등에 개어서 얼굴에 바른다.
③ 간혹 화끈거리는 증세가 일어날 수 있으나 부작용이 아니므로 걱정할 것 없이 양이나 횟수를 조절하여 쓴다.

▲ 백부자의 잎

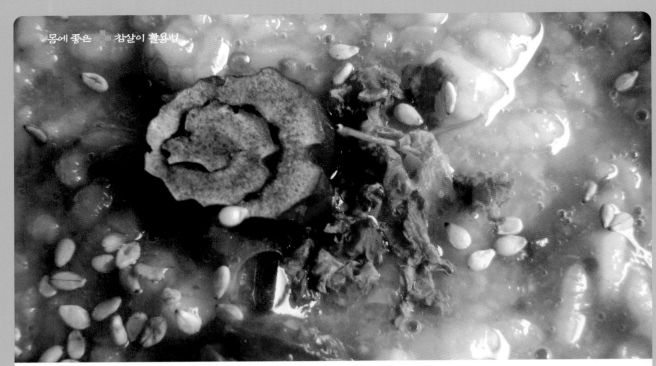

부자죽

부자죽

속을 따뜻하게 하여 양기를 강화시키고 한사(寒邪)를 물리쳐 통증을 재운다. 신장의 양기 부족으로 몸이 춥고 손발이 차며, 발기가 잘 되지 않는 증상, 소변이 자주 마렵거나 비장의 양기 부족으로 위와 배가 차고 묽은 대변과 설사가 잦은 증상에 사용한다. 땀을 많이 흘린 후나, 심한 설사 후에 손발이 차고 양기가 떨어져 식은땀이 나오고 혀에 설태가 끼는 경우, 맥이 가늘고 힘이 없으며 양기가 극히 쇠약해진 환자에게도 사용한다.

> ### 재료
> 제부자(製附子) 3~5g, 건강(乾薑) 1~3g, 쌀 50g, 대파 2뿌리, 흑설탕 약간

만드는 법

1. 부자와 건강을 곱게 갈아 놓는다.
2. 쌀죽을 쑤다가 익을 무렵 약가루와 대파, 흑설탕을 넣고 함께 끓인다.

주의할 점

1. 부자는 유독한 약물이므로 죽을 쑬 때는 반드시 제부자(製附子)를 써야 한다.
2. 처음에는 약의 용량을 조금씩 시작하여 점차 늘려가는 것이 치료 효과를 높이는 방법이다.
3. 열이 있거나 음액이 부족하고 화기가 센 사람이 사용하면 불에 기름을 붓는 격이 되어 부작용이 생길 수 있으므로 삼가야 한다.

05 Lyconitum (Aconitum) loczyanum R. Raymund.

진교
진범

▲ 진교의 어린 잎

런 경우에 진교, 방풍, 강활, 적작약을 사용한다.

열내림, 통증제거, 이뇨제로 감기, 류머티즘, 관절염, 팔다리의 마비, 황달, 피로하여 열이 날 때, 혈변에 쓴다.

풍습으로 인해 생기는 신경통 치료

신경통의 기간과 관계없이 충분히 사용한다. 발병한 지 얼마되지 않았다면 지통약인 천오와 현호색을 배합하고, 발병 시간이 오래되었을 때에는 활혈을 잘하는 당귀를 배합한다. 또한 통증이 확산되면 지룡과 우슬을 배합한다.

풍습병에 의한 미열 치료

진교를 군약으로 하고 우슬, 은시호, 황백, 구갑 등을 가미하여 복용한다.

생김새

높이 30~80cm로 곧게 또는 비스듬히 자란다. 뿌리 잎은 잎자루가 길고 둥근 심장형으로 5~7개로 갈라지며 각 갈래 조각에 톱니가 있다. 줄기에 어긋나는 줄기 잎도 뿌리잎과 비슷하지만 위로 올라가면서 점차 작아진다. 8월에 줄기 끝 총상꽃차례에 오리 모양의 자주색 또는 보라빛이 도는 꽃이 모여 핀다.

효능과 치료법

뿌리을 말린 것을 '진범' 이라 하며 한약재로 사용하나 독성이 강하다. 류머티즘 초기의 사지 관절에는 유주성의 산통이 있는데 특히 어깨, 무릎, 손목, 발목의 관절에 통증이 뚜렷이 나타나며 어느 정도 열이 난다. 이

▲ 흰진교의 꽃

06 Anemone raddeana Regel

꿩의바람꽃
죽절향부, 양두첨, 다피은련화

효능과 치료법

성질은 뜨거우며 맛은 맵고 유독하다. 보통 습(濕)에 의한 풍(風)을 제거하며, 악성종양을 제거한다. 따라서 풍한습비(風寒濕痺), 수족구련(手足拘攣), 골절동통(骨折疼痛), 옹저종독(癰疽腫毒), 상풍감기(傷風感氣)에 치료약으로 쓰인다.

전초에 함유된 Oleanol산은 급성 간 손상에 대하여 뚜렷한 보호작용이 있고, 간세포의 재생을 촉진하며 강경변을 방지하는 작용을 한다. 또 관절염에 대하여 뚜렷한 억제작용이 있으며 이뇨와 강심작용이 있다. 보통 여름에 전초를 캐어 잔경(殘莖)을 제거하고 씻어 말린다. 4.5~9g을 달이거나 환(丸) 또는 가루로 복용한다. 또한 줄기와 뿌리를 말려 1회에 0.5~1g을 적당량의 물로 달인다.

종기와 부스럼에는 말린 것을 빻아 뿌리거나 기름에 개어서 바른다.

생김새

높이 10~30cm의 다년초로 근경은 방추형이며 길이 1.5~3cm, 직경 3.5~8mm의 암갈색이다. 근출엽은 1매로 긴 엽병이 있다. 뿌리줄기는 옆으로 뻗고 길이는 1.5~3cm이며 육질이고 굵다. 4~5월에 개화하는데, 화경 정부에 1개의 꽃이 달린다. 화피편(花被片)은 8~13개로 선상타원형이며 담자색을 띤 흰색이다.

꽃줄기는 높이가 15~20cm이다. 뿌리에서 난 잎은 길이 4~15cm의 잎자루에 세 장의 작은잎이 3개씩 달리며, 작은잎은 길이 15~35mm, 폭 5~15mm의 긴 타원 모양이다. 또한 끝이 3갈래로 깊이 갈라지며 털이 없다.

▲ 꿩의바람꽃의 꽃

07 Ranunculus sceleratus L.
개구리자리
구룡초, 놋동우

생김새

물가에서 자라는 월년생초본이다. 높이는 30~60cm 이고, 분지되며 위쪽에 털이 약간 있다. 근생엽은 콩팥 꼴이며 폭이 3~7cm이다. 열편에는 털이 없으며 광택이 있다. 경생엽은 어긋나기 하며 위쪽의 것은 잎자루가 짧고 열편의 폭이 좁다.

꽃은 4~5월에 황색으로 피는데, 꽃자루의 길이는 1~2.6cm이다. 꽃잎과 꽃받침은 5개로 타원형이고 길이는 3.5~4mm이다. 등쪽에 털이 있고 젖혀진다.

우리나라 전국에서 자란다.

효능과 치료법

류머티즘 관절염과 안면신경마비 등에 치료 효과가 있으나, 즙액이 살갗에 닿기만 해도 물집이 생길 정도로 독성이 강하기 때문에 복용은 하지 않는다.

일반적으로 뿌리와 잎을 짓찧어 외용한다.

구완괘사 치료

뿌리와 잎을 짓찧어 작은 용기에 넣어 마비된 쪽의 반대쪽 얼굴 뺨 한가운데 붙이고 떨어지지 않도록 반창고로 고정시킨다. 조금 지나면 붙인 부위에 열이 나고 욱신욱신 쑤시고 통증이 있는데, 약 12시간이 지난 후에 떼어 내면 붙인 자리에 물집이 생긴다.

물집을 바늘로 찔러 터뜨린 다음 하루에 6~15번 물집이 생긴 부위에 침을 바른다. 7~10일 정도 지나면 진물이 더 이상 흘러 나오지 않으며, 진물이 마르기 시작하면서 마비가 차츰 풀리며 상처가 아물면서 완전히 회복된다. 뺨에 남은 흉터는 3~4개월 지나면 아무 흔적도 남지 않는다.

마비된 쪽의 반대편 뺨에 붙이는 것이 효과가 가장 좋지만 몇 달 동안 흉터가 남기 때문에, 마비된 쪽의 반대쪽 손목이나 허벅지 한가운데 또는 견정혈(肩井穴)에 붙이기도 한다. 이 방법은 뺨에 붙이는 때의 80% 정도의 치료율을 보인다.

▲ 개구리자리의 잎

08 Ranunculus ternatus Thunb.

개구리갓
묘조초

늦가을에 괴근을 채취하여 물에 씻어 말려 사용한다. 보통 25~50g을 다려서 복용하거나 분말로 만들어 환부에 바르거나 뿌린다. 어혈을 풀고 종기를 없애며, 학질과 나병, 폐결핵 등의 질병에 효과가 있다.

악성임파류, 갑상성종양, 유선종양 치료
묘조초와 사매 각 30g과 하고초 9g을 분말로 만들어 하루에 한 번씩 환부에 붙인다.

개구리갓 주사액 제조법

묘조초 500g을 3차례 반복하여 달인 여과액을 시럽과 같이 졸인다. 여기에 3배 정도의 95% 에타놀을 넣어 24시간 두었다가 여과한다. 여과액의 에타놀을 회수한 뒤에 증류수를 넣어 약액이 500ml로 되게 하고 다시 여과한다. 여과액에 Tween-80 3~4방울과 안식향산 5ml을 넣고 여과하여 앰플에 넣은 뒤에 100℃에서 30분간 멸균하여 사용한다.

《항암중초약제제》

생김새
습지에서 자라는 다년생 초본이다. 줄기는 높이 10~25cm이며 기부에서 분지되고 털이 없다. 근생엽은 긴 잎자루가 있고 콩팥꼴이며 폭이 1.5~4cm이며, 경생엽은 1~4개로 잎자루가 없고 3출엽이다.
꽃은 4~5월에 피며 황색이다. 꽃자루는 1.5~3cm이며 꽃받침은 5개로 넓은 타원형으로 다소 오목하다. 길이 3~3.5mm로 등쪽에 털이 있다. 꽃잎은 도란형으로 길이는 6~7mm이다. 취과(聚果)는 광타원형이며 수과(瘦果)는 원형이고, 길이는 1.2mm이다.

효능과 치료법
성질은 따뜻하며 맛은 맵고 달다. 간과 폐에 작용한다.

▲ 개구리갓의 잎

09 | Ranunculus tachiroei Fr. et Sav.
개구리미나리
장각모간

생김새

습지에 자라는 2년생 초본이다. 줄기는 곧게 자라며 높이는 50~100cm이다. 근생엽에는 긴 잎자루가 있고 잎새와 함께 개출모(開出毛)가 있으며 잎새는 2회 3출복엽으로 폭 7~11cm이다. 열편은 쐐기꼴로 도피침형이다. 경생엽은 잎자루가 짧아지며 3출엽 또는 3심열 되고 열편은 좁다.

꽃은 황색으로 7~9월에 피는데, 꽃받침이 5개로 난형이고 등쪽에 털이 있으며 젖혀진다. 길이는 4mm 정도이다. 꽃잎은 장타원형으로 길이는 5~6mm이다. 전국에 널리 자라며, 지리적으로 만주와 일본에 분포한다. 유독한 식물이나 한방에서는 줄기와 잎을 생약으로 쓴다.

개구리미나리의 생육

볕이 잘 들고 습한 곳에서 잘 자라는데 논두렁, 습지, 산기슭 그리고 논과 습한 밭에서도 생육한다. 가을과 봄에 발생하며 종자로써 번식한다.

털개구리미나리
Ranunculus cantoniensis DC.

생김새

다년생 초본으로 줄기는 곧게 자라 높이 25~50cm이고, 개출모(開出毛)가 밀생하며 가지를 많이 친다. 근생엽에는 긴 잎자루가 있고 3출복엽이다. 소엽은 도란형이며 2~3개로 갈라지고 가장자리에 톱니가 있으며 양쪽에 복모(伏毛)가 있다. 경생엽에는 짧은 잎자루가 있고 근생엽과 같이 3출엽이다.

꽃은 5~7월에 핀다. 꽃받침은 5개로 뒤로 젖혀지는 광난형(廣卵形)으로 길이는 4mm 정도이며 등 쪽에 털이 있다. 꽃잎은 5개로 황색이며 길이가 4~5mm인 타원형이다.

10 | Semiaquilegia adoxoides (DC.) Makino

개구리발톱

천규(天葵)

생김새

높이 15~35cm이고 윗부분에서 가지가 갈라진다. 잎 윗면에는 털이 없고 잎 뒷면은 분백색을 띠고 연모가 있다. 꽃은 4~5월에 줄기 끝에서 밑을 향하여 피고 지름 4~5mm이며, 꽃받침잎은 긴 타원형으로 길이 5mm이고 백색이나 약간 붉은 기가 있다. 종자는 흑색이고 난형으로 길이 1mm이고 겉에 주름이 있다.

효능과 치료법

성질은 차며 맛은 쓰다. 괴경에 알칼로이드 성분을 함유하고 있다. 뿌리가 바꽃속 식물과 비슷하나 작다고 하여 '소오독'이라고도 한다. 악성 종기, 연주창, 정창, 임질, 기침, 탈장, 전간 등에 두루 쓴다.

《본초강목》에서는 '여러 가지 석림(石淋)과 오림(五淋)을 내리며, 범이나 뱀에 물린 독을 풀고 여러 가지 창증(瘡症)에는 즙을 내어 마시고 상처에 바르면 해독하며 통증을 멈추게 한다.'고 하였다.

갑상선 종양과 임파류 치료

천규 45g, 해조·해대·곤포·패모·길경 각 30g, 해표초 15g을 가루내어 오동자 크기의 천규환을 만들어 식후에 70알씩 따뜻한 술과 함께 먹는다.

비인암과 식도암 치료

천규자 0.5kg을 5kg의 곡주로 7일간 우려내어 50ml씩 하루에 3번 먹는다.

방광암 치료

천규·소석위(小石葦) 각 15g, 과로황(過路黃)·토복령 각 30g을 함께 매일 1첩씩 달여 먹는다.

폐암 치료

천규·석두란 각 15g, 야교맥근·포석련 각 30g을 하루 1첩씩 달여 복용한다.

▲ 개구리발톱의 열매(위)와 씨앗(아래)

11 Ranunculus chinensis Bunge.

젓가락나물

젓가락풀, 회회산(茴茴蒜)

전초를 약용으로 하는데 간염, 간경화복수, 학질 그리고 마른 버짐(乾癬) 등에 치료제로 쓰인다.

왜젓가락나물(왜젓가락풀)
Ranunculus quelpaertensis.

생김새

햇빛이 잘 비치는 습지에 자라는 다년생 초본이다.
줄기는 높이 25~60cm로 개출모(開出毛)가 밀생한다.
근생엽과 아래쪽의 잎에는 긴 잎자루가 있으며 3출복엽으로 폭은 5~8cm이다. 열편은 도피침형이고 가장자리에는 고르지 않은 거치가 있으며 양면에 복모(伏毛)가 있다. 경생엽은 잎자루가 짧으며 3출복엽이다.
꽃은 5~8월에 핀다. 꽃받침은 5개로 뒤로 젖혀지며, 타원형이고 길이 4mm로 등쪽에 털이 있다. 꽃잎은 5개로 좁은 도란형이고 길이는 4mm이다. 화상(花床)은 길어져서 6~9mm이고 짧은 백색모가 있다. 열매는 광도란형이며 길이는 2.5~3mm이다.

생김새

습지에서 자라는 다년생 초본이다. 줄기는 곧게 자라며 높이는 15~80cm이다. 근생엽은 긴 잎자루가 있고 윤곽이 3각형으로 폭이 4~10cm이고 3출복엽이다. 소엽은 자루가 있고 난형으로 3심열되며 거치가 있고 양면에 복모(伏毛)가 있다.
꽃은 황색으로 4~7월에 피며, 꽃자루는 2~6cm이다. 꽃받침은 5개로 꽃이 필 때 뒤로 젖혀지며, 꽃잎은 5개로 도란형이고 길이는 4~6mm이다.
취과는 둥글고 화상(花床)에 짧은 털이 있다. 수과는 광도란형으로 편평하며 털이 없으며, 길이는 3.5~4mm이다. 전초에 Ranunculin 성분을 함유하고 있어 유독하다.

12 Aquilegia buergeriana var. Oxysepala Kitamara

매발톱꽃

누두채(漏斗菜)

1606년에 스트라스부르에서 출간된 《학문을 사랑하는 아무개에 의해 기술된 인간의 어리석음을 치유하는 각적 또는 천상의 효능을 위한 올바른 처방에 따른 약용 식물지》라는 의학서에는 273가지의 매발톱꽃의 사용법이 기술되어 있는데, '매발톱꽃은 화를 잘 내는 다혈질의 사람에게 좋다.' 기록이 있다.

이용법

남성의 최음제로 쓴다. 유럽에서는 매발톱의 씨앗이 마녀가 날기 전에 빗자루에 바르는 것이라고 생각하였으며, 북아메리카의 인디언들은 인삼, 운모, 뱀고기, 아교, 매발톱꽃을 끓여 사랑의 묘약을 만들었다.

> 매발톱꽃은 최음제로서 사자에게 힘을 준다는 의미로, 꽃과 사자의 분포 지역이 일치하지 않음에도 불구하고 영국에서는 'Herbaleonis(사자의 풀)' 로 불린다. 반면 이탈리아에서는 매발톱꽃을 'amornascosto(비밀스러운 사랑)' 이라고 한다.

생김새

높이는 50~100cm이고 윗부분이 다소 갈라진다. 꽃은 7~8월에 피며 지름 3cm 정도로 붉은 갈색이다. 가지 위에 긴 꽃자루가 나와 꽃자루 끝에 한 송이씩 아래를 향하여 핀다.
줄기는 곧고 매끄러우며 꽃받침과 꽃잎은 5장인데, 긴 타원형으로 끝이 뭉뚝하고 길이는 2cm 내외로 기부(基部)는 길고 가늘게 안으로 굽어졌으며 꽃받침과 서로 조화롭게 어긋나 있다. 수술은 여러 개이고, 암술은 5개이다.

효능

예부터 전초를 약으로 사용하였다.

▲ 흰매발톱꽃(위)과 하늘매발톱꽃(아래)

산매발톱꽃
Aquilegia japonica

매발톱꽃차

생김새

'하늘매발톱' 이라고도 부르며 우리나라 북부의 고산 지대에서 자란다. 높이는 30cm 정도이다. 대체로 전체에 털이 없다. 근생엽은 밀생하고 잎자루는 길다. 꽃은 7~8월에 피는데, 지름이 3~4cm인 밝은 하늘색 꽃이 1~3개씩 원줄기 끝에 달린다.

효능

매발톱꽃은 전초에 쿠마린, 플라보노이드, 알칼로이드 성분이 있으며 뿌리줄기에 사포닌, 마그노플로린, 아쿠일레긴, 콜롬빈, 베르베린이 있다. 민간에서 전초를 마비, 신경발작, 머리아픔, 황달, 폐염, 위장염에 쓴다. 《약초의 성분과 이용》

라틴어의 '물' 이라는 뜻과 '모음' 이라는 뜻의 합성어로, 깔대기 모양의 꽃잎에 물방울이 고이기 때문에 붙여진 이름이다. 변종명은 '뾰족한 잎의' 라는 뜻이다.

매발톱꽃차

성질은 평이하고 맛은 쓰다.

> ### 재료
> 건조된 매발톱의 꽃송이 1개, 적당량의 물

만드는 법

1. 매발톱꽃을 빛깔에 관계없이 채취하여 그늘에 잘 말린다.
2. 건조된 매발톱꽃을 팬에 살짝 볶아 낸다.
3. 밀폐 용기에 담아 보관한다.
4. 찻잔에 말린 꽃 1송이를 넣고 끓는 물을 부어 1분 정도 우려내어 마신다.

13 Caltha palustris Var. membranacea Turcz.

동의나물
동이나물, 여제초, 입금화, 수호려

생김새

습한 곳이나 개울 옆에서 자라는 여러해살이풀로 흰색의 굵은 뿌리와 가는 뿌리가 잘 발달해 있다. 잎은 뿌리 주변에 모여 나는데 둥근 심장형 또는 콩팥형으로 길이와 폭이 모두 5~10cm 정도이다. 가장자리는 둔한 톱니가 있거나 밋밋하다.

꽃자루는 50cm 정도로 긴 편인데, 옆으로 비스듬히 자라기 때문에 마디에서 뿌리가 내리며 그 윗부분은 바로 선다. 꽃은 4~5월쯤 샛노란색으로 피며, 보통 줄기 끝에 2개 정도 달린다. 노란 꽃송이 가운데 꽃잎이라 생각되는 부분이 화피로, 5~6장의 화피가 안쪽에 있는 노란색의 수많은 수술을 받쳐 주고 있다. 우리나라 전국에 걸쳐 분포한다.

효능

성질은 따뜻하고 맛은 쓰고 맵다. 한방에서는 노제초, 수호려라고 하여 생약으로 쓰며, 줄기와 뿌리는 '마제초(馬蹄草)'라고 한다. 뿌리를 포함한 모든 부분을 약재로 쓰는데, 가래가 많이 생기거나 몸살기가 있을 때, 머리가 어지럽거나 상한 음식을 먹었을 때에 치료제로 쓴다. 염증을 없애고, 열을 내리며, 소변을 잘 나오게 하고, 기침을 가라앉히는 효능이 있다. 풍으로 어지러울 때나 가래가 끓을 때, 신장병과 당뇨에도 약으로 처방한다.

어린 아이의 이질 치료

생즙을 먹이는데, 양이 지나치면 위장염을 일으키거나 신장을 자극하는 일이 있으므로 주의를 해야 한다. 유독한 식물이므로 사용량에 특히 주의한다.

골절상 치료

뿌리를 찧어서 환부에 붙이며, 치질에는 달인 물을 복용한다. 말린 약재를 1회에 3~5g씩 200cc의 물로 달여서 복용하며 생즙을 내어 복용하기도 한다.

이용법

정원의 연못 주변에 심으면 관상용으로 좋다. 꽃과 꽃이 지고 난 다음에 남아 있는 잎의 모양이 수려하다. 식용도 가능하지만 독성이 있으므로 어린 잎을 삶아서 잘 우려내고 먹어야 한다.

▲ 동의나물의 꽃

14

Thalictrum simplex L.
Thalictrum aquilegifolium L.

꿩의다리

마미련(馬尾蓮)

생김새

줄기의 높이는 30~100cm로 털이 없어 매끄럽고 분백색을 띠고 있다. 잎은 2~3회 우상으로 깊이 갈라져 있으며, 전체 잎 모양이 3각형이다.

개화기는 7~8월로 직경이 1.5cm 정도되는 백색 꽃이 줄기 끝에서 산방상으로 큰 화서를 이룬다. 꽃받침 잎은 4~5개로 타원형이며, 길이는 3~4mm로 5~7맥이 있다. 꽃이 필 무렵 붉은 빛이 나며, 수술은 많고 꽃밥은 황백색이다. 과실은 수과로 5~10개씩 달리는데 3~4개의 능선이 있으며, 도란형 또는 타원형이다. 길이는 6~8mm이고, 소과경은 길이가 4~5mm로 아래로 늘어진다. 많은 뿌리가 사방으로 뻗어 있다.

효능

성질은 차고 맛은 쓰다. 청열(淸熱), 조습(燥濕), 화담(火痰), 해독작용을 하며, 전염성 간염, 이질, 장염, 옹종창독(擁腫瘡毒), 결막염에 효과가 있다.

9~10월 또는 2~3월에 근경과 뿌리를 채취하여 말린 후, 5~15g을 다려서 복용하거나 분말을 바른다.

폐암에는 포공영, 황금, 어성초 등을 배합하고, 간담암과 췌장암에는 인진, 치자, 삼백초 등을 배합한다.

이용법

꽃이 필 때 잎줄기를 밑동부터 잘라 묶어서 햇볕에 건조시킨다. 마크로필린(macrophylline), 다가도닌(dagadonine) 등의 알칼로이드 성분이 함유되어 있어 쓴맛을 낸다.

과식이나 체한 경우에 건조시킨 잎줄기를 하루 5~10g씩 1잔의 물을 넣고 달여서 식후 3회로 나누어 마신다.

잎줄기를 물에 씻은 후 2~3일간 햇볕에 말려서 충분히 건조한 다음 분말로 만들어 위장이 좋지 않을 때 하루 6~9g을 물 3컵을 넣고 반으로 줄 때까지 달여 식사 사이(식후 2시간 정도 지난 공복)에 3회로 나누어 마신다.

> **꿩의다리의 재배**
>
> 약간 습하고 배수가 잘 되는 토양이 좋으며, 양지 또는 반음지가 좋다. 성숙한 종자를 채종 즉시 파종하여 번식시킨다. 덩이뿌리를 절단하거나 포기나누기로도 번식하는데, 봄과 가을에 실시한다. 겨울철 화분 내부가 너무 건조해지지 않게 주의한다.

금꿩의다리
Thalictrum rochebrunianum Fr. et Sav.

좀꿩의다리
Thalictrum minus L. var. hypoleucum (Sieb. et Zuce.) Miq.

생김새

여러해살이풀로 여름이 되면 다른 식물들보다 먼저 덤불 숲 위로 꽃을 피우는데, 보통은 아이 키만큼 자라지만 간혹 2m까지 크기도 한다.

3~4번 갈라진 잎자루 끝에 가장자리에 둔한 톱니가 있는 잎이 3개씩 달려 있으며, 잎 뒷면은 분백색이다. 꽃은 한 송이의 크기가 1cm도 되지 않게 작지만 수십 송이의 꽃들이 원뿔꼴로 한데 모여 달려 있어 화려하다. 보통 꽃잎이라고 생각되는 부분은 화피(花被)이다. 화피는 자주색으로 4장으로 되어 있다. 열매는 수과로 타원형이고 8~20개쯤 달린다.

우리나라에서만 자라는 특산식물로 제주도를 제외한 전국이 자생지이다.

> 흔히 이름에 '금'자가 붙은 식물들은 꽃잎이 노란색인 경우가 많다. 금꿩의다리는 화피가 자주색이지만, 진짜 꽃 부분이라고 할 수 있는 수술이 노란색이기 때문에 '금'이라는 접두어가 붙었다.

생김새

털이 없는 다년생초본이다. 줄기는 높이 50~120cm이고 분지하며 종선(縱線)이 있다. 잎은 3출복엽으로, 소엽은 도란형이고 길이 1~3cm, 폭 8~20mm이다. 잎 뒷면은 녹백색이다.

7~8월에 황록색의 꽃이 모여 피며 원추화서를 만든다. 꽃잎과 같은 꽃받침은 4개로 빨리 떨어지며, 3맥이 있고 긴 타원형이다. 꽃잎은 없고 길이 4.5~6mm의 수술이 많이 달린다. 암술은 2~6개이다. 열매는 2~4개로 방추형이며 자루가 없다. 길이 3mm이다.

> 속명은 그리스어 'Thaliktron'에서 유래하였다. 이 말의 어원은 그리스어 'Thalo(어린가지 또는 번무하다)'이다. 종소명은 라틴어 'parvus'와 같은 뜻으로 '보다 작은', '보다 적은' 것이라는 뜻이다. 변종명은 그리스어 'hypo(아래, 밑)'과 'leuko(흰색, 무색)'의 합성어이며, '잎의 뒷면이 백색인'이라는 뜻이다.

자주꿩의다리(紫唐松草)
Thalictrum aquilegifolium

생김새

높이 약 60cm이다. 뿌리와 줄기는 가늘고 길며, 몸 전체에 털이 없다. 줄기는 한 줄기에서 3갈래로 갈라 져 자란다. 잎은 작고 둥글며, 3갈래로 갈라진다. 꽃은 6~7월에 꽃잎이 없이 자주색 꽃술만 올라온다. 열매는 9~10월에 익는다.

깊은 산 계곡에서부터 높은 산 고원지대까지 널리 분포한다. 삼지구엽초와 비슷하지만, 잎에 뾰족한 피침이 없고 자주색 꽃이 피는 것이 다르다. 줄기 마디가 산꿩의다리처럼 생겼고, 자주색 꽃이 핀다고 하여 '자주꿩의다리' 라고 부른다.

꿩의다리의 종류

우리나라에서 자라는 꿩의다리는 약 10여 종이 있다. 잎의 모양과 꽃색이 조금씩 다른데, '꿩의다리' 는 크게 자라며 꽃이 희고 잎이 작다. 결각이 많지 않고 꽃이 달린 부분의 수술대가 상대적으로 긴 것이 특징이다. 한자로는 '시과당송초(翅果唐松草)' 라고 한다. '좀꿩의다리' 는 다른 꿩의다리류와 달리 꽃이 황록색인 것이 큰 특징이다.

꿩의다리류 중에서 특색이 있는 것이 '연잎꿩의다리' 이다. 이 식물의 잎은 연잎처럼 둥글고 잎자루가 잎의 중간에 달려 있어 방패처럼 생겼다. 키가 작아 아담하고, 연한 보라색 꽃이 핀다. 산에서 많이 볼 수 있는 종류 가운데에는 '은꿩의다리' 가 있다. 꽃이 흰색이고 잎의 뒷면도 흰빛이 돌기 때문에 붙여진 이름이다. '산꿩의다리' 역시 비교적 흔히 볼 수 있는 종류인데 꽃이 흰색인 것은 은꿩의다리와 같지만 잎이 보다 큰 타원형이고 수술대의 윗부분이 넓은 것이 특색이다.

▼ 꿩의다리의 꽃(위)과 잎(아래)

15 | Hepatica asiatica Nakai

노루귀
장이세신

효능

예부터 약용으로 이용되었다. 한약명은 '장이세신'이며, 뿌리를 포함하여 모든 부분을 여름에 채취하여 볕에 말려 두었다가 약으로 쓴다. 진통, 진해, 소종에 효능이 있어 주로 두통, 치통, 복통과 같은 증상에 진통제로 쓰고, 감기, 장염, 설사 등에도 처방한다.

이용법

잎을 채취하여 나물로 무쳐 먹는다. 독성이 있으므로 뿌리는 제거하는 것이 좋으며, 약간 쓴맛이 있으므로 살짝 데친 다음 물에 담가 쓴맛과 독성을 우려내고 이용한다.

▌섬노루귀
Hepatica maxima Nakai

생김새

여러해살이풀로, 높이가 10cm를 넘지 않는 작은 식물이다. 이른 봄에 연한 꽃자루를 내보내는데, 꽃자루에 부드럽고 하얀 솜털이 수북히 나 있다. 한 자리에서 나오는 여러 개의 꽃자루 끝에서 2cm가 조금 못 되는 꽃이 흰색 또는 분홍색, 아주 드물게는 보라색으로 핀다. 꽃잎은 없으며, 꽃잎이라고 생각되는 부분은 화피이다. 화피 가운데에 미색의 수술과 좀 더 진한 노란빛의 암술이 선명하게 드러난다. 꽃이 핀 후에 노루의 귀처럼 생긴 잎이 나와 잎사귀를 활짝 펼치는데, 크게 3갈래로 갈라진 모양이고 약간 두텁다. 잎의 길이는 5cm 정도이고 모두 뿌리에서 돋는다. 꽃이 지면 이내 달리는 열매는 수과로 털이 많이 있다.

생김새

여러해살이풀로 높이 9~30cm이고 전체에 희고 긴 털이 많다. 잎은 뿌리에서 3~6장이 나와서 퍼지며, 잎자루는 길이 14~28cm이다. 잎몸은 3갈래로 크게 갈라지며, 두껍고 폭이 8cm 이상이다. 겨울에도 푸른 잎이 남아 있으며, 눈 속에서 겨울을 난 잎은 봄철에 새 잎이 돋은 후에 마른다. 꽃잎이 없는 꽃이 4~5월에 꽃줄기 끝에서 위를 향해 1개씩 피며, 흰색 또는 연한 분홍색으로 지름은 1.5cm이다.

16 Adonis amurensis R. et R.

복수초

생김새

잎은 2회 우상으로 잘게 갈라지며 호생한다. 열편은 피침형이며 긴엽병 밑에 잘게 갈라진 녹색 탁엽이 있다. 원줄기에는 본래 털이 없으나 간혹 윗부분에 털이 약간 있는 것이 있고, 밑부분의 잎은 막질로서 원줄기를 둘러싼다.

개화기는 4~5월이며 꽃은 줄기 끝 또는 가지 끝에 1송이씩 붙으며 지름이 3~4cm정도 된다. 꽃잎은 노란색이며 넓은 피침형이고, 꽃받침은 흑녹색이다. 수술과 암술의 수가 많다. 열매는 6~7월에 수과로 열리며, 길이 1cm의 화탁에 뭉쳐서 달리기 때문에 전체가 둥글게 보인다. 땅숙 줄기는 비대하다. 근경은 짧고 굵으며 흑갈색 잔뿌리가 많이 달린다.

효능과 치료법

성질은 평하고 맛은 쓰다. 복수초는 아도닌(Adonin)이라는 강심성배당체(強心性配糖體)를 함유하고 있다. 강심배당체의 함량은 전초와 뿌리에 0.15~0.3% 정도인데 자라는 시기에 따라 변한다. 식물을 채취하여 빨리 말릴수록 함량이 높아진다. 건조 시에는 얇게 펴서 널어 놓아야 하며 곰팡이가 끼거나 노란색을 띠지 않게 주의한다. 잘게 썰어 사용한다.

복수초는 디기탈리스보다 이뇨작용이 강하고 몸 안에 독성이 축적되지 않는 장점이 있다. 소변이 잘 나오지 않거나 몸이 붓고 복수가 차는 데에 효과가 있고, 민간에서는 간질이나 종창 치료에도 쓴다. 독이 있으므로 주의해서 사용한다.

심장 질환에 신경과민증세가 수반 되었을 때 특별히 심장 자극제로 사용된다. 방광과 신장결석 치료를 포함한 전통적 사용법이 다수 알려져 있다.

▲ 복수초의 잎(위)과 열매(아래)

복수초꽃차

복수초의 종류

복수초

- 가지가 갈라지지 않고 꽃이 한 개 핀다.
- 개화 후에 잎이 나온다.
- 꽃받침은 평균 8개이다.
- 꽃받침의 길이가 꽃잎보다 길거나 거의 같다.
- 백두대간을 따라 비교적 고산에 분포한다.

개복수초

- 가지가 갈라지고 꽃이 2개 이상이다.
- 개화와 함께 어린 잎이 나온다.
- 꽃받침이 평균 5~6개이다.
- 꽃받침의 길이가 꽃잎보다 짧다.
- 우리나라의 저지대와 서해연안과 도서지방에 분포한다.

세복수초

- 개복수초와 거의 동일하다.
- 개복수초에 비해 잎이 밝은 녹색이다.
- 꽃받침이 꽃잎보다 좁다.
- 제주도와 일본의 혼슈와 큐슈지역에 분포한다.

▼ 세복수초의 꽃

복수초꽃차

재료
복수초의 꽃봉오리 1개

만드는 법

1. 꽃을 봉오리 째 따서 깨끗이 손질하여 그늘에서 말린다.
2. 찻잔에 꽃봉오리 하나를 넣고 뜨거운 물을 부어 바로 따라 버리고 두 번째 물부터 마신다.

주의할 점

독성이 있으므로 소량을 음용한다.

<table>
<tr><td>17</td><td>Pulsatilla koreana Nakai
Anemone koreana Nakai</td></tr>
</table>

할미꽃

백두옹(白頭翁), 노고초

생김새

여러해살이풀로 동아시아와 유럽에 약 30여종이 자생한다. 우리나라에는 **가는잎할미꽃**(P.cenua 4~5월 개화), **분홍할미꽃**(P.davurica 5월 개화), **산할미꽃**(P.nivalis 7월 개화), **노랑할미꽃**(P.cenu YL) 등이 자생하고 있고, 최근에 새로운 교배종으로 **연홍할미꽃**이 보급되고 있다. 속명인 Pulsatilla는 라틴어 Pulso(치다, 소리내다)의 축소형이며 종 같이 생긴 꽃의 형태에서 유래되었다.

효능과 치료법

살균 및 소염 작용이 있다. 복통에 좋을 뿐만 아니라 두통, 부종, 이질, 심장병, 학질, 위염 등에 두루 약으로 쓴다.

할미꽃은 뇌 질환을 치료하는 데 탁월한 효과가 있는 것으로 알려져 있으며, 뿌리를 잘 법제해서 사용하면 뇌종양을 비롯한 여러 가지 암을 치료할 수 있다. 실제로 할미꽃 뿌리를 주재료로 약을 만들어 뇌암, 간암, 신장암, 위암에 쓰인다.

이질 치료에도 좋은데, 특히 열성 이질로 발열이 있으며 갈증이 나고 항문이 화끈거리는 느낌이 드는 이질에 효과가 있다. 아메바성 이질은 물론 세균성 이질에도 유효하다.

지혈 작용

코피가 나거나 피를 쏟는 치질, 대변 출혈을 일으키는 '장풍'이라는 병증에 쓰인다.

임파선 종대 치료

경핵성 임파선염으로 임파선에 염증이 계속 반복되며 잘 낫지 않고 몸에 열이 있을 때 쓴다.

질염 치료

할미꽃 뿌리를 가루로 만들어 쓰면 질의 트리코모나스균을 살균하는 것으로 밝혀졌다. 더불어 진균, 녹농균, 황색 포도상구균도 억제하며, 아메바 원충의 생장을 억제한다.

▲ 할미꽃의 잎

강심작용

할미꽃의 줄기와 잎은 허리와 무릎을 따뜻하게 하며, 부종을 다스리고 강심작용을 한다. 그러나 '아네모닌'이라는 독 성분이 있어 심장을 멎게 할 수도 있으니, 반드시 전문가의 처방에 따라야 한다.

학질 치료

오한과 발열이 반복되는 증상에 특히 효과가 있다.

두통 치료

8~9월에 할미꽃 뿌리를 채취하여 햇볕에 말려 두었다가 쓴다. 할미꽃 뿌리 40g에 물 1L를 붓고 달여서 절반쯤으로 줄어들면 꿀이나 설탕을 넣어 한번에 15g씩 하루 세 번 식사 전에 음용한다. 이 처방은 뒷목이 당기고 통증이 있을 때에도 효과적이다.

부종 치료

할미꽃의 잎 500g에 물 3L를 넣고 절반이 되게 달여, 달인 물과 찹쌀밥 한 그릇을 단지에 넣고 뚜껑을 덮어 10일쯤 두면 술이 된다. 이 술을 한 번에 한 잔씩 하루 세 번 밥먹기 전에 먹으면 부종, 두통, 뼈마디가 쑤시고 아픈 데, 설사, 위염, 위궤양, 위암 같은 여러 질병에 두루 좋은 효과가 있다.

탈모 방지

할미꽃의 노란 꽃가루를 따서 피마자 기름에 개어 바르면 효과가 있다.

할미꽃 이용시 주의점

할미꽃은 독성이 있으므로 절대로 많은 양을 한꺼번에 먹어서는 안 된다. 또 임산부가 복용하면 낙태할 수가 있다. 옛날에는 할미꽃 뿌리를 사약으로 쓰거나 음독 자살할 때 달여 먹기도 하였다.

가는잎할미꽃
Pulsatilla cernua (Thunb.) Spreng koreana

생김새

높이 10~30cm이다. 살찐 뿌리가 땅속 깊이 들어가며 많은 뿌리잎이 뭉쳐난다. 잎은 깃꼴겹잎이다. 작은 잎은 5개로 밑부분의 작은 잎은 2~5개로 갈라진다. 꼭대기에 갈라진 잎 조각의 끝은 뾰족하며 표면에는 털이 없고 뒷면에는 명주실 같은 털이 있다. 꽃은 4~5월에 피는데, 종모양으로 밑쪽을 향한다. 꽃줄기는 길이 10~30cm이고, 꽃받침잎은 6개로 긴 타원형이며 흰털이 빽빽이 난다. 안쪽에는 털이 없으며 검은 적자색이다. 열매는 수과이며 좁은 달걀 모양으로 흰털이 난다. 제주도에서 자생한다.

연홍할미꽃
Pulsatilla koreana

전남도농업기술원에서 개발하였다. 연홍할미꽃은 진분홍색의 꽃이 피는데, 꽃대 길이가 60cm 정도로(일반 할미꽃은 20~40cm) 일반 할미꽃에 비하여 꽃의 크기가 크다. 같은 품종끼리는 수정되지 않고 다른 품종과 교배되는 습성을 가진 자가불화합성 품종으로 종자가 맺히지 않기 때문에 번식할 때는 뿌리 삽목을 해야 한다. 연홍할미꽃은 우수성을 인정받아 국립종자관리소에 품종 등록이 출원되었다. 남쪽의 일반 할미꽃 암꽃과 북쪽의 분홍할미꽃 수꽃을 교배하여 탄생한 종이다.

동강할미꽃
Pulsatilla tongkangensis Y.Lee et T.C.Lee.

생김새

강원도 동강의 바위에 자라는 한국 특산종이다. 높이는 꽃이 필 때 15cm 정도이며 이후에 더 자란다. 전체에 흰 털이 많다. 잎은 뿌리에서 나는 깃꼴겹잎으로 작은 잎 7~8장으로 이루어진다. 꽃은 4월 초순에 피며 처음에는 위를 향해 피었다가 꽃자루가 길어지면 옆을 향한다. 다른 할미꽃과 달리 꽃이 고개를 숙이는 않는 점이 특색이다. 꽃 색깔은 연분홍, 청보라, 붉은 자주색, 흰색 등으로 다양하다. 꽃자루는 1~2cm이지만 꽃이 진 후에 자라서 20cm에 이른다.

백두분홍할미꽃
Pulsatilla davurica koreana

생김새

경기도 이북 산야의 양지에서 자라는 다년초로서 굵은 뿌리가 땅속으로 깊이 들어가며 흑갈색이고, 잎은 뿌리에서 나오며 엽병이 길고 5개의 소엽으로 구성된 우상복엽이다. 밑부분의 소엽은 길이 3.8cm로서 우상으로 깊게 갈라지며, 열편은 선형이고 끝이 뾰족하다. 폭이 3~5mm로 뒷면에 명주실같은 백색 털이 있다.

환경과 그늘에 민감하며, 다른 할미꽃에 비해 잎의 열편이 가늘고 길며, 끝이 뾰족하다. 식물체도 작다. 꽃은 4~5월에 피며, 꽃받침열편은 6개이고 타원형이다. 길이 2cm, 폭 12cm로 겉에 백색털이 밀생하고, 안쪽에는 털이 없으며 연한 홍색이다. '흥안백두옹', '모고타화' 라고도 한다.

할미꽃 학명의 koreana는 '한국의' 라는 뜻이다. 한국에서 자생하는 종들은 보통 한국 특산종이다.

할미꽃의 꽃봉오리

할미꽃술

재료
할미꽃송이 1개, 적당량의 물

만드는 법

1. 할미꽃을 솎아 내듯이 따서 깨끗이 손질한다.
2. 그늘에서 잘 말린다.
3. 밀폐 용기에 담아 보관한다.
4. 말린 꽃 한 송이를 찻잔에 넣고 끓는 물을 부어 1분 정도 우려 내어 마신다.

주의할 점

임산부는 복용을 삼간다.

백두옹탕

열성의 이질로 복통이 있고 변을 봐도 개운하지 않을 때, 또는 고름 섞인 혈변을 볼 때 쓴다.

재료
백두옹 6g, 황백 9g, 황련 9g, 진피 9g

만드는 법

1. 물 500cc를 붓고 준비한 약재를 넣어 물의 양이 반으로 줄면 2회로 나누어 복용한다.
2. 산후에 설사로 극도의 허약 상태에 빠졌을 때는 이 처방에 아교 6g, 감초 6g을 가미해서 쓴다.

제11장

버섯 모듬

갓버섯 / 느타리버섯 / 능이버섯 / 석이버섯 / 구름버섯
송이버섯 / 영지버섯 / 표고버섯 / 상황버섯 / 싸리버섯
노루궁뎅이 / 차가버섯 / 뽕나무버섯 / 달걀버섯

01 Macrolepiota procera (Fr.) S. F. Gray. Fungi

갓버섯
큰갓버섯, 말똥버섯

생김새

주름버섯과로 여름부터 가을까지 산림, 대나무 숲, 풀밭, 목장 등 땅 위에 단생 또는 군생하는 외생균근성 버섯이다. 전세계적으로 널리 분포하며 균모는 지름 8~20cm로 난형 후 중앙이 높은 편평형이 된다. 표피는 갈색~회갈색인데 터져서 인편으로 되고, 바탕은 담갈색~담회색이며 갯솜질이다. 살은 백색의 솜모양이고, 주름살은 백색이며 떨어진 주름살이다.

자루는 높이 15~30cm로 속이 비고 근부는 부풀며, 표면은 회갈색의 인편이 있어서 얼룩 모양이 된다. 고리는 두껍고 상면은 백색이며, 하면은 회백색으로 움직일 수 있다. 포자는 난원형이고 13~16×9~12μm로 표면은 평활하고 발아공이 있으며 포자문은 백색이다.

효능

유리아미노산 20종과 글리세롤, 글루코스 등을 함유한다. 항종양성이 있어 건강 증진에 도움이 된다. 소화 촉진의 효과도 있다.

이용법

채취 시기는 여름~가을이다. 갓의 살은 부드럽고 줄기에는 힘줄이 있으며, 맛은 특징이 없으나 보통 튀김 요리로 이용한다. 생식하면 위장에 자극이 있으므로 주의한다.

> **갓버섯과 독큰갓버섯**
>
> 가을철 목장이나 나무 숲 언저리에 큰갓버섯과 독큰갓버섯이 함께 자생한다. 감별이 쉽지 않으므로 채취에 주의한다.

▲ 독큰갓버섯

큰갓버섯

큰갓버섯튀김

재료

큰갓버섯 4개, 새우(중하) 6마리, 죽순 1/4개, 홍고추 1개, 청피망 1/2개, 마늘 2쪽, 고추기름 · 청주 각 1큰술, 간장 · 참기름 각 1작은술, 식용유 · 소금 · 후추 적당량

튀김반죽
녹말가루 1컵, 달걀 1개, 물 1/2컵, 소금 약간

버섯양념
다진 마늘 · 양파즙 · 참기름 각 1작은술, 소금 · 후추 약간

만드는 법

1. 큰갓버섯은 물에 불려 기둥을 떼고 물기를 짠 다음 어슷하게 저며 썬다.
2. 1에 다진 마늘, 양파즙, 소금, 후추, 참기름으로 간을 한 다음, 분량대로 섞어 만든 튀김반죽을 입혀 170℃의 기름에서 튀겨낸다.
3. 내장을 빼고 껍질을 벗진 새우를 소금, 후추로 밑간한 후 튀김반죽을 입혀 튀겨낸다.
4. 죽순, 피망, 고추는 먹기 좋은 크기로 자르고 마늘은 납작하게 썬다.
5. 팬에 고추기름을 두르고 저민 마늘을 볶다가 야채를 넣고 간장, 청주, 소금, 후추로 간을 한다.
6. 튀긴 버섯과 새우를 넣고 볶은 다음 참기름을 넣어 마무리한다.

02 Pleurotus ostreatus

느타리버섯

국거리 · 전골감 등으로 쓰거나 삶아서 나물로 먹는 식용버섯이며, 인공 재배도 많이 한다. 전세계적으로 분포한다.

효능

채취 시기는 늦가을에서 이듬해 봄이다. 본래 자작나무, 팽나무, 느티나무 같은 활엽수의 썩은 부위에 기생하는 것이지만, 요즘은 볏짚이나 톱밥을 이용하여 재배한다. 쫄깃한 맛이 있어 우리나라 사람들에게 인기가 있는 버섯 가운데 하나이다. 느타리버섯은 성질이 따뜻하여 몸을 따뜻하게 덥혀주고 손발이 저린 증세나 신허로 인한 요통을 낫게 한다.

생김새

활엽수의 고목에 군생하며, 늦가을에 많이 발생한다. 갓은 폭이 5~15cm로 반원형 또는 약간 부채꼴이며 가로로 짧은 줄기가 달린다. 표면은 어릴 때는 푸른빛을 띤 검은색이지만 차차 퇴색하여 잿빛에서 흰빛으로 되며 매끄럽고 습기가 있다. 살은 두텁고 탄력이 있으며 흰색이다.

주름은 내린형으로 흰색이고 줄기에 길게 늘어져 달린다. 자루는 길이 1~3cm, 굵기 1~2.5cm이고, 갓 나비는 5~15cm로 흰색이며 밑부분에 흰색 털이 빽빽이 나 있다. 자루는 옆이나 중심에서 나며 자루가 없는 경우도 있다. 포자는 무색의 원기둥 모양이고 포자 무늬는 연분홍색을 띤다.

▲ 갈색털느타리버섯(위)와 노랑느타리버섯(아래)

느타리버섯

느타리버섯볶음

느타리버섯은 수분이 90% 이상이고 단백질이 1.5~2.0% 정도 함유되어 있다. 탄수화물은 3~6% 정도로 펜토산, 글루코스, 트레할로스, 덱스트린 등이 들어 있어 버섯 요리의 맛을 돋구는 요인이 된다.

> 재료
>
> 느타리버섯 60g, 양파 20g, 풋고추(또는 피망) 10g, 식용유 1큰술, 소금 약간

만드는 법

1. 느타리버섯을 끓는 물에 데치고 큰것은 손으로 찢어 놓는다.
2. 양파는 채 썬다.
3. 풋고추는 어슷썰고 씨를 털어낸다.
4. 팬에 식용유를 두르고 느타리버섯, 양파, 풋고추 순으로 넣어 볶아낸 후, 소금으로 간을 한다.

느타리버섯장아찌

> 재료
>
> 느타리버섯 1kg
> 맛국물
> 물 8컵, 양파 1개, 마른 청양고추 5개
> 조미액
> 맛국물 7컵, 간장 · 설탕 · 식초 각 1컵

만드는 법

1. 느타리버섯을 알맞은 크기로 찢어 놓는다.
2. 물 8컵에 양파와 마른 청양고추를 넣고 끓여 맛국물을 만든다.
3. 맛국물 7컵에 분량의 간장과 설탕, 식초를 혼합하여 조미액을 만든다.
4. 준비한 용기에 버섯을 담고 3의 조미액을 끓여 뜨거울 때 붓는다.
5. 2~3일이 지나면 바로 먹을 수 있고, 오래 저장하려면 3~4일 후 다시 조미액을 끓여 붓는다.

03 Sarcodon aspratus

능이버섯
향버섯

생김새

가을에 활엽수림의 지상에서 군생한다. 자실체는 높이 10~20cm이고 나팔꽃과 같이 퍼진 깔때기 모양이다. 갓은 지름 10~20cm에 달하고 갓의 중심은 자루 끝까지 우묵하게 구멍이 뚫려 있으며 표면에는 크고 거친 비늘 조각이 거꾸로 밀생한다.

갓 가운데가 깔때기처럼 움푹하며, 윗부분은 거칠고 큰 비늘조각들이 촘촘히 나 있다. 밑부분은 소 혓바닥처럼 까칠까칠하다. 어릴 때는 전체가 담홍색이며 홍갈색을 거쳐 점차 흑갈색이 된다. 한번 채취하면 다음 해에 그 주변에서 다시 채취할 수 있다. 갓 밑면에는 1cm 내외의 바늘이 밀생한다. 자루는 길이 3~6cm, 지름 1~2cm이고 표면은 밋밋하다.

포자는 둥글고 돌기가 있으며 담갈색이다. 건조하면 강한 향기가 나며, 식용버섯이지만 생(生)으로 먹으면 중독된다. 한국과 일본에 분포한다.

효능

유리아미노산이 23종 들어있으며, 지방산 10종과 미량 금속 원소가 13종이 들어 있고 그 밖에 유리당, 균당이 들어있다. 콜레스테롤을 감소시켜주는 효능이 있다.

이용법

민간에서는 쇠고기를 먹고 체했을 때 이 버섯 달인 물을 소화제로 이용하였다. 생약명은 '능이(能珥)'이며, 일본에서는 '고우다케'라고 부른다.

건조시키면 매우 강한 향기가 있어 '향이'라고도 불린다. 자연산 능이버섯은 암 예방과 기관지천식, 감기에 효능이 있으며 맛이 시원하면서도 담백하고 뒷맛이 깨끗하다.

이물질이 붙은 아랫부분을 칼로 저미고 살짝 씻은 후에 끓는 물에 넣고 삶아 초고추장이나 소금장에 찍어 먹는다. 이때 끓인 물을 버리지 말고 육수처럼 그대로 마신다.

국이나 전골, 부침개로도 이용하며, 쇠고기나 돼지고기와 함께 볶으면 맛이 좋다. 육질이 단단하여 고기처럼 쫄깃하고 감칠맛이 뛰어나며, 향이 좋다.

능이버섯 이용시 주의점

독특한 향기가 있는 식용버섯이나 생식하면 가벼운 중독 증상이 나타나며, 위장에 염증과 궤양이 있을 때는 이용을 삼간다.

04 Umbilicaria esculenta
석이버섯

생김새

깊은 산의 바위에 붙어서 자라는 엽상지의(葉狀地衣)이다. 지의체는 지름 3~10cm의 넓은 단엽상으로 거의 원형이고 혁질이다. 표면은 황갈색 또는 갈색으로 광택이 없고 밋밋하며 때로는 반점 모양으로 탈락하는 백색의 수층이 국부적으로 나타난다. 뒷면은 흑갈색 또는 흑색으로 미세한 과립상 돌기가 있고, 전체가 검으며 짧은 헛뿌리가 밀생한다. 건조된 것은 단단하지만 물에 담그면 회록색으로 변하고 연해진다. 자기(子器)는 지의체의 표면에 생기는데 흑색이고 표면이 말린 모양으로 지름 1~2mm이다. 포자는 무색이고 1실이다. 한국(강원 이북)·중국·일본 등지에 분포한다.

효능

연중 채취가 가능하다. 성질은 평하고 맛은 달며 독이 없다. 지로포르산 성분이 함유되어 있어 중국 한방에서는 강장·각혈·하혈 등에 지혈제로 이용한다. 음(陰)을 보하고 지혈한다.

노상해혈(勞傷咳血), 장풍하혈(腸風下血), 치루(痔漏), 탈항(脫肛)을 치료하고 항균소(抗菌素)의 원료로 쓰인다. 더불어 식욕촉진, 항암, 자양강장의 효능이 있다. 일반적으로 15~20g을 달여서 복용한다.

《동의보감》에는 '성질이 차고(평(平)하다고도 한다) 맛이 달며 독이 없다. 속을 시원하게 하고 위(胃)를 보하며 피나는 것을 멎게 한다. 오랫동안 살 수 있게 하고 얼굴빛을 좋아지게 하며 배고프지 않게 한다.'고 기록되어 있다.

이용법

맛이 담백하여 튀김 요리에 많이 쓰인다. 또한 살짝 데쳐서 쌈을 싸 먹거나 잘게 썰어 참기름에 볶은 뒤 잣가루를 뿌려서 먹기도 한다. 물에 불린 것은 잘게 썰어 보쌈김치, 잡채, 볶음, 찜 요리에 고명으로 얹기도 하며, 버섯 가루에 찹쌀 가루를 섞어 단자를 빚기도 한다. 버섯을 말리면 향이 좋아지는데, 먹기 전에 물에 불려서 사용한다. 버섯 안쪽에는 미세한 돌 등의 이물질이 붙어 있으므로 요리하기 전에 물에 담갔다가 흰색이 나올 때까지 손으로 문질러 씻어 낸다.

건조시킨 석이버섯

석이버섯송편

재료

석이버섯 2큰술, 찹쌀가루 1/2컵, 맵쌀2컵, 소금 약간, 참기름 약간

소 : 대추 5알, 호두 2큰술, 황설탕 5큰술, 건포도 1/2컵, 밤 5알

만드는 법

1. 대추는 채를 썰어주고, 밤은 쪄서 뜨거울 때 채에 내린다. 건포도와 호두는 송송 썰어 놓는다.
2. 대추와 밤, 건포도, 호두는 흑설탕에 섞어 준다.
3. 석이버섯을 물에 불린 후에 팬에서 볶고 분말로 갈아서 가루를 낸다.
4. 찹쌀 가루와 맵살 가루, 석이버섯 가루를 섞어 반죽하여 완자를 만든다.
5. 완자에 소를 채우고 찜솥에 찌고 참기름을 바른다.

석이술

재료

석이버섯 250~300g, 소주 1000ml, 설탕 5~10g

만드는 법

1. 잡초를 털어내고 햇볕에 말린 후 몇 시간 동안 미지근한 물에 담가 불려 놓는다.
2. 하루 정도 건조시켜 물기를 완전히 빼고 용기에 넣는다.
3. 소주를 붓고 설탕을 넣어 밀봉한다.
4. 시원한 곳에서 6개월 정도 숙성시킨다.

05 Coriolus versicolor

구름버섯
운지버섯

생김새

봄부터 가을에 걸쳐 활엽수의 썩은 줄기나 가지 위에서 군생한다. 자실체는 착생이거나 반착생 또는 겹으로 뭉쳐난다. 갓은 지름 1~5cm, 두께 1~2mm로 반원형이고 가죽질이며 회색 · 흰색 · 노란색 · 갈색 · 붉은색 · 녹색 · 검은색 등으로 된 고리 무늬가 있다.

가장자리는 얇고 예리하다. 살은 흰색 또는 젖빛을 띤 흰색을 띤 섬유질이며, 두께는 보통 1mm 이하이다. 자실층은 흰색 또는 회색빛을 띤 흰색이고 관공(管孔)은 길이 0.1cm이며 관공구는 원형 또는 다각형이다. 포자는 원통형이나 가끔 굴곡이 있고 민둥하며 포자무늬는 흰색이다. 목재에 흰색 부후를 일으킨다. 한국, 일본, 중국 등 전세계에 고루 분포되어 있다.

효능

항암 성분이 최초로 발견된 약용버섯으로 항암제로 이용된다. 유리아미노산 18종, 포화지방산 11종, 불포화지방산 9종, 단백다당체, 항종양 성분 등이 들어있다. 성질은 차며 맛은 약간 달다.

거습(祛濕), 화담(化痰)의 효능이 있다. 일반적으로 B형 간염, 천연성 간염, 만성활동성 간염, 만성기관지염을 치료하며 일본에서는 종창약으로 사용된다.

면역증강

구름버섯에 들어있는 다당체는 인체의 면역력을 증강시키는 작용을 하며, 면역계를 활성화하고 보체를 활성화시킨다. 또한 콜레스테롤을 저하시키고, 혈당 증가 억제 작용을 나타낸다.

항암작용

동물실험에서는 암세포 억제율이 70%나 되었다. 또 구름버섯 추출물은 항암제 치료 후의 부작용을 최소화시키고 치료효과를 증진시키는 작용이 있는 것으로 알려져 있다. 더불어 간암 세포의 생장을 억제시키는 작용과 복수를 저하시키는 작용이 있는 것으로 보고 된 바 있는 항암약재이다.

운지버섯은 산속에서 쉽게 발견할 수 있는데, 채취하여 말렸다가 10~20g을 물로 달여서 보리차처럼 음용한다. 너무 흔하게 발견되어 중요성이 부각되지 않고 있는 약재이다.

《본초도감》에서는 운지에 관해서 다음과 같이 기록하고 있다. '운지(雲芝)는 구멍장이버섯과의 진균인 구름버섯의 자실체이다. 자실체는 가죽질이고 돌려나며 자루가 없고 층층이 무리를 지어 겹쳐져 난다. 갓은 얇으며 반원형이고 크기가 2~5×3~7cm이며 두께는 1.5~4mm이다. 어릴 때는 흰색이나 점차 변하여 짙은색이 되며 짧은 털이 밀생한다. 표면의 색은 다양한데 협착된 동심환대가 여러가지 색으로 구

성되어 있다. 갓끝은 얇고 예리하다. 조직은 흰색이며 가죽질이다. 관은 한 겹이고 관공면은 흰색으로 오래되면 흑갈색으로 변하고 관구는 보통 벌어져 있다. 포자는 원주형으로 만곡되어 있고 광활하며 무색이다.'

이용법

여름에서 가을철에 채취한다. 구름버섯을 달일 때는 다른 약재를 첨가하기도 하지만, 구름버섯이 가지고 있는 효능을 잃지 않게 하려면 가급적 다른 약재의 첨가를 최소량으로 한다.

구름버섯을 약재로 달일 때는 0.5~1L 정도의 물에 구름버섯갓 10~20개 정도를 사용한다. 일반적으로 버섯은 장기간 복용해야 큰 효과를 볼 수 있으므로, 적당량을 꾸준히 복용하는 것이 좋다.

우리가 흔히 먹는 보리차 대신 구름버섯을 재료로 차를 끓여 마시는 습관을 기르는 것도 좋은 방법이다. 우려낸 물이 맛을 내지 않을 때까지 여러 번 달여서 복용할 수 있다.

꽃구름버섯
Stereum hirustum

생김새

일 년 내내 죽은 활엽수 또는 표고 원목 등에 무리를 지어 자란다. 버섯갓은 긴 지름 1~3cm, 두께 1mm이며 크기가 불규칙하다. 갓은 가죽질로서 질기다. 갓 표면은 회백색이나 회황색으로 흰색 털이 촘촘히 나 있으며 동심원처럼 고리 무늬가 늘어서 있다. 아랫면의 자실층은 밋밋하고 등황색 또는 연한 노란색에서 색이 바랜다. 단면은 털의 층 아래에 얇은 회갈색 피층이 있다. 목재부후균으로 나무에 흰색 부패를 일으킨다.

이용법

식용에는 부적합하며, 최근 여러 환경유해물질에 대항한 생물학적 복구에 이용이 가능하다는 연구 결과가 발표되었다.

06 Tricholoma matsutake
Tricholoma caligatum (Viviani)

송이버섯

일반적으로 20~60년생 소나무숲에 발생하며, 주산지는 태백산맥과 소백산맥을 중심으로 한 경북 울진·영주·봉화 지방과 강원 강릉·양양 지방이다. 일본, 중국, 타이완 등지에도 분포한다.

송이버섯의 성장

송이균은 소나무의 잔뿌리에 붙어서 균근(菌根)을 형성하는 공생균(共生菌)이다. 송이는 포자가 적당한 환경에서 발아된 후 균사로 생육하며 소나무의 잔뿌리에 착생한다. 백색 또는 담황색의 산 잔뿌리가 흑갈색으로 변하면서 균근을 형성하게 된다.

균근은 땅 속에서 방석 모양으로 생육 번식하면서 백색의 뜸을 형성하며 고리 모양으로 둥글게 퍼져 나가는데, 이것을 '균환(菌環)'이라고 한다. 균환은 땅속에서 매년 10~15cm씩 밖으로 생장하며, 충분히 발육된 균사는 땅속 온도가 5~7일간 19℃ 이하로 지속되면 버섯으로 변한다.

생김새

가을에 소나무숲 땅 위에서 발생하는 독특한 향기와 맛이 좋은 대표적인 식용버섯이다. 갓은 지름이 8~20cm이다. 처음 땅에서 솟아나올 때는 구형이지만 점차 커지면서 만두 모양이 되고 편평해지며 가운데가 약간 봉긋해진다. 갓 표면은 엷은 다갈색이며 갈색 섬유상의 가느다란 인피로 덮여 있다.

어린 버섯은 백색 솜털 모양의 피막에 싸여 있으나 펴짐에 따라 피막이 파여서 갓 둘레와 자루에 붙어 부드러운 자루테로 남는다. 살은 백색으로 꽉 차 있으며, 주름도 백색으로 촘촘하다. 자루는 길이 10cm, 굵기 2cm 내외이고, 자루테의 위쪽은 백색이며, 아래쪽에는 갈색의 인피가 있다. 포자는 타원형이며 무색이다.

▲ 송이버섯은 소나무숲의 땅 위에서 발생한다.

효능

수분이 80~90% 정도이며, 일반적인 영양 성분은 단백질 2%, 당질 7~8%, 지방 1%, 무기질 1% 등이다. 또 비타민B2와 D의 모체인 '엘고스테린'이 풍부하며, 버섯의 감칠맛을 내는 '구아닌산' 등이 풍부하게 함유되어 있다.

송이의 구아닌산은 혈액의 콜레스테롤을 낮추는 작용이 있어 고혈압 환자나 심장병 환자에게 좋은 성분으로 알려져 있다. 또한 아미노산과 비타민B2, 다당류 등이 들어 있는데, 다당류에는 항암물질이 들어있다고 알려져 있다. 식물성 섬유는 장을 깨끗하게 청소하는 기능이 있어 변비 해소에도 좋다. 동맥경화나 담석증에도 효과가 있다고 한다.

《본초강목》의 기록에 따르면 '송이는 소변이 탁한 것을 치료하는데 좋으며 순산의 특효약으로도 쓰인다.'고 한다. 때문에 산후 복통이나 과민성 대장염으로 인한 설사를 다스리는 데 좋은 약재이다.

이용법

송이로 음식을 만들 때는 열을 짧게 가해야 한다. 따라서 요리의 마지막에 넣어야 하며, 파와 마늘, 고추 등 자극적인 양념을 되도록 적게 써 송이의 향기와 질감을 살리는 것이 좋다.

미리 물에 씻어 놓으면 물러지므로 요리하기 바로 전에 씻어서 사용한다.

송이회 얇게 썰어서 참기름을 섞은 소금을 살짝 찍어 먹는다.

송이탕 쇠고기로 끓인 장국에 저민 송이를 넣는다.

송이전골 송이를 쇠고기, 조갯살, 실파와 함께 살짝 볶아서 만든다.

이 밖에 등심과 함께 구워 먹거나 된장국이나 된장찌개에 넣어 먹으면 특유의 향과 쫄깃한 맛을 느낄 수 있다.

송이버섯의 품질

갓의 피막이 터지지 않고, 자루가 굵고 짧으며 살이 두꺼운 것이 좋다. 또한 향기가 진하고 색깔이 선명하며 탄력성이 큰 것이 우량품이다. 송이는 생산시기에 채취 집하되어 생송이로 일본으로 많이 수출하고, 일부는 냉동 또는 염장하거나 통조림으로 저장하여 이용한다. 송이는 활물기생균이므로 표고와 같이 종균에 의한 인공재배가 곤란하다. 때문에 송이의 질은 발생 임지의 환경개선과 관리에 의존하고 있으며, 최근에는 소나무 묘목을 송이균에 감염시켜 이식하는 방법 등을 연구 중에 있다.

양송이버섯
Agaricus bisporus var. albidus

생김새

버섯갓은 지름 5~12cm이고 처음에 거의 공 모양에 가깝지만 점차 펴져서 편평해진다. 갓 표면은 흰색이며 나중에 연한 누런 갈색을 띠게 된다. 살은 두껍고 흰색이며 흠집이 생기면 연한 홍색으로 변한다. 주름살은 끝붙은주름살로 촘촘하며 어린 것은 흰색이다가 점차 연한 홍색으로 변하고 검은 갈색으로 변한다.

이용법

세계적으로 생산량이 가장 많은 버섯으로 미국, 중국, 네덜란드, 프랑스 등에서 생산된다. 통상 '양송이' 라고 불리며 프랑스에서는 '샴피뇽 드 파리' 라고 불린다. 갓이 둥글고 잘 자라 표면이 반들반들한 것이 신선한 것이다. 별다른 맛은 없으나 쫄깃한 식감이 있어 싱싱할 때에 샐러드에 넣어 먹는다.

백색인 화이트종과 다색의 브라운종이 있으며, 화이트종은 자르면 바로 갈변되므로 바로 레몬즙을 뿌려 둔다. 일본에서는 통조림으로도 출하하고 있으나, 생것이 향기와 씹히는 맛도 좋다. 상처나 변색이 있는 것은 피한다. 버터 소스나 그라탕, 피자, 스파게티, 샐러드나 스프, 카레나 스튜 등 여러 가지 삶거나 볶는 요리에 쓰인다.

새송이버섯
Pleurotus eryngil

생김새

백색목재부후균의 한 가지로 '큰느타리버섯' 또는 '왕느타리버섯' 으로 알려져 있다. 원산지는 남유럽 일대이며, 북아프리카 · 중앙아시아 · 남러시아 등지에도 분포한다. 1975년 송이과로 분류되었으나, 1986년에 느타리버섯과로 재분류되어 큰느타리버섯으로 명명되었다가, '진미(眞味)버섯' 이라는 가칭을 거쳐 '새송이버섯' 으로 최종 이름지어 졌다.

효능

대부분의 버섯은 항산화력을 지닌 비타민C가 없거나 매우 적은 데 비하여, 새송이버섯은 비타민C를 느타리버섯의 7배, 팽이버섯의 10배나 많이 함유하고 있다. 일반 버섯에 주로 함유된 비타민B1과 B2, 나이아신 등은 검출되지 않지만, 다른 버섯에는 거의 없는 비타민B6가 많이 함유되어 있고, 악성빈혈에 치료효과가 있는 비타민B12도 미량 함유되어 있다.

전당의 함량이 높은 편이고, 조지방 함량은 표고버섯의 2배이다. 필수 아미노산 10종 가운데 9종을 함유하고 있으며, 칼슘과 철 등 신진대사를 원활하게 돕는 무기질의 함량도 다른 버섯에 비하여 매우 높다.

새송이버섯장아찌

새송이버섯장아찌 **1**

새송이버섯은 균사조직이 치밀하여 육질이 뛰어나고, 자연산 송이와 비슷한 맛이 있다. 수분 함량이 다른 버섯보다 적어서 저장 기간이 길다.

재료

새송이버섯과 통마늘 적당량, 간장 2/3컵, 맛술 1큰술, 설탕 2큰술

만드는 법

1. 새송이를 잘 씻어서 밑둥을 자르고, 큰 것은 4등분 작은 것은 2등분하여 물 3컵을 넣고 끓인다.
2. 골고루 익도록 중간에 한 번씩 뒤집어 주며, 10분간 끓여준다.
3. 중불로 줄인 후에, 간장 2/3컵과 맛술 1큰술, 설탕 2큰술을 넣는다.
4. 통마늘을 2등분하여 같이 넣어서 조려준다.
5. 양념을 끼얹어 가며 중불에서 5~10분 더 졸인다.

새송이버섯장아찌 **2**

새송이버섯은 대와 갓의 구분이 확실한 것을 고른다. 대가 굵으면서 곧으며 갓의 끝부분이 두껍고 짙은 황토색이고, 대 부분이 촉촉하면서 조금 단단하며 버섯 자체의 수분이 적고 갓 밑부분이 노랗게 변색되지 않은 것이 좋다.

재료

새송이 400g, 간장 1컵, 식초 1/2컵, 설탕 1/2컵

만드는 법

1. 새송이를 깨끗이 씻어서 건조시킨다.
2. 물에 소금을 넣고 끓여 식힌다.
3. 끓여 식힌 소금물에 간장, 식초, 설탕을 넣어 간을 맞춘다.
4. 건조시킨 새송이를 3에 넣어 1개월 저장한다.

꽃송이버섯
Sparassis crispa Wulf. ex Fr.

생김새

가을에 침엽수의 그루터기나 고목의 언저리에서 자생한다. 직경 20~40㎝ 정도 크기의 반구형으로 색깔은 흰색이나 엷은 노란색이다. 수국꽃이나 산호처럼 보여 영어로는 '꽃양배추버섯(Cauliflowermushroom)'이라고 한다. 보통 고지 1000m가 넘는 산악 지대나 연간 기온이 20℃ 이하인 곳에서 자생한다.

자실체는 높이 10~25cm로 육질이고 밑부분은 굵은 줄기로 공통의 자루가 되어 있다. 여러 차례 가지를 쳐서 꼭대기는 편평하게 되고 가장자리가 물결 모양이 된다. 자실층은 꽃잎 뒷면에 발달하였다.

자루는 길이 2~5cm, 나비 2~4cm로 짧고 뭉툭하며 단단하며, 조직은 흰색이다. 포자는 길이는 5~7㎛, 나비 3~5㎛로 달걀형 또는 타원형이고 표면은 평편하며 포자 무늬는 흰색이다.

식용버섯으로 한국, 일본, 유럽, 북아메리카, 오스트레일리아 등지에 분포한다.

효능

꽃송이버섯에는 100g당 베타글루칸이 43.6g이나 함유되어 있다. 즉 꽃송이버섯 절반 이상의 성분이 베타글루칸인 것이다. 이는 아가리쿠스나 잎새버섯보다 약 2.5~4배나 더 많은 양이다.

꽃송이버섯은 무독성으로 식약청에 식품의 주원료로 등록된 식용버섯이다. 각종 동물과 임상실험에서 그 효능이 검증되어 일본에서는 암환자들의 대체 면역요법으로 인기를 끌고 있다.

이용방향

분말을 10~20% 혼합한 과립 및 캡슐제품이 건강보조식품으로 개발하여 판매되고 있다. 항암 면역강화 유효물질인 베타글루칸 함량이 강화되어 향후 항암 면역활성 물질소재의 개발에 대한 기대도 낳고 있다. 유효물질의 추출에 의한 주사실험이 아닌 단순 분말의 4주간 경구투여에 의한 실험에서 종양 저지율이 75% 이상으로 밝혀져, 암환자와 면역학 분야에 청신호가 될 것으로 기대된다.

꽃송이버섯은 건조버섯, 분말가공, 고농축 분말 캡슐제품 등 3가지 형태로 제품화하여 시판될 예정이며, 대량 인공재배기술이 개발되어 생산증대가 가능하게 되었다. 향후 재배농가의 소득 증대에 크게 기여할 것으로 기대된다.

07 Ganoderma lucidum

영지버섯
불로초, 만년버섯, 흑지(黑芝)

생김새

각종 활엽수의 썩은 나무둥치에 붙어서 기생하는 균핵으로 반월형으로 된 삿갓만 붙어서 성장한다. 여름에 활엽수 뿌리에서 발생하며 땅 위에도 돋는다. 갓과 자루 표면에 옻칠을 한 것과 같은 광택이 있는 1년생 버섯이다.

갓은 반원형, 신장형 또는 부채 모양이며 표면이 편평하고 동심형의 환구(環溝)가 있다. 처음에는 난황백색이나 황갈색 또는 적갈색으로 변하고 노성하면 밤갈색으로 된다. 살은 코르크질이며, 상하 2층으로 상층은 거의 백색이고 관공(管孔)부분의 하층은 연주황색이다. 갓의 밑면은 황백색이며, 길이 5 ~10mm의 관공이 1층으로 늘어서 있고 공구(孔口)는 둥글다. 자루는

적갈색~흑갈색이며 단단한 각피로 싸여 있고 약간의 굴곡이 있다. 포자는 2중막이며 포자무늬는 담갈색이다. 세계적으로 널리 분포한다.

효능과 치료법

영지는 강장·진정제로 불면증, 고혈압, 당뇨병, 저혈압증, 동맥경화, 항암제 등에 사용된다. 한방에서는 신경쇠약·심장병·고혈압·각종 암종에 쓰인다. 갓자루가 단단한 각피로 싸여 있고 니스를 칠한 것 같은 광택이 있어 일본에서는 '만년버섯', 중국에서는 '영지'라고 하여 한약 재료로 귀하게 사용하고 장식용으로도 이용된다.

《동의보감》에는 '독이 없고 마음을 밝게 하여 위(胃)를 양생시키고 오래 살게 하며 안색이 좋아지고 배고픈 줄을 모르게 한다.'고 기록되어 있다.

각종 암증 치료

영지 15~20g을 하루 3번 달여 먹는다.

식도암

영지 10g, 사충 40g, 충마저 27g, 마발(馬勃) 7g, 우황 4.5g, 사향 2.5g을 가루 내어 1.2~1.8g씩 하루 3번 따뜻한 물로 먹는다.

화학요법 치료로 인해 골수가 억제된 경우

영지·만삼·황기·당귀·백작·목향 각 9g, 계혈등 12g, 대랑파초(大狼巴草) 15g을 하루에 1첩씩 2번 분복한다.

이용법

중국에서는 영초로 높이 평가한다. 자녀가 출가할 때 장 속에 넣어 보내 큰 문제에 부딪혔을 때 비상용으로 사용하게 하였으며, 천하태평과 행운의 상징으로 추녀 및 출입문의 좌우에 장식품으로 이용하기도 하였다.

영지버섯을 음용하는 방법

영지의 유용성은 영지가 함유하고 있는 유효 성분에 있으므로 이를 알뜰하게 추출하여 섭취하여야 한다. 이 성분의 추출은 바르게 달이는 방법에서 시작된다.

영지를 1cm 정도로 절단하여 100g을 200cc의 물을 넣은 사기주전자(옹기 그릇을 사용하면 더욱 좋다)에 넣고 약한 불로 50~60분 끓인 다음, 황색의 물이 우러나면 이 물을 다른 용기에 옮기고 다시 물 150cc 정도를 넣고 약한 불로 30~50분간 끓인다.

그 액을 다시 용기에 옮긴 후, 3탕 때에는 물 100cc 정도를 넣고 약한 불로 역시 30~50분간 끓인다. 3탕 한 액을 모두 병에 모아서 마개를 닫고 냉장고에 보관한다. 이때 얻어진 영지의 액은 약 400cc(영지 100g분) 정도가 되며 이를 매일 1회에 80~100cc 정도씩 아침, 점심, 저녁으로 3회 섭취하면 된다. 이렇게 하면 영지 100g을 우린 물이 약 2일분이 된다. 따라서 1개월간 섭취하는 데는 영지 약 1500g 정도가 소요된다.

탕액 섭취에 있어서는 끓인 후 3일 이상 보관은 좋지 않으므로 한 번에 많은 양을 끓이지 말고 가능하면 2~3일 한 번씩 끓여서 섭취하는 것이 좋다.

영지버섯 섭취는 장기 복용하는 것이 유용성이 크므로 단시일 내에 많은 양을 섭취하지 말고 1일 40~60g 정도씩 장기간 섭취할 것을 권한다. 섭취 적량이 없으므로 일반적인 섭취 방법에 의하면 된다.

유용성분은 영지의 쓴맛 성분과 같으므로 가능하면 쓴 것 그대로 먹는 것이 좋다. 쓴 것을 잘 먹지 못하는 사람은 달일 때 감초와 대추, 구기자, 결명자 등을 넣어 함께 달이면 먹기에 좋으며, 꿀을 타서 마셔도 좋다.

▲ 영지버섯(위)과 잔나비걸상(중간), 장생녹각영지버섯(아래). 영지버섯과 형태가 유사한 종류로는 잔나비걸상이 있으며, 영지버섯의 한 종류로 장생녹각영지버섯이 있다.

영지술

영지차

재료
영지 10g, 물 300ml

만드는 법

1. 영지는 얇게 썰어 놓은 것을 구입한다.
2. 찻잔에 썰어 놓은 영지를 넣고 끓는 물을 부어 1～2분 우려낸 후 마신다.
3. 영지에서 추출액이 계속 우러나오므로 여러 차례 재탕해서 마시도록 한다.
4. 마실 때 꿀을 약간 타면 맛이 더욱 좋아진다.

영지술

재료
영지버섯 3개(중간 것), 소주 1800ml, 설탕 5～10g

만드는 법

1. 영지를 잘 씻어 물기를 완전히 제거한다.
2. 용기에 영지를 넣고 소주와 설탕을 넣는다.
3. 시원한 곳에서 6개월 이상 숙성시킨다. 익은 후에도 재료를 건져낼 필요가 없다.
4. 1회 30ml씩 취침 전에 마신다.

08 Lentinula edodes (Berk.) Pegler

표고버섯

향심, 마고, 향고, 화고, 동고, 배고, 추용

생김새

갓은 지름이 6~10cm이고 표면은 다갈색이며 표피는 균열되어 흰 살이 보이기도 한다. 봄~가을에 걸쳐 참나무와 밤나무, 서어나무 등의 활엽수에서 발생한다. 갓의 지름 6~10cm이고 표면은 다갈색이며, 흑갈색의 가는 솜털 모양의 비늘조각이 덮여 있고 때로는 터져서 흰살이 보이기도 한다.

처음에는 반구형이나 점차 펴져서 편평해지며 갓 둘레는 어렸을 때는 안쪽으로 말려 백색 또는 담갈색의 피막으로 덮여 있다가 터지면 갓둘레와 자루에 떨어져 붙는다.

자루에 붙은 것은 불완전한 자루테가 되고, 주름은 백색이며 밀생하고 자루에 홈이 파져 붙어 있다.

자루 표면의 위쪽은 백색, 아래쪽은 갈색을 띠며 섬유상이 질긴 편이며 나무에 붙어 있는 상태에 따라 한쪽으로 기울어진다. 포자는 색이 없고 한쪽이 뾰족한 타원형이며 포자무늬는 백색이다.

원목에 의한 인공재배가 이루어진다. 한국, 일본, 중국에서는 생표고 또는 건표고를 버섯 중에서 으뜸가는 상품으로 이용한다.

효능

비타민B1, B2, B6 등이 들어 있는데, B1은 피로회복, 심장비대의 예방, 탄수화물의 대사를 촉진하는 작용을 하며, B2는 입끝이 짓무르는 구각염, 구순염, 각막염 등에 효과가 있다. B6는 피부염, 빈혈 등에 효과가 있다.

표고버섯에는 특히 비타민D2가 되는 에르고스테롤이 많이 들어 있어서 성장기의 어린이 또는 노인들의 칼슘 흡수를 촉진시킨다. 골격과 치아를 튼튼하게 하는 작용이 있다.

이용법

표고버섯으로 만든 음식물이 독특한 풍미를 지니고 맛이 좋은 것은 '구아닐산'이라는 성분 때문이며 그 밖에도 글루타민산, 티로신, 페닌알라닌, 로이신, 프롤린, 아스파라긴 등의 아미노산들이 함유되어 표고버섯의 맛을 낸다.

표고버섯의 향기는 '렌치오닌'이란 성분 때문인데, 이것은 생것보다도 말리는 과정에서 효소의 작업에 의하여 더 많이 생긴다. 생것보다도 말린 표고버섯을 더 많이 쓰는 이유가 여기에 있다.

말린 것을 물에 담아 불릴 때에 너무 오래 시간을 끌면 구아닐산이 효소에 의하여 파괴가 되니 주의한다. 담가서 우러나온 물을 버리지 말고 국을 끓이는 데 사용하면 좋다.

표고버섯을 음용하는 방법

- 달이거나 뜨거운 물을 부어 누런 색의 즙을 내서 마시면 여름에 더위타는 것을 막아주고, 달인 즙에 설탕을 넣어서 마시면 구토를 멈추게 한다. 기침과 설사, 생선 중독에도 유효하다.

- 가시에 찔렸을 때 표고버섯을 태워 물과 함께 마시면 가시가 빠진다.

- 위가 아프거나 거북할 때 생표고 90g을 잘게 썰어 물에 달여 섭취하면 효과가 있다. 그 외에 독버섯을 잘못 먹었을 때나 머리가 아플 때 물에 달여 마시거나 술을 담가 마시면 좋다.

- 감기에 들기 직전에 오한이 나면서 몸에서 열이 날 때는 말린 표고 8개(15g)에 물 3컵을 붓고, 반으로 줄 때까지 약한 불에 달여서 하루 3번 복용하면 효과가 있다.

- 목에 통증이 있을 때에는 소금과 함께 표고를 달여 하루 정도 마시면 효과가 나타난다.

- 항암성분 및 간 기능 강화에 좋은 성분을 가지고 있으며, 몸속에 뭉쳐 있는 나쁜 피를 없애고 식욕을 돋우는데 아주 좋은 버섯이다. 동맥경화를 예방할 수 있는 물질이 많으며 돼지고기 요리에 잘 어울린다.

몸에 좋은 ✚ 참살이 활용법

표고버섯

표고버섯술

허약 체질을 개선하고 항암작용, 강장작용을 한다.

재료

표고버섯 250~300g(건표고 100~150g),
소주 1000ml, 설탕 10~15g

만드는 법

1. 표고버섯을 잘 손질하여 용기에 넣고 설탕과 소주를 넣는다.
2. 밀봉하여 시원한 곳에서 6개월간 숙성시킨다.
3. 식사 사이에 1회 20ml씩 1일 1~2회 마신다.

채취하여 손질한 표고버섯

표고버섯장아찌

재료

마른 표고 15장, 마늘 3쪽, 양파 1/4개, 생강 1
톨, 간장 5큰술, 설탕 2작은술, 식초 1큰술, 물엿
1큰술, 통후추 1작은술, 물 2컵, 소금 1/2작은술

만드는 법

1. 마른 표고는 끓는 물을 부어 부드럽게 만든 다음
   밑둥을 제거하고 큰 것은 6등분, 작은 것은 4등분
   해서 준비해 둔다.
2. 마늘과 생강은 편으로 썰고 양파는 채 썰어서 냄비
   에 간장, 물엿, 설탕, 식초, 통후추, 물, 소금을 넣어
   끓으면 불을 끄고 식힌 다음 체에 거른다.
3. 표고버섯의 물기를 제거한 다음 체에 거른 간장을
   붓고 하루 정도 둔다. 하루가 지난 뒤에 간장물만
   따라 내어 다시 한 번 끓인 뒤 식혀서 표고버섯에
   붓고 냉장 보관한다.

해삼표고죽(海蔘香菇粥)

보혈자음작용과 함께 보신작용을 한다. 따라서 정혈
부족, 몸이 마르고 허약할 때, 유정, 조루, 성기능 장
애, 해산 후 모유부족, 빈번한 소변, 장의 윤기 부족으
로 인한 변비 등의 증상에 적당하다. 성기능 감퇴, 각
종 빈혈, 요오드 결핍에 의한 갑상선종 등의 보조 치
료용으로 사용할 수 있다.

재료

해삼 300g, 멥쌀 100g, 표고버섯 20g, 청주
10ml, 생강 5g, 파 10g, 소금 3g, 물 1100ml

만드는 법

1. 해삼의 내장을 제거하고 깨끗이 씻은 뒤 1×1cm
   크기로 자른다. 표고버섯은 물에 담가 불려 씻고
   적당한 크기로 자른다.
2. 표고버섯에 물 1100ml를 넣어 함께 끓인다.
3. 2~3차례 끓어 오르면 멥쌀, 해삼, 청주, 생강, 파,
   소금을 넣고 약한 불에서 죽을 끓인다.

09 Phellinus linteus

상황버섯

목질진흙버섯, 수설(樹舌), 상목이(桑木耳)

생김새

상황(桑黃)이란 말은 중국에서 유래한 것으로 우리 말로는 '목질진흙버섯'이라 한다. 야생 상황은 3~4년 동안 생장하며 갓의 두께가 두꺼운 것일수록 좋다. 혓바닥같은 형태의 윗 부분이 상황의 품종에 따라 약간의 차이는 있지만 진흙과 같은 색깔을 띠기도 하고 감나무의 표피와 같이 검게 나타나기도 한다.

갓은 지름 6~12cm, 두께 2~10cm로, 반원 모양, 편평한 모양, 둥근 산 모양, 말굽 모양 등 여러 가지 모양을 하고 있다. 표면에는 어두운 갈색의 털이 짧고 촘촘하게 나 있다가 자라면서 없어지고 각피화한다. 검은 빛을 띤 갈색의 고리 홈이 나 있으며, 가로와 세로로 등이 갈라진다. 가장자리는 선명한 노란색이고 아랫면

은 황갈색이며 살도 황갈색이다. 자루가 없고 포자는 연한 황갈색으로 공 모양이다. 다년생으로 뽕나무 등에 겹쳐서 나는 목재부후균이다. 초기에는 진흙 덩어리가 뭉쳐진 것처럼 보이다가 다 자란 후에는 나무 그루터기에 혓바닥을 내민 모습이어서 '수설(樹舌)'이라고도 한다.

효능

예부터 자궁출혈 및 대하, 월경불순, 장출혈, 위장 기능 활성화와 해독에 많이 이용되었으며, 최근에는 소화기암, 위암, 식도암, 십이장암, 결장암, 직장암, 간암 등에 치료 효과가 크다는 연구 발표가 있다. 상황의 단백 다당체는 표고나 운지버섯에 비해 월등하고 약효도 뛰어나 버섯 중의 황제로 비유되고 있다.

이용법

상황버섯은 극히 적은 양으로도 큰 기대를 얻을 수 있는 아주 뛰어난 약용버섯이다. 약용하기 위해 달이면 노란색의 액이 나오며 맛과 향이 없는 것이 특징이다. 순하고 담백하여 먹기에도 좋다.

상황버섯을 효율적으로 복용하는 방법은 액체화하는 것이다. 독성은 없지만, 자연산 상황버섯은 적은 양으로도 명현현상이 강하게 나타나므로 한 번에 너무 많은 양을 복용하는 것은 삼간다.

▲ 상황버섯의 일종인 뽕상황버섯

10 Ramaria botrytis (Fr.) Rick.

싸리버섯

생김새

가을에 침엽수와 활엽수림 내의 땅 위에서 발생한다. 3~5cm의 굵은 백색 자루 위에 싸리비꼴의 가지를 치고 끝부분은 수많은 작은 가지가 모여 담홍색에서 담자색으로 꽃양배추 모양이 된다.

높이 7~15cm, 넓이 7~12cm이고 살은 백색으로 꽉 차 있으며 육질이고 잘 부스러진다. 포자는 긴 타원형이고 세로로 긴 줄이 있으며 포자무늬는 황토색이다.

자루의 높이 3~5cm, 넓이 15cm로 나무가 잘고 산 모양이 둥근 곳의 마사토나 낙엽 쌓인 곳에 잘 자란다. 한 줄기에서 연홍색이나 연자주색 가지들이 많이 올라오며, 위쪽에서도 가지가 계속 벌어진다. 전세계적으로 널리 분포하는 버섯이다.

효능과 치료법

혈액 속의 콜레스테롤 수치를 낮추는 효능이 있다. 고혈압과 동맥경화, 심장이 좋지 않을 때에 싸리버섯 30g에 700ml 정도의 물을 붓고 달여 마신다.

이용법

널리 알려진 식용버섯으로 씹히는 맛과 혀에 감촉이 좋다. 뿌리덩이 부분을 잘게 썬 것은 전복과 비슷한 씹히는 맛이 있어 일본 요리, 서양 요리, 중국 요리 어디에나 적합하다

가을에 채취하여 소량의 더운 물에 데쳐서 그대로 냉장고에 보존하거나, 끓는 물로 살균한 병에 넣어 보관하여 여러 가지 요리에 양념으로 이용한다.

또는 채취하여 소금물에 삶아 깨끗한 물에 헹군 뒤 초고추장에 찍어 먹거나 갖은 양념으로 나물을 무쳐 먹기도 한다.

> 가을에 활엽수림의 땅 위에 산호초같이 생긴 버섯을 볼 수 있는데, 이것이 '싸리버섯'이다. 가지가 올라오는 모양이 싸리비처럼 생겼다고 하여 붙여진 이름이다.

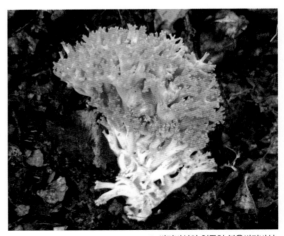

▲ 싸리버섯의 일종인 붉은싸리버섯

11 Hericium erinaceum

11 Hericium erinaceum

노루궁뎅이
후고균

생김새
가을에 활엽수의 생목이나 죽은 나무 위에 발생하는 목재백색부후성 버섯이다. 초기에는 흰백색이었다가 나중에는 담황색을 띤다. 자실층은 침 표면에 발달되어있고, 조직은 백색이며 스펀지 모양이다. 중국명은 '후두' 라고 하고, 일본에서는 '야무부시다케' 라고 부른다. 한국, 일본, 중국, 동남아시아, 유럽, 북아메리카 등지에 분포한다.

효능과 치료법
성질은 평하며 맛은 달다. 오장을 이롭게 하고 소화 기관을 돕는다. 미량의 금속원소 11종 및 게르마늄이 함유되어 있다.

HeLa 세포의 증식 억제 성분이 들어 있어 항종양, 항염, 항균, 소화촉진, 위점막 보호 , 궤양 치유, 면역 증강에 작용한다. 주로 위궤양, 십이지장궤양, 만성 위염, 만성위축성위염, 식도암, 분문암, 위암, 장암에 치료 효과가 있으며, 소화불량, 신경쇠약, 신체허약 등을 다스린다.

강력한 항암제로 소화기계 암인 식도암, 분문암, 위암, 장암 등을 다스리고, 뇌의 호르몬 촉진을 자극하여 치매를 예방하며 머리를 좋게 한다.

세포의 산화를 막아 노화를 방지하고 세포가 젊어지는 효과까지 있다는 연구 결과가 발표되기도 하였다.

소화불량 치료
건조시킨 노루궁뎅이 버섯 60g을 물에 달여서 1일 2회 복용한다.

신경쇠약과 신체허약 개선
건조시킨 노루궁뎅이 버섯 150g을 닭과 함께 삶아서 1일 1~2회 복용한다.

위궤양 개선
건조시킨 노루궁뎅이 버섯 30g을 달여서 1일 2회 복용한다.

▲ 모양이 노루궁뎅이를 닮았다고 하여 '노루궁뎅이 버섯'이라고 부른다.

12 Inonotus Obliquus

차가버섯

생김새

시베리아와 북아메리카, 북유럽 등 북위 45도 이상의 지방에서 자작나무에 기생하여 발생한다. 바이러스에 의해 착생되며 나무 수액을 먹고 자라는데, 대개 15~20년 동안 성장한다. 석탄과 같은 검은 덩어리(菌核)가 혹과 같이 기묘하여 '자작나무의 암'이라고도 불린다. 갓이 없는 혹 같이 단단한 형태이며, 기생한 후 10~15년이 넘어야 직경 50cm, 두께 10~15cm, 무게 3~5kg의 버섯으로 성장한다. 성장한 버섯의 표면은 매우 거칠고 검으며 많은 균열을 가지고 있고 속 부분은 황색을 띠며 단단하고 옅은 노랑색의 엽맥이 있다. 자실체가 아닌 균핵이 전체의 90%를 이루고 있는 버섯이다.

효능

다당류, 폴리당, 페놀 알데히드, 폴리페놀, 옥시 페놀 카본산, 휘노휜, 차가(60%), 리그닌, 섬유소, 스테로이드계 물질, 유기산, 삼가 페놀산, 많은 종류의 염(鹽) 및 다량의 K염(鹽) 등이 포함되어 있다.

강력한 면역 강화기능이 있어 암, 당뇨, 고혈압, 간질환, 아토피 등의 질환 치료에 탁월하고 확실한 효능이 있다.

차가버섯을 음용하는 방법

① 칼을 이용하여 까맣고 단단한 껍질 부분, 뿌리 부분, 기타 불순물을 깨끗히 제거한다.

② 껍질을 제거한 차가버섯을 잘게 부순다.

③ 끓인 물을 60℃~70℃ 정도 되게 식힌 후 버섯이 잠기게 붓고 4~5시간 우려낸다(너무 뜨거운 물에 우려내면 차가버섯의 성분이 파괴될 수 있으니 주의한다).

④ 차가버섯 100g : 물 500cc 비율로 우려내 냉장고에 보관한다.

⑤ 물을 먹어서 부드러워진 차가버섯을 믹서나 분쇄기로 가루를 내거나 절구에 빻아서 잘게 부순다.

⑥ 차가버섯 가루 100g에 2L(2,000cc)의 물을 새로 붓는다.

⑦ 상온(약간 따뜻한 곳)에 48시간 둔다.

⑧ 약보자기에 짜거나, 고운 체로 거른다.

⑨ 완성된 차가액을 냉장고에 보관하고 식사 전에 600cc 정도 마신다(만성결장염 환자나 만성이질 환자, 장기이식 환자는 복용을 금한다).

13 Armillariella mellea

뽕나무버섯

생김새

봄부터 가을에 걸쳐 활엽수나 침엽수의 나무 밑동과
뿌리에 기생하며 다발로 발생한다. 철사 모양의 흑색
균사속(屬)을 형성하여 천마(天麻)와 공생하는 균으로
알려져 있다. 담자균류의 송이과에 속하며 균모의 지
름은 4~15cm로 반구형에서 차차 편평하게 되나 가운
데는 조금 오목해진다. 황갈색 또는 갈색으로 가운데
는 암색의 가는 인편이 있고 가장자리에는 부채꼴의
줄무늬 선이 있다. 백색 또는 황색의 살을 가지고 있
다. 자루의 길이는 4~15cm이고, 굵기는 0.5~1.5cm
로 아래가 조금 부풀어 있으며 섬유질이고 황갈색이나
아래쪽은 검은색이다. 턱받이는 백황색 막질이며 솜털
조각 같은 것이 붙어 있다.

포자의 길이는 7~8.5㎛, 폭은 5~5.5㎛로 타원형
이고 포자문은 크림색이다.

효능과 치료법

우리나라와 일본에서는 식용하나 유럽과 북아메리카
에서는 독버섯으로 취급하여 먹지 않는다.

코피를 자주 흘릴 때

뽕나무버섯을 태우듯이 볶아서 가루를 내고, 가제에
싸거나 물로 반죽하여 콧구멍에 알맞은 크기로 만들
어 막으면 코피가 멎는다.

심한 설사

뽕나무버섯 40g을 익혀, 부자 40g과 함께 가루를 내
고, 이것을 꿀과 함께 반죽하여 0.3g 크기의 알약을
만들어 1회에 20알씩 복용한다.

유뇨와 배뇨통

소변이 찔끔거리면서 잘 나오지 않거나 배뇨통이 있
을 때 뽕나무버섯을 가루 내어 1회에 4g씩 술과 함께
복용한다.

월경불순, 자궁출혈, 어혈이 뭉쳐 있을 때

뽕나무버섯을 볶아 가루 내어 1회에 8g씩 뜨거운 술
과 함께 공복 시에 복용하면 효과가 있다.

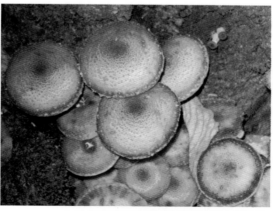

▲ 뽕나무버섯은 나무 밑동이나 뿌리에 다발로 생장한다.

14 Amanita hemibapha (Berk.et Br.) Sacc. subsp. hemibapha

달걀버섯
등개산, 제왕(帝王)버섯

생김새

여름에서 가을에 걸쳐 참나무숲의 임지에서 발생한다. 어릴 때는 달걀 모양으로 흰색 주머니 속에 싸여 있다가 위쪽을 뚫고 땅 위로 솟아 나온다.

갓은 나비 6~18cm이다. 표면은 화려한 노란색·등황색·선황색이고, 충분히 펴진 갓은 편평하며 가운데가 약간 볼록하고 둘레에는 방사상의 홈줄이 분명하다. 자루는 길이 7~20cm, 굵기 6~20mm이고 등황색 또는 노란색으로 얼룩 무늬가 있다. 자루 속이 비어 있으며, 위쪽에 같은 빛깔의 자루테가 내려 붙어 있다. 자루의 아래쪽은 약간 굽으면서 굵어지고 밑동을 둘러싼 주머니가 남아 있다. 포자는 길이 7.5~10㎛, 나비 6.5~7.5㎛로 거의 공 모양이며 편편하고 미끄럽다.

우리나라에서는 거의 전국에서 자생하며 동남아시아, 일본, 중국, 러시아, 스리랑카, 북아메리카 등에 분포한다.

이용법

식용버섯으로 우리나라에서는 '계란버섯'으로도 알려져 있으며 구우면 구수한 냄새가 난다. 유럽에서는 버섯 중에 제왕이란 뜻으로 옛날 로마시대에 네로 황제에게 달걀버섯을 진상하면 저울로 달아 같은 무게의 황금을 하사하였다 할 만큼 진귀하고 잘 알려진 버섯이다. 그러나 광대버섯속(屬)에는 이 버섯과 비슷한 맹독버섯들이 있으므로 주의해야 한다.

노란달걀버섯
Amanita hemibapha(Berk. et Br.) Sacc. subsp. javanica Corner et Bas

생김새

여름과 가을에 침엽수림과 활엽수림 내의 땅 위에 군생한다. 갓은 지름 3~15cm로 처음에는 반구형이나 후에 편평형이 된다. 갓의 표면은 황색~등황색이고, 갓둘레에는 방사상의 홈선이 있다. 주름살은 약간 빽빽하고 8~18×0.4~1.8cm로 표면은 황색이고 등황색의 섬유상 인편이 있다. 황색의 턱받이가 있고, 기부에는 영구성 백색 대주머니가 있다.

색인 | 참살이 식물명과 활용법으로 찾아보기

산야초 연구회 강좌
-서울 지역-

● **강의 일정**

- 구성 : **매주 1회 24강좌**(총 6개월 과정)
- 인원 : **목 · 금 · 토반**(각 15명)
- 시간 : **10:00~**(3시간씩)

● **강의 내용**

- **효소발효액 강의**(10시간) : 질병에 따른 효소발효액, 방제식 효소발효액(실습 포함)
- **산야초 강의**(10시간) : 산야초의 효능별 · 과별 분류(야외 답사 포함)
- **산야초와 효소의 응용**(4시간) : 산야초차, 산야초로 만드는 장(醬)류,
  약이 되는 산야초 음식

※ 차후 실습반 · 심화반 · 환자반을 운영할 계획이며, 야간반 · 속성반과 기타 지역 별로 도의학에
  바탕을 둔 본초학 · 진단학 · 방제학을 강의할 예정

● **강의 대상**

▶ 건강한 삶을 추구하시는 분
▶ 전통음식 사업에 종사하시는 분
▶ 귀농(歸農)을 준비하시는 분
▶ 생태 농장을 운영하시는 분
▶ 약용식물을 재배 · 관리하시는 분

● **상담 및 문의**

- 산야초 마을 카페 :
  cafe.daum.net/hannuri114
- 저자 메일 : hannuri114@hanmail.net
- 저자 연락처 :
  ☎ 070-7638-5947, 010-8994-4252

산야초 효소발효액 연구회

▶ 대전지역 회장 **신경순** ☎ 011-9813-0842
▶ 대전시 대덕구 이현동 녹색체험마을 **들꽃내**
  ☎ 011-9116-2705

산야초 건강 음식 연구회
-강좌 내용-

1. 산야초 효소 발효액 강좌

산야초 효소 발효액은 자연의 맛과 향을 그대로 전해주는 최고의 건강 음료입니다. 깊은 맛과 정성이 살아있는 산야초 효소로 음식을 만들어 가정의 건강을 지킬 수 있습니다.

2. 산야초 교실

우리나라의 산과 들, 주변에서 쉽게 찾아 이용하고 활용할 수 있는 '산야초의 놀라운 효능과 음용 방법'를 위한 산야초 교실을 안내합니다. 저자의 현장감 있는 직강을 통해 알차고 재미있는 시간이 되시길 바랍니다.

3. 한방 산야초 교실(약초)

산야초의 올바른 식용과 약용을 위하여 한방의 진단학, 변증론 및 체질론에 기초하여 산야초의 활용법을 알기 쉽게 강의합니다.

4. 산야초 음식 연구 교실

산야초 음식에 대한 이론적 강의와 더불어 술(酒)·초(醋)·장(醬)·정과(正果)·조청 등을 만드는 실습을 체험합니다.

우리와 함께 살아가는 산야초의 생명력을 생활 속에서 더욱 가깝게 응용할 수 있는 방법을 연구합니다.